KB145290

BLOCKCHAIN
블록체인 해설서

BLOCKCHAIN
블록체인 해설서

비트코인, 이더리움 그리고 하이퍼레저

이병욱 지음

i!i
에이콘

| 지은이 소개 |

이병욱(byunguk@gmail.com)

• 서울과학종합대학교 디지털금융 주임교수
• 한국금융연수원 겸임교수
• 인공지능연구원(AIRI) 부사장
• 금융위워휘 연구모임 위워
• 한국산업기술진흥원(KIAT) '규제자유특구 분과위원회' 위원
• 과기정통부 우정사업본부 정보센터 네트워크 & 블록체인 자문위원
• 전)BNP 파리바 카디프 전무
• 전)삼성생명 마케팅 개발 수석
• 전)보험넷 Founder & CEO
• 전) LG전자 연구원

인공지능연구원^{AIRI}의 부사장이며, 서울과학종합대학원 디지털금융 주임교수와 한국금융연수원 겸임교수를 맡고 있다. 한국과학기술원^{KAIST} 전산학과 계산 이론 연구실에서 학위를 취득했으며 공학을 전공한 금융 전문가로, 세계 최초의 핸드헬드-PC^{Handheld-PC} 개발에 참여해 한글 윈도우 CE 1.0과 2.0을 미국 마이크로소프트 본사에서 공동 개발했다. 1999년에는 전 보험사 보험료 실시간 비교 서비스를 제공하는 핀테크 전문회사 ㈜보험넷을 창업해 업계에 큰 반향을 불러일으켰다. 이후 삼성생명을 비롯한 생명 보험사 및 손해 보험사에서 CMO(마케팅 총괄 상무), CSMO(영업 및 마케팅 총괄 전무) 등을 역임하면서 혁신적인 상품과 서비스를 개발, 총괄했다. 세계 최초로 파생상품인 ELS를 기초 자산으로

한 변액 보험을 개발해 단일 보험 상품으로 5천억 원 이상 판매되는 돌풍을 일으켰고, 매일 분산 투자하는 일 분산 투자^{daily Averaging} 변액 보험을 세계 최초로 개발해 상품 판매 독점권을 획득했다. 최근에는 머신러닝 기반의 금융 분석과 블록체인에 관련된 다양한 활동을 하고 있으며, 금융위원회, 금융정보분석원 등에 다양한 자문을 하고 있다. 저서로는 『비트코인과 블록체인, 가상자산의 실체 2/e』(에이콘, 2020)과 한국금융연수원의 핀테크 전문 교재인 『헬로, 핀테크!』(공저, 2020), 『헬로, 핀테크!: 핀테크 기반기술』(공저, 2021)이 있다.

| 감사의 글 |

『비트코인과 블록체인, 탐욕이 삼켜버린 기술』에 이어 두 번째 블록체인 책을 쓰는 데 도움을 주신 에이콘출판사에 깊은 감사를 드린다.

이제는 다 커버린 사랑하는 두 아들과 아내에게 감사한다.

| 목차 |

4장 이더리움 블록체인 179

에이콘출판의 기틀을 마련하신 故 정완재 선생님 (1935-2004)

| 들어가며 |

2019년 1월 3일은 비트코인이 등장한 지 정확히 10년째 되는 날이다. 블록체인과 암호 화폐는 전대미문의 광풍을 불러일으켰으며, 지금도 여전히 뜨거운 논쟁의 중심에 서 있다.

그동안 사람들은 블록체인을 통해 어떤 효용을 얻고자 했으며, 그것은 과연 얼마나 성공적이었을까? 이 책은 블록체인의 의미와 실체를 집중적으로 분석하고, 그 미래에 대해 설명한다. 이는 전작인 『비트코인과 블록체인, 탐욕이 삼켜버린 기술』이 주로 블록체인의 작동 원리를 '쉽고 친절하게' 설명해주는 데 집중했던 것과는 많이 구분된다. 이 책은 '쉽고 친절한 작동 원리의 설명'보다는 '실체와 효용'을 자세히 설명하는 데 집중했으며, 이를 위해 비트코인 블록체인은 물론 이더리움과 하이퍼레저의 작동 원리도 함께 설명한다.

인류는 연금술이라는 환상을 좇아 수백 년을 투자했다. 대다수의 사람이 끝내 인류가 연금술에 실패했고 다른 금속을 금으로 바꾸지 못했다고 알고 있지만, 사실 현대의 과학은 푸른 납[1]을 금으로 만드는 데 성공했다. 1980년 미국의 화학자 글렌 시보그Glenn Theodore Seaborg는 입자 가속기를 동원해 83개의 양성자를 가진 비스무트에서 4개의 양성자를 제거하는 데 성공한다. 인류가 비스무트를 변형해 원자 번호 79번인 금을 만들어내는 데 성공한 것이고, 마침내 연금술에 성공한 쾌거를 이룬 것처럼 보이는 순간이었다. 그러나 입

---

[1] 푸른 납은 원자 번호 82번인 납(Pb)이 아니라 창연(蒼鉛)이다. 창연은 비스무트(Bi)이고, 원자 번호가 83번이지만 쉽게 녹는 성질이 비슷해 예전부터 '푸른 납'이라 불렸다. 아연은 청백색 납, 수연은 은백색 납, 연필심인 흑연은 검은색 납이라는 이름을 가진 셈이다.

자 가속기까지 동원해 천문학적인 비용을 들인 그의 연금술에 의해 제조된 금은 극소량인데다 방사능 범벅이었다. 이는 학문적 호기심의 관점에서는 연금술의 성공이라 주장할 수 있지만, 결코 연금술의 성공으로 평가할 수는 없다. 연금술의 목적은 단순히 '금을 만드는 것'이 아니라 '금보다 싼 비용으로 금을 만드는 것'이기 때문이다.

21세기에도 비슷한 데자뷰가 일어나고 있다. '신뢰받는 제삼자가 필요 없는 거래 플랫폼을 통해 불필요한 수수료를 완전히 제거한 이상적인 플랫폼', '탈중앙화된 독립적이고 투명한 조직을 구축해주는 플랫폼', '일체의 권력 기관을 배제한 독립된 화폐 시스템' 등과 같이 근사한 문구들은 모두 블록체인을 설명할 때 빠짐없이 등장하던 것들이었다. 그러나 중개인을 없애고 수수료를 제거할 것이라 기대했던 블록체인은 그동안 불필요했던 새로운 형태의 중개인을 양산했고, 이들 새로운 중개인들은 천문학적 금액을 챙겼다. 이는 기존 수수료의 수천 배를 쉽게 넘어선다. 2017년 한 해 동안, 비트코인 채굴업자들은 채 1억 건도 되지 않는 트랜잭션을 처리하면서 당시 시세로 16조 원이 넘는 보상금을 챙겼다. 이를 최고 시세로 환산하면 22조 원에 육박하며, 이는 2017년 국내 모든 은행의 당기 순이익을 합친 금액인 12조 8,000억 원을 가볍게 뛰어넘는 액수다. 비트코인 채굴업자가 1년 동안 처리한 1억 건은 우리나라 금융 결제원 처리량의 고작 3일치에 해당하며, 연간 처리량의 0.9%에 불과한 미미한 건수에 불과하다.[z] 한편, 또 다른 10조 원은 암호 화폐 중개소들이 수수료 명목으로 챙겼다. 암호 화폐 중개소는 암호 화폐 광풍의 최대 수혜자기도 하다. 탈중앙화는 그저 얻어지는 것이 아니다. 블록체인을 사용한 탈중앙화에는 천문학적인 비용이 소요된다. 단순 산술로 어림했을 때, 2017년 우리나라 금융 결제원을 비트코인 블록체인으로 대체했다면 한해 운영비로 최소 3,000조 원 이상 사용했을 것이며, 이는 우리나라 GDP의 두 배 가까이 되는 어마어마한 액수다.

한편, '탈중앙화된 독립적이고 투명한 조직의 구축 플랫폼'을 내세웠던 블록체인은 암호 화폐 재단, 채굴업자, 중개소에 종속되면서 빠르게 중앙화돼갔고, 이제는 '탈중앙화'라는 말이 무색해질 정도로 변질됐다. '독립적인 화폐'를 내세웠던 암호 화폐는 선채굴pre-minig을 악용한 암호 화폐 재단이나 채굴업자 등 극소수가 발행량의 대부분을 장악한 후 전 세계 중개소를 통해 일반인들을 선동, 호도하며 내다팔아 막대한 수익을 얻었다. 이 과정에서 시세 조종이나 가장 매매가 난무하며 극심한 혼란을 일으켰고, 이러한 혼란은 지금도 여전히 지속되고 있다. EOS의 경우, 1% 미만의 주소가 전체 발행량의 85% 이상을 장악하고 있다는 것은 잘 알려진 사실이다.

2016년 IBM은 2019년까지 전 세계 주요 은행의 65%가 블록체인을 사용할 것이라 전망했으며, CEO인 기니 로메티Ginni Romety는 블록체인을 빨리 도입하지 않는 기업은 향후 큰 타격을 받을 것이라는 경고성 발언을 동원해 공포 마케팅을 펼치기도 했다. 2015년 12월에 리눅스 재단을 중심으로 하이퍼레저를 갓 출범시킨 시점이었으므로 IBM의 입장에서는 나름대로 당찬 포부를 펼칠만 했다. 그리고 이제 2019년이 밝았다. 그러나 실험적인 프로젝트를 제외하면 블록체인은 어디에도 보이지 않는다.

도대체 블록체인은 어디에 있는 것일까? 블록체인의 효용은 과연 무엇이며, 그 미래는 어떻게 될 것인가? 이 책은 이제 여기에 대한 답을 한다.

전작인 『비트코인과 블록체인, 탐욕이 삼켜버린 기술』에서는 블록체인에 대한 기술적 평가나 의미에 대해서는 분량을 크게 할애하지 않았고, 다양한 의견을 소개하는 등 단순 사실 설명에만 주력했다. 그러나 이 책은 블록체인의 효용과 실체를 객관적으로 평가하고 설명하는 것을 주목적으로 하고 있다. 따라서 완전한 이해를 위해서는 블록체인에 대해 최소한의 지식이나 최소한의 전산 지식이 필요하다. 블록체인을 처음으로 접한다거나 원리를 먼저 쉽게 배우고 싶다면, 이 책보다는 전작인 『비트코인과 블록체인, 탐욕이 삼켜버린 기술』을 읽어보길 권한다.

이 책의 구성은 다음과 같다.

1장, '혼란의 시작 – 용어의 정의'에서는 여러 용어를 정의함으로써 정보 전달에 있어서의 혼란을 최소화한다. 특히, 블록체인의 효용과 많이 혼동하는 '디지털화의 효용'을 시작으로 '디지털 자산', '탈중앙화' 등에 대해 명쾌하게 설명한다.

2장, '비트코인 블록체인의 기본 원리'에서는 비트코인 블록체인의 기본 원리를 자세히 설명하는데, 비트코인이 탄생한 배경인 '사이퍼펑크'와 프라이버시 보호에 대해 자세히 알아보는 것으로 시작해 리더 선출과 전체 노드의 검증, 동의 및 합의를 거치며 블록을 생성하는 전체 사이클에 대해 자세히 알아본다.

3장, '비트코인 블록체인의 기반 기술'에서는 블록체인을 구성하는 기반 기술인 해시 함수와 비대칭 암호화 기술, 전자 서명, 작업 증명과 지분 증명, 해시 퍼즐과 난이도 조절, 하드 포크와 소프트포크 등에 대해 자세히 알아본다.

4장, '이더리움 블록체인'에서는 이더리움에 대한 설명으로 비트코인 주소와는 다른 이더리움의 계정이란 어떤 것인지 알아보고, 계약 계정과 EVM, 개스, 머클 패트리샤 트리, 이더리움의 해시 퍼즐과 난이도 조절, 이더리움의 스마트 계약 등에 대해서도 상세히 알아본다.

5장, '하이퍼레저와 블록체인'에서는 하이퍼레저의 원리와 구성에 대해 알아보고, 하이퍼레저 패브릭의 기본 작동 원리와 개념을 설명한 후 하이퍼레저를 블록체인이라 부를 수 있는지에 대해 생각해본다.

6장, '블록체인 바로 알기'에서는 블록체인의 진정한 효용에 대해 종합적으로 분석해본다. 탈중앙화의 개념과 함께 보안 도구나 핀테크 또는 데이터베이스 도구로 오해받는 블록체인의 진정한 효용이 무엇인지에 대해서도 자세히 설명한다.

7장, '블록체인과 상생 경제'에서는 블록체인을 단순히 네트워크를 구성하는 소프트웨어 기술로서가 아니라 상생 경제의 플랫폼이라는 관점에서 그 무궁무진한 가능성에 대해 설명한다. 개념과 구현을 분리한다는 것이 무엇인지, 그럴 경우 만들 수 있는 네 가지 조합, 또 미래의 기업 경쟁력의 핵심은 적절한 데이터를 효율적으로 확보하는 데 있으며 이를 위해 블록체인의 기술이 아닌 개념이 어떻게 활용될 수 있는지 설명한다. 그 밖에 블록체인의 기술과 콘텐트적 측면이 어떻게 다른지에 대해서도 자세히 설명한다.

이 책의 대상 독자

이 책은 불필요한 수학적 기호나 전산 용어는 최대한 자제했지만, 블록체인에 대해 최소한의 지식을 갖춘 독자에 좀 더 초점을 맞췄다. 그러나 블록체인에 대한 배경 지식이 없더라도 최소한의 전산 관련 지식을 갖추고 있다면, 무난히 이해할 수 있을 정도다. 이 책은 특히 현업에서 블록체인의 도입을 검토하고 있는 담당자나 그동안 블록체인의 실체나 실질적인 효용에 대한 명확한 가이드라인에 목말라했던 사람들에게 적합하다.

블록체인의 도입을 검토하고 있는 회사의 임직원이라면 이 책에서 제시하는 체크리스트에 따라 현재 검토 중인 프로젝트를 반드시 점검해보길 권한다.

일러두기

이 책에서 활용된 참고 자료는 A, B, C... 등과 같이 영문 첨자로 표기했으며, 이 책의 '참고 문헌'에서 자세한 정보를 확인할 수 있다.

1

혼란의 시작 – 용어와 정의

수학이 가진 많은 매력 중 하나는 모든 용어를 명확히 정의한 후 기호를 사용해 의사를 전달한다는 점이다. 이를 통해 정보를 전달할 때 발생하는 혼란은 최소화되고, 불필요한 오해도 사라진다. 인간의 대화는 매우 부정확하며, 모호한 전달 수단이다. 또한 같은 사물을 다르게 지칭하거나 다른 사물에 동일한 단어를 사용하기도 하며, 경우에 따라 같은 주장을 펼치면서도 서로 생각이 다른 것으로 오해해 다툼을 벌이기도 한다. 이는 모두 언어의 모호성에서 비롯된다. 블록체인을 둘러싼 많은 논란의 주된 원인 또한 용어의 명확성이 결여돼 발생하고 있지만 사실 그 이면에는 이런 혼란을 통해 경제적 이익을 극대화하려는 세력들이 부추긴 바도 적지 않다. 이 책은 서두에 몇 가지 용어를 명확히 설명함과 동시에 기준으로 삼아야 할 여러 개념을 소개하는 것으로 시작한다. 이는 책을 보다 쉽게 이해하는 데 도움을 줌과 동시에 다른 문헌을 읽을 때도 동일한 기준하에서 보다 명확하게 이해할 수 있도록 해줄 것이다.

1.1 분산 대 탈중앙화

1.1.1 일의 분산 대 일의 중복

하나의 서버가 모든 일을 도맡아 처리하는 중앙 집중 시스템과 복수 개의 서버가 일을 나눠 처리하는 분산 시스템 간의 구분은 그다지 어렵지 않을 것이다. 그러나 분산 시스템과 탈중앙화 블록체인의 구분에 있어서는 여전히 많은 사람이 혼동을 겪고 있는 듯하다. 탈중앙화를 지향하는 블록체인과 일반적인 분산 시스템의 근본적인 차이를 이해하지 못하면 많은 맥락에서 혼란이 야기될 것이며, 이러한 혼란들이 블록체인을 둘러싼 지금의 수많은 오해의 시작점이기도 하다. 블록체인을 그저 '분산 시스템'이라 부르지 않고 특별히 '탈중앙화 시스템'이라고 구분하는 데는 그만한 이유가 있다. 블록체인의 기본 목적과 용도가 일반적인 분산 시스템과는 확연히 구분되기 때문이다. 그림 1–1을 보자.

분산 대 탈중앙화 블록체인

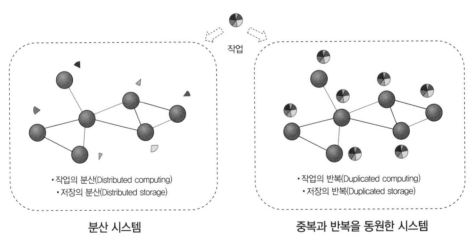

그림 1–1 분산과 탈중앙화 블록체인의 비교

그림 1–1은 일반적인 분산 시스템과 블록체인의 차이점을 보여주고 있다. 그림 1–1의 왼쪽은 일반적인 분산 시스템으로서 여러 서버가 일을 나눠 처리함으로써 작업의 효율성

이나 서비스의 가용성을 높이는 것을 주목적으로 하고 있다. 즉, 분산된 일을 여러 서버가 동시에 처리함으로써 일을 더 빨리 해결할 수도 있고, 중앙 서버 하나만 고장 나도 모든 서비스가 중단되는 것을 방지해 가용성 또한 획기적으로 높일 수 있는 기술인 것이다.

이에 비해 그림 1-1의 오른쪽에 있는 블록체인은 분산 시스템의 극단적인 한 형태로서, 여러 서버가 일을 분산해 처리하는 것이 아니라 동일한 일을 중복해 처리한다. 더 많은 자원과 시간이 투입되지만, 일을 중복하기 때문에 효율성이 극도로 저하된다. 그러나 모든 노드가 일을 반복한 후 그 결과를 일치시키기 때문에 일의 결과에 대한 신뢰도는 향상된다. 따라서 블록체인은 작업의 효율성을 희생하는 대신 작업 결과에 대한 신뢰도를 높인 시스템이라고 요약할 수 있다. 누군가 블록체인을 이용해 중앙화 시스템보다 더 효율적인 시스템을 구축하겠다고 주장한다면, 그는 블록체인을 이해하지 못한 자이거나 사기꾼이다.

2017년 7월 대니 라이언(Danny Ryan)은 재미있는 실험을 하나 수행하고, 그 결과를 해커눈(Hacker Noon) 사이트에 소개했다. 그는 동일한 연산을 이더리움과 같은 블록체인에서 수행할 때와 AWS와 같은 클라우드에서 수행할 때의 비용 차이가 얼마나 날 것인지에 대한 호기심을 느꼈다. 그는 단순한 덧셈을 100만 번 수행하는 과제를 이더리움과 AWS에서 직접 실행해본 후 두 비용을 비교해보기로 했다. 그가 실험을 수행할 때의 이더리움 시세는 295달러였고, 책정한 개스 비용은 28GWei였다(개스 비용은 '4.1.4 개스'에서 자세히 설명한다). 실험 결과, 100만 번의 덧셈 계산을 위해 0.09이더, 즉 26.55달러를 이더리움 블록체인에 지불해야 했지만, 동일한 연산을 AWS에서 수행했을 때는 0.04초만에 완료돼 단 0.000000066달러만 소요됐다. 이더리움을 이용하는 가격이 AWS보다 무려 4억 배나 더 비쌌다. 한편, 블록체인은 데이터를 저장하기 위한 비용도 천문학적인데, 10M 바이트 MP3 한 곡을 이더리움에 저장하려면 개스비용에 따라 수억 원이 소요된다.[1] 누군가 블록체인을 데이터베이스처럼 설명한다면, 블록체인을 전혀 이해하지 못한 사람이라고 보면 된다. 이 예는 블록체인은 기본적으로 중복에 기반을 둔 비효율적인 시스템이므로 데이터베이스로 사용한다거나 효율성 향상을 위해 사용해서는 안 된다는 것을 잘 시사해준다. 이더리움의 연산 비용과 개스에 대해서는 '4.1.4 개스'에서 자세히 설명한다.

---

1   최신 휴대폰에는 10M MP3가 무려 10,000곡 이상 들어간다.

블록체인의 핵심은 '분산(distribution)'이 아니라 '중복(redundancy)'이다. 블록체인은 의도적으로 작업을 반복함으로써 효율을 포기하는 대신, 결과의 신뢰성을 높이는 시스템이다. 블록체인에서 일을 중복해 수행하는 이유는 기록을 담당한 노드를 신뢰할 수 없으므로 모든 노드가 중복을 통해 검증해야 하기 때문이다. '신뢰'는 곧 돈이다. '신뢰'가 뒷받침되면 많은 비용과 시간이 절감된다. '신뢰'가 없으면 이를 대신하기 위해 엄청난 비용과 대가를 지불해야 하고, 이는 블록체인도 마찬가지다. 중앙 서버를 신뢰할 수 있고, 절대 익명에 기반을 둔 탈중앙화가 필요 없다면 블록체인을 사용할 이유가 없다. 따라서 관공서나 일반 기업 등에서는 블록체인이 필요한 곳이 거의 없다.

1.1.2 동등 대 지배

탈중앙화의 또 다른 주요 특징은 네트워크 내의 모든 노드가 동등하다는 것이다. 분산 시스템은 여러 노드로 일을 분산해 처리하지만, 통상 일을 분배하고 종합하는 등 작업을 통제하고 관리하는 주요 역할을 하는 서버가 개입돼 있다.

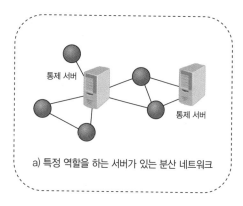
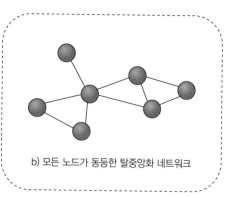

그림 1-2 모든 노드의 동등성 비교

그림 1-2의 a)는 2개의 통제 서버가 개입돼 다른 노드를 관리하는 분산 네트워크를 보

24

여준다. 그러나 b)는 네트워크를 구성하는 모든 노드가 동등한 권리와 의무를 부여받고 동일한 작업을 수행한다.

'모든 노드의 동등성'이란, 특정 역할을 수행하는 서버가 없다는 것으로, 이 점은 두 가지 관점에서 매우 중요하다. 첫째, 직접 또는 간접적인 간섭을 통해 네트워크를 사유화하려는 시도로부터 비교적 자유롭다. 네트워크는 한두 서버만 점령한다고 해서 사유화되는 것이 아니라 대다수의 노드를 모두 점령해야만 사유화할 수 있으므로 사유화는 결코 쉽지 않다. 둘째, 특정 역할을 하는 서버가 존재하는 경우에는 해커의 목표가 확실하지만, 모든 노드가 동등할 경우에는 공격 대상으로 삼을 만한 확실한 목표가 사라져 해커의 공격을 원천적으로 무력화시키는 효과가 생긴다.[2] 그러나 탈중앙화가 훼손돼 주요 역할을 수행하는 몇몇 특정 서버가 생기면, 이 두 가지 장점은 심각하게 훼손된다. 탈중앙화의 성질을 잃게 되면 독립성이 약화되고, 해커의 목표도 뚜렷해진다.

TIP

사실 블록체인도 모든 노드가 완전히 동등하지는 않다. 비트코인 블록체인의 노드는 모든 데이터를 저장하는 완전 노드(full node)와 필요 데이터만 저장하는 단순 지급 검증(Simplified Payment Verification, SPV) 노드로 구분되고, 둘의 역할은 사뭇 다르다. 다만, 완전 노드와 단순 지급 검증 노드는 자신의 선택이며 누군가 강제하지 않는다는 중요한 특징이 있다. 단순 지급 검증 노드도 본인이 원할 때는 언제든지 완전 노드로 참여할 수 있다. 이는 특정 서버의 역할이 사전에 주어진 후 고정돼버리는 일반적 분산 시스템과는 다른 성질이다. 한편, 완전 노드와 단순 지급 검증 노드는 '2.3.1 완전 노드와 단순 지급 검증 노드'에서 다시 살펴본다.

---

2   해커의 목표가 사라진다고 해서 반드시 해킹으로부터 안전해진다는 의미는 아니다. 블록체인과 보안의 관점에 대해서는 '6.3 블록체인은 보안 도구가 아니다'에서 자세히 알아본다.

1.2 디지털화의 효용 대 블록체인의 효용

블록체인에 대한 오해 중 가장 빈번하게 목격되는 것은 디지털화의 효용과 블록체인의 효용을 구분하지 못하는 것이다. 디지털화^{digitalization}는 모든 정보를 비트로 변환하는 작업을 통해 기존의 비즈니스 모델이나 작업 환경을 디지털 환경으로 변경함으로써 더 높은 수익과 효율 그리고 가치를 창출하기 위한 모든 방법을 의미한다. 이는 업무의 효율성과 안정성을 높이기 위한 보편적인 방법이기도 하다. 디지털화는 응용 분야, 목적, 범위에 따라 제각기 다른 방향으로 매우 다양하게 진행된다.

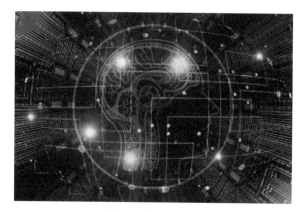

그림 1-3 정보의 디지털화

많은 관공서나 대기업에서 블록체인 프로젝트를 진행하면서 그 목적과 효용을 설명하는 것을 보면 디지털화의 효용과 블록체인의 효용을 명확히 구분하지 못하고 있음을 발견하게 된다. 블록체인은 디지털화를 위한 도구가 아니다. 블록체인은 일의 반복을 통해 효율성을 포기하는 대신, '신뢰가 존재하지 않는 네트워크에서도 신뢰할 수 있는 기록을 작성할 수 있는' 방법을 연구하는 분야다. 이는 구조적으로 매우 비효율적이며, 이런 비효율을 통해 '일관성'과 '기록 불변성'을 추구한 시스템이다. 앞서 설명한 바와 같이 비효율은 신뢰를 대신하기 위한 대가다. 블록체인은 자발적인 다수가 서로의 이익을 위해 정해진 역할을 하도록 커뮤니티를 형성하는 네트워크 운영 소프트웨어다. 블록체인은 도구가 아니며, 그 효용도 제한적이다.

국방부는 2018년 10월 9일 국회 국방위 소속 김진표 의원에게 제출한 자료에서 2022년까지 블록체인을 도입하겠다는 계획과 함께 그 취지를 다음과 같이 설명했다.

> "현재 군에서는 비밀 자료를 대부분 비전자적으로 관리하고 있어 보안에 취약하고 비밀 관리의 효율성이 저하된다. <u>블록체인</u> 기술을 적용하면 업무 효율성이 증가되고, 특히 비밀 관리의 안정성이 강화될 것"

위 문장 중 밑줄 친 '블록체인'을 '디지털화'로만 바꾸면, 의미가 완벽하게 통한다. 그러나 이 부분에 원래 문장 그대로 블록체인이라는 단어를 사용하면, 문장 전체가 난센스가된다. 블록체인은 효율성을 포기하고 무결성을 향상시키는 시스템이며, 모든 정보가 노출돼 비밀 관리가 되지 않는다. 또한 블록체인은 아직 안정성이 입증되지 않은 실험 단계의 프로그램이다. 따라서 만약 군이 계획대로 블록체인을 도입하면, 업무의 효율성이 저하되고 군의 기밀이 만천하에 공개되며, 시스템의 안정성을 담보할 수 없게 된다. 이러한 난센스는 관공서와 대기업을 망라하고 거의 모든 곳에서 목격된다.

TIP

프라이빗 또는 컨소시엄 블록체인으로 퍼블릭 블록체인의 문제를 많이 해결할 수 있다는 주장이 있다. 뒤에서 설명하지만 이 용어는 '중앙화된 탈중앙화'라는 뜻이며, 용어자체가 모순이다. 이들 시스템은 블록체인이 아닌 중앙화 시스템이며 그 효용도 모호하다.
따라서 이 중앙화 시스템은 블록체인의 문제를 해결한 것이 아니라 처음부터 블록체인 문제가 존재하지 않는 셈이다.

디지털화와 블록체인의 효용을 구분하는 방법은 의외로 간단하다. 편의성과 안정성, 비밀 보호, 업무 효율과 관계돼 있으면 모두 디지털화와 관련된 것으로 생각하면 된다. 블록체인은 보안과 효율을 위한 도구가 아니라 '신뢰받는 제삼자 없이 거래가 가능한 플랫폼'을 만들기 위한 실험적 연구다. 책을 더 읽어나감에 따라 블록체인의 효용에 대해 좀더 잘 이해하게 될 것이다.

1.2.1 블록체인을 잘못 이해한 사례

블록체인의 효용을 잘못 이해하는 것이 얼마나 광범위한 현상인지를 잘 보여주는 또 다른 사례는 2018년 6월에 작성된 과학기술정보통신부의 '신뢰할 수 있는 4차 산업혁명을 구현하는 블록체인 기술 발전 전략'이라는 문서를 살펴보면 적나라하게 드러난다. 그림 1-4는 해당 문서의 7페이지에 있는 내용 중 일부를 발췌한 것이다. 문서에는 블록체인의 3대 효용으로서 '❶ 거래 비용 절감', '❷ (안전하고 편리한) 데이터 활용', ❸ 'IoT 기기 간 자율 협업'이라고 기술하고 있으며, 이 세 가지는 4차 산업혁명 구현을 지원한다고 부연하고 있다. 그러나 이 세 가지는 모두 블록체인의 효용과 거리가 멀거나 사실이 아니다. 이제 하나씩 살펴보자.

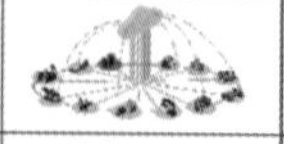

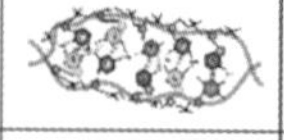

그림 1-4 과학기술정보통신부의 블록체인 관련 문서 7페이지

먼저 '❶ 거래 비용 절감'이라는 주장은 '신뢰받는 제삼자가 필요 없는 거래'를 통한 수수료의 절감을 정리한 것으로 보인다. 그러나 중개 수수료 절감이란, 사토시 나카모토의 순

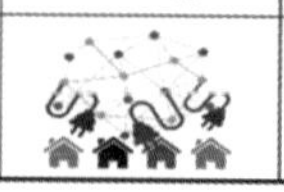

진한 바람을 그대로 옮겨 쓴 것에 불과하다. 블록체인은 기존에는 불필요했던 새로운 중개인들, 예컨대 채굴업자와 중개소 등을 양산하며, 기존 수수료보다 수천 배가 넘는 비용이 지출되고 있다. 블록체인은 중복 작업에 기반을 두고 있으므로 항상 동일한 작업을 하는 중앙화 서버보다 훨씬 더 많은 에너지를 소비할 수밖에 없다. 이 때문에 아무도 손해를 감수하지 않는다는 가정하에서는 수수료의 절감은 이론적으로 불가능하다. 시스템은 누군가 운영해야 하고 항상 에너지가 소비된다. 그러므로 어떤 경우든 중개인은 사라질 수 없다. 다만 형태를 바꿀 뿐이다. 이에 대해서는 6장, '블록체인 바로 알기'에서 자세히 알아보자.

TIP 수수료 절감과는 별도로 총비용이 늘어나도 상대 비용은 오히려 감소할 수 있는 방법이 존재하는데, 이에 관해서는 '7.2 상생 경제와 블록체인'에서 살펴본다.

한편, ❷의 설명은 블록체인의 성질과 정면으로 배치된다. 블록체인은 데이터를 보호하지 못하며, 사용성이 떨어진다. 블록체인의 모든 데이터는 전체 노드에 그대로 노출된다. 또한 블록체인은 중복을 통해 무결성을 유지하므로 데이터의 갱신과 저장이 극도로 불편하다. 이 때문에 블록체인을 정보 저장의 용도로 사용해서는 안 된다. 블록체인은 데이터베이스가 아니다. 이더리움이 The DAO[3] 사건을 겪으면서 하드포크 전쟁을 치른 스마트 컨트랙트의 버그 또한 이러한 불편함에서 비롯됐다. 데이터의 보호 목적에 부합하는 것은 블록체인이 아니라 분산 또는 중앙화 서버를 이용한 데이터베이스다.

TIP 블록체인이 데이터를 안전하게 보호한다는 오해는 블록체인이 사용하는 '연쇄 해시 함수를 이용한 비가역성'의 목적과 효용을 잘못 이해한 것에서 비롯된다. 이에 대해서는 '6.3 블록체인은 보안 도구가 아니다'에서 다시 알아본다.

---

3 The DAO 사건은 '6.1.4. The DAO 사건 – 탈중앙화의 민낯'에서 자세히 알아 본다.

한편, ❸은 너무 생뚱맞다. 사물 인터넷 기기 간의 실시간 자율적 협업은 인공지능 기술과 연계될 수는 있겠지만, 블록체인의 스마트 컨트랙트를 이용한다는 발상은 너무나 엉뚱한 연결이라 그렇게 오해한 배경조차 짐작하기 힘들다. 둘 사이에는 어떠한 연결고리도 존재하지 않는다. 스마트 컨트랙트가 무엇인지는 '2.3.7 스마트 컨트랙트'와 '4.4 이더리움과 스마트 컨트랙트'에서 자세히 설명한다.

한편, 과학기술정보통신부의 블록체인 관련 문서 7페이지에서 설명한 ❶, ❷, ❸의 효용과 같은 페이지의 표에 요약한 설명은 그나마 서로 일관되지도 않는다. 문서의 본문은 ❶의 효용을 '제삼자에 의존하는 비용 절감'으로 설명했는데, 정작 표에서는 '문서를 블록체인 기술로 공유해 관리 비용 절감'이라는 엉뚱한 표현을 하고 있다. 문서를 블록체인으로 공유한다는 것도 위험한 발상이지만, 이로 인해 비용이 절감된다는 주장은 근거도 없고, 본문의 ❶과 완전히 다른 내용이라 그 관계를 찾아보기도 힘들다.

표의 ❷에서는 민감한 정보인 유전체 정보 데이터를 블록체인을 통해 연구 기관과 안전하게 공유한다는 예시를 들고 있는데, 민감한 데이터를 블록체인에 보관하는 것은 자살행위다. 모든 정보는 보관 즉시 노출된다. 이를 안전하게 공유한다고 표현한 것은 아마 해시 함수의 기능을 오해한 것으로 보이는데, 이는 블록체인을 잘못 이해한 것이다. 이에 대해서는 '6.3 블록체인은 보안 도구가 아니다'에서 다시 알아본다.

마지막으로 표의 ❸에서는 IoT 자율 협업의 예로서 블록체인 기반 전력 거래 플랫폼을 거론하고 있는데, 이는 '마이크로 그리드^{Micro Grid}'를 통한 전력 직거래와 관련된 것으로서 IoT나 블록체인과는 전혀 무관하며, 오히려 본문의 ❶과 약간의 맥락만 닿아 있을 뿐이다.

TIP

블록체인으로 인해 전력 직거래가 실현된 것으로 착각하는 사람들이 많다. 전력 직거래의 핵심은 마이크로 그리드라는 인프라다. 이는 개별 생산된 전력을 중앙에서 모두 집전(集電)하던 스마트 그리드를 한 단계 발전시켜 각각의 생산 단위가 ESS(Energy Storage

System)라는 저장 장치에 개별적으로 축전시키도록 한 설비다. 마이크로 그리드가 없으면, 전력 직거래가 불가능하며, 전력 직거래를 위해 블록체인이 필요한 것도 아니다. 전력 직거래는 오히려 중앙화 서버를 활용하는 것이 훨씬 더 효율적일 수 있다. 이에 대해서는 '6.1.1 중개인이 필요 없는 탈중앙화 플랫폼'에서 자세히 알아본다.

한편 문서에서는 블록체인의 실제 구현 사례로 나스닥의 비상장 주식 거래, 교보생명의 소액 보험금 지급, 코인을 발행한 M 사의 의료 정보 공유 아이디어 등을 거론하고 있다. 그러나 나스닥과 교보 생명의 사례는 블록체인이라는 명칭은 사용했지만 모두 중앙 서버 시스템으로 구현돼 있기 때문에 블록체인이 아니며, 특히 교보생명의 소액 보험금 지급 사례는 개인 정보 보호 때문에 블록체인으로 구현해서는 안 되는 사례기도 하다. 소액 보험금 간편 지급은 규정과 절차에 관한 문제이며, 소프트웨어 구현 방식과는 무관하다. 한편, 의료 정보를 공유한다는 아이디어를 통해 코인을 발행한 M 사의 백서(white paper)를 살펴보면, 그 사업의 취지와 목적은 대부분 블록체인이 아니라 디지털화와 관련돼 있고, 오히려 블록체인으로 구현하기에는 부적절한 아이디어들이 많이 기술돼 있다. 또한 블록체인으로 해결하는 것처럼 잘못 설명한 많은 부분은 법과 제도가 마련돼야 하는 것으로서 블록체인은 물론 어떠한 기술과도 무관하다.

1.3 암호 화폐, 가상 화폐, 거래소 등

1.3.1 디지털 화폐 대 암호 화폐

디지털 화폐, 암호 화폐, 가상 화폐, 가상 통화 등과 같은 여러 용어가 명확한 구분 없이 사용되고 있다. 돈과 같은 의미로 사용되는 화폐라는 단어와 달리, 통화에는 조금 특별한 의미가 있다. 통화는 '유통 화폐'의 줄인 말로, 여러 화폐 중 특별히 현재 통용되고 있는 것을 가리키는 법률적 용어다. 법조문에서 화폐 대신 통화라는 용어를 사용하는 것은 바로 이 때문이고, 같은 맥락에서 정부에서 작성한 대부분의 문서에는 화폐라는 말 대신 통화라는 단어가 등장하며, 주로 '가상 통화'라는 말을 사용한다.[4] 가상은 실물이 아니라는 점을 강조한 것이다. 실물을 디지털화해 보관하고 사용하면 그때부터는 가상이라는 단어를 사용할 수 있다.

암호 화폐 - 익명성

그림 1-5 암호 화폐와 유통 화폐

한편, 디지털 화폐, 가상 화폐, 암호 화폐 등은 모두 화폐의 가치를 디지털화한 것을 의미하는 것이지만, 그 의미는 조금씩 다르다. 디지털 화폐는 단순히 디지털과 화폐를 조합한 광범위한 단어지만, 보통 유통 화폐를 디지털화한 것을 의미할 때 더 많이 사용된다. 암호 화폐는 유통 화폐가 디지털화된 것이 아니라 실험적 가상 화폐 중 익명성을 보장하기 위한 기술이 들어가 있는 것을 지칭하던 말이 비트코인의 등장 이후 예외 없이 '블록체인을 기반으로 만들어진 실험적 화폐'를 가리키는 의미로 고착돼 사용되고 있으며, 모든 암호 화폐는 익명성을 지니고 있다. 따라서 우리가 은행을 통해 일상적으로 거래하는 디지털화된 원화도 암호화돼 보관되고 있지만, 이는 블록체인 기반도 아니고 실험적 화폐도 아니므로 통상 '암호 화폐'라 부르지 않고 '디지털 화폐'나 '디지털 통화' 정도로 부른다.

'암호 화폐'와 '디지털 화폐'라는 용어는 절대 혼동해서는 안 된다. 암호 화폐는 수많은 디지털 화폐의 한 종류일 뿐이며, 그 익명성으로 인해 금융의 투명성을 심각하게 해치므로 그 효용이 사회에 반하는 것을 의미한다. 이 책에서 암호 화폐라고 사용할 때는 디지털

---

4   법조계에서는 화폐와의 연관성을 끊기 위해 가상 증표라는 단어를 주로 사용한다.

화폐 중 블록체인을 기반으로 해 생성된 것만을 의미하며, 이러한 암호 화폐의 공통점은 모두 절대적인 익명성을 가진다. 뒤에서 다시 살펴보겠지만, 암호 화폐의 익명성은 현재 발생하고 있는 모든 문제의 근본 원인이기도 하다.

TIP

여러 세력이 지속적으로 암호화폐가 화폐인 것처럼 일반인을 호도하는 행태를 끊기 위해 각국 정부에서 '암호자산'으로 지칭하는 경우가 늘고 있다. 그러나 '자산'이라는 단어도 그리 적절하지 않아 보인다. 사실 가장 정확한 용어는 법무부가 사용했던 '가상증표' 정도다.

1.3.2 암호 화폐 대 토큰

토큰token은 원래 모든 종류의 보상을 통칭하는 광범위한 의미로 사용되는 일반 명사다. 토큰의 종류에는 명목 화폐, 상품권, 할인권 등이 있으며, 심지어 감사하는 마음이나 칭찬 등과 같은 무형의 행위도 포함될 수 있다. '토큰 이코노미'에서 사용된 '토큰'의 의미는 7장에서 자세히 살펴보기로 하고, 이 절에서는 그와 전혀 다른 의미로서 이더리움 진영에서 정의돼 사용되는 토큰이라는 단어에 대해 알아보자.

통상 암호 화폐는 비트코인과 이더리움처럼 자발적인 네트워크가 형성된 후 충분한 채굴자 집단을 구성해 지속적인 채굴 노동을 제공해야 비로소 운영할 수 있다. 따라서 새로운 암호 화폐를 발행하려면 오픈 소스 등의 덕분으로 프로그램 자체는 비교적 간단히 해결할 수 있지만, 네트워크를 운영할 참여자를 모집하고 일정 이상의 채굴 집단을 형성해 안정성을 확보하는 것이 지극히 힘들다.

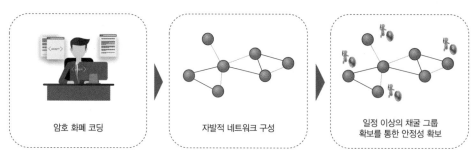

| 암호 화폐 코딩 | 자발적 네트워크 구성 | 일정 이상의 채굴 그룹
확보를 통한 안정성 확보 |

그림 1-6 암호 화폐 네트워크 구축을 위한 단계

그러나 이더리움의 스마트 컨트랙트를 사용하면 별도의 네트워크를 구성하지 않고도 손쉽게 암호 화폐를 새로 발행할 수 있다. 즉, 스마트 컨트랙트를 호출하는 방법으로 이더리움 네트워크를 그대로 활용해 암호 화폐도 발행하고, 서로 이체할 수도 있다. 이렇게 자체 네트워크를 갖추지 않고 스마트 컨트랙트를 이용해 발행한 암호 화폐를 자체 네트워크를 갖추고 발행된 암호 화폐와 구분하기 위해 이더리움 커뮤니티를 중심으로 '토큰'이라는 별도의 용어를 사용하기 시작했다. 자체 네트워크는 메인 넷Main Net이라고도 한다. 이더리움 재단은 자신들의 네트워크를 보다 활성화시키기 위해 스마트 컨트랙트를 이용해 암호 화폐를 만들 것을 적극 권장했고, 여러 가지 표준을 만들어 소스 코드로 제공하고 있다. 이들은 ERC-20을 필두로 ERC-721, ERC-998과 같은 새로운 표준을 계속해 만들고 있다. 2019년 11월 기준으로, 22만 5천개의 ERC-20 토큰과 2,800여 개의 ERC-721 토큰이 이더리움 메인 넷에 기생(寄生)하고 있다.[5]

Memo

이런 토큰은 단순히 암호 화폐를 발행하고, 이전하는 것 이외에 그 어떤 효용도 갖고 있지 않다. 22만 5천 개나 되는 토큰 중 약 1,000여 개는 중개소를 통해 실제로 판매되고 있으며, 그중 상당수는 중개소들이 스스로 발행한 토큰이다. 토큰의 매매가 활성화되면, 사용자들이 지불한 돈은 고스란히 중개소의 주머니에 쌓인다. 마치 화수분을 가진 것과 같다.

5　2019년 11월 16일 etherscan.io 집계기준

1.3.3 거래소 대 브로커, 중개소

그림 1-7 암호 화폐 브로커들

암호 화폐를 사고파는 것을 중개해주는 브로커를 흔히 '암호 화폐 거래소^{exchange}'라고
한다. 이 명칭을 사용하게 된 배경은 증권 거래소를 연상시켜 마치 잘 제도화된 거래 환
경이 갖춰진 것처럼 스스로를 포장하기 위해서다.

그러나 암호 화폐 거래소는 모든 매매 주문을 총괄하고 단일화해 하나의 통일된 가격으
로 거래할 수 있도록 관리하는 주식 거래소와 달리, 개별적으로 사자와 팔자 주문을 서로
중개해 연결시켜주는 브로커 역할을 할 뿐이다. 이 때문에 전 세계 1만 6,000여 개에 달
하는 암호 화폐 거래소는 저마다 서로 다른 가격에 암호 화폐 시세가 형성돼, 이 때문에
한때 한국에서 거래되는 비트코인은 미국에 비해 30% 이상 더 비싸기도 했고, '김치 프리
미엄'이라는 비아냥을 듣기도 했다. 또한 암호 화폐 거래소에서 취급하는 각 종목의 선택
은 각 종목의 상장과 폐지를 법률이 정한 엄격한 규정에 의해 심사하고 관리하는 증권 거
래소와 달리, 오롯이 브로커들 스스로 저마다의 잣대로 판단하며, 그 선택에는 암호 화폐
개발자 등과의 깊은 유착이 작용하기도 한다. 이러한 이유로 암호 화폐 거래소라는 명칭
은 그들만의 마케팅 용어일 뿐, 정확한 명칭은 '암호 화폐 중개소' 또는 '암호 화폐 브로커'
가 더 적합하다. 이 책에서는 암호 화폐 거래소라는 명칭 대신 암호 화폐 브로커 또는 브
로커나 중개소라는 말을 사용한다.

많은 중개소가 자신들이 블록체인 기술과 깊이 연계된 기술 기업인 것처럼 선전하지만,
사실 중개소와 블록체인은 별 관련이 없다. 중개소들은 암호 화폐를 이용하는 지갑이라
는 소프트웨어와 온라인 주식 매매에 사용되는 HTS 기능 중 일부를 사용해 만든 중앙 집
중 시스템으로 거래를 중개하는 브로커일 뿐이다. 한편, 블록체인 협회라는 이름을 사용

하는 단체들은 대부분 중개소가 그 구성원들이다. 블록체인이라는 단어가 포함된 협회에 정작 블록체인 기술을 연구하는 업체는 찾아보기 힘든 셈이다.

Memo

암호 화폐를 둘러싼 광풍의 최대 수혜자는 단연 이들 브로커들이며, 이들은 끊임없이 암호 화폐를 예찬하고, 매매를 부추긴다. 이 책에서 분석하겠지만, 마구잡이로 찍어내고 있는 암호 화폐들은 조잡한 프로그램만 몇 줄 들어 있을 뿐, 그 어떤 기술이나 효용도 들어 있지 않다. 시세 조종이 난무하는 중개소에서 암호 화폐를 매매하는 행위는 시세의 방향성에 베팅하는 도박과 크게 다르지 않다.

1.4 디지털 자산

디지털 자산$^{digital\ asset}$은 디지털로 기록 보관되는 것 중 권리 등이 포함돼 있어 가치를 가질 수 있는 것들을 말한다. 대표적인 예로는 디지털화한 책, 문서, 음원, 그림 등 저작권 등에 관련돼 어떤 가치가 있다고 믿어지는 권리를 디지털화한 것이다. 우리가 스마트 뱅킹을 통해 원화를 거래하거나 HTS를 통해 KRX 금 거래를 해 실물인 금을 보관하는 대신, 디지털화된 수치로 금을 보관하는 것도 디지털화된 자산을 이용하고 있는 좋은 예다.

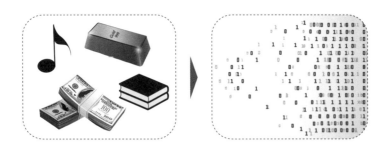

디지털 자산이란 '이미 가치를 갖고 있는 그 무엇'을
편의를 위해 디지털로 정보를 변환해 보관하고 있는 것이다.

그림 1-8 디지털 자산 – 자산의 디지털화

그림 1-8은 책, 음악, 법정 화폐, 금 등과 같은 디지털 자산의 몇 가지 예를 보여주고 있다. 이처럼 디지털 자산은 '이미 가치를 갖고 있는 유·무형의 것'을 보관과 이용, 거래의 편의성을 위해 정보를 디지털화한 것이다. 이렇게 자산을 디지털화하면 여러 편익이 발생하므로 향후에도 보다 많은 대상이 디지털화돼 보관되고 거래될 것이다. 일상 거래에서 디지털화된 금융이 현금을 대체한 것은 이미 오래된 얘기이며, 디지털화의 대세 속에 자산을 디지털화하려는 추세는 매우 자연스러운 현상이기도 하다. 한편 암호 화폐를 디지털 자산의 핵심이라고 하면서 블록체인과 자산의 디지털화와 관련이 있는 것처럼 주장하는 사람들이 있다.

암호 화폐는 디지털 자산과는 근본적으로 다르다. 암호 화폐는 '이미 가치를 갖고 있는 그 무엇'을 디지털화한 것이 아니라 '가치를 갖고 있지 않은 것'을 디지털화한 것에 불과하다. 암호 화폐의 내재 가치는 '0'이다. 이 근본적이면서 핵심적인 차이를 명확히 이해할 필요가 있다. 물론 내재 가치가 '0'인 것도 경우에 따라 미래에는 가치를 가질 수 있다. 그러기 위해서는 많은 사람으로부터 새롭게 '신뢰'를 쌓아야 한다. 신뢰라는 것은 저마다의 판단으로 형성되므로 이렇게라도 신뢰가 형성된다면 암호 화폐도 가치를 가질 수 있는 최소한의 기반은 마련할 수 있겠지만, 암호 화폐를 발행한다고 해서 저절로 가치가 발생한다고 착각해서는 안 된다. 암호 화폐는 '디지털 자산'이 아니라 '디지털 숫자'에 불과하다.

TIP
엄밀히 말하면 디지털 자산은 디지털 자산과 디지털화 자산으로 구분해야 한다. 내재 가치를 디지털로 부호화한 것은 디지털화 자산이며, 비트코인 등 내재 가치가 없는 디지털 숫자는 디지털 자산이다. 여기서는 별도로 구분하지 않는다. 두 구분에 대한 자세한 설명은 『비트코인과 블록체인, 가상자산의 실체 2/e』(에이콘, 2020)을 참고하면 된다.

한편, 여기에서의 '가치'는 단순히 금전적으로 값어치가 있다는 의미와는 구분할 필요가 있다. 가치라는 것은 금전적인 효용과 함께 '긍정적이고 사회적인 효용'을 함께 가져야 한다. 예컨대 마약을 디지털화한 후 이를 서로 거래한다면 범죄자들을 중심으로 값어치를 형성할 수는 있지만, 어떠한 긍정적·사회적인 효용도 수반되지 않는다. 마약은 '부정적인 가치'를 가지며 '사회적 효용'에 정면으로 반하는 악의 물질이기 때문이다. 암호 화폐는 익명성에 기반을 둔 탈세, 범죄 수익 은닉, 돈 세탁, 시세 조종 등과 같은 온갖 폐해를 양산하며 투기와 도박장을 형성하고 있다. 암호 화폐는 '긍정적이고 사회적인 효용'을 갖지 못했다. 범죄자들을 중심으로 일시적인 값어치는 형성할 수 있어도 가치를 형성하지는 못한다.

Memo

세상의 물건이 가치를 갖는 이유는 신뢰 때문이다. 금이 여전히 가치를 갖는 이유도 수천 년 넘게 쌓인 인류의 '긍정적 신뢰'가 뒷받침하고 있으며, 종이 돈이 가치를 갖는 것은 국가의 법령과 신뢰가 뒷받침하기 때문이다. 종이 돈을 발행한 국가가 더 거대하고 부강할수록 신뢰는 그에 비례해 올라가며, 그 정점에 미국의 달러화가 자리 잡고 있다. 신뢰는 일개 소프트웨어가 만들 수 있는 것이 아니다. 블록체인 암호 화폐가 신뢰를 형성하기에는 기술이 불안정하며 기본적인 익명성으로 인해 제도권에서 인정받을 수도 없다. 비트코인이나 이더리움은 둘 다 내일 당장 멈추더라도 이상하지 않을 만큼 이미 한계점에 이르고 있다. 암호 화폐 매매를 부추기는 자들은 끊임없이 '디지털 자산'이라는 단어를 연결시키려 할 것이지만, 암호 화폐는 디지털 자산이 아니다. 암호 화폐는 '가치를 갖고 있지 않은 것'을 디지털화한 디지털 수치일 뿐이다. 암호 화폐의 내재 가치는 '0'이다.

TIP

'자산유동화 토큰'이라는 이름으로 부동산 등을 앞서 설명한 ERC-20 토큰과 매칭한다는 주장이 있다. 예컨대 고가의 부동산을 n 조각으로 분할한 후 각각을 토큰과 매칭해 적은 자금으로 부동산 일부를 소유할 수 있다는 주장이다.

이 주장에는 허점이 있는데, 바로 토큰을 소유한다고 해도 그 자체로는 어떠한 권리도 생기지 않는다는 사실이다! 알다시피 부동산은 오직 등기소에서만 권리가 보장된다. 따라서 토큰이 가진 권리는 오직 토큰을 발행한 업체만이 보장해 줄 수 있다. 모든 부동산은 그 업체가 자신의 명의로 등기소에 등록 보관하고 있을 것이기 때문이다. 자산유동화는 자산 디지털화의 자연적인 흐름일 뿐이며, 블록체인과는 무관하다.

이를 중앙화 시스템이 아닌 ERC-20으로 발행하면 운용, 관리, 비용 등 모든 측면에서 훨씬 비효율적이다. 이는 '블록체인'이라는 용어를 마케팅으로 활용하려는 상술은 될 수 있어도 합리적 선택은 되기 힘들다. 특히 향후 대상 부동산을 매도하려면, 전체 토큰을 다시 모아야 하는데, ERC-20은 발행 후 소유자들이 임의의 상대에게 매도하면, 실 소유자를 특정할 수 없고 암호키 분실로 ERC-20을 분실하면, 다시는 전체 토큰을 모을 수도 없다. 따라서 부동산과 ERC-20으로 매치하려는 시도는 해서는 안되는 선택으로 볼 수도 있다. 토큰은 내재가치가 0인 디지털 숫자일 뿐 그 어떤 것도 보장해 주지 않는다는 사실을 명심하고, 토큰 발행 업체를 절대적으로 신뢰할 수 없다면 거래해서는 안 된다. 앞서 예를 든 KRX 금거래에는 잘 구성된 중앙화 시스템을 이용해 신뢰받는 기관이 3개나 개입된다. 첫째, 실물금의 보관은 예탁결제원이 보장한다. 둘째, 보관된 금의 순도가 99.99%라는 것은 한국조폐공사가 보장한다. 마지막으로 증권거래소는 거래의 투명성을 보장해 준다.

결국 자산 유동화 토큰의 핵심은 전산 기술문제가 아니라 절대 신뢰할 수 있는 기관이 개입돼 있는지에 있다.

1.5 노드, 피어, 트랜잭션 등

네트워크를 쉽게 설명하기 위해 주로 그래프를 사용해 표시한다. 네트워크를 그래프로 나타내면 각 컴퓨터 또는 서버는 꼭짓점, 컴퓨터 사이의 네트워크의 연결은 가지^{branch}를 사용해 표현한다. 그림 1-9를 보자.

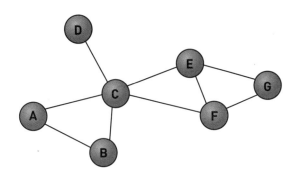

그림 1-9 네트워크의 그래프식 표현

그림 1-9는 그래프를 이용해 네트워크를 표현한 모습을 보여준다. 그래프상에서 둥근 원으로 표현된 각 꼭짓점은 컴퓨터를 의미하는데, 이 꼭짓점을 통상 노드^{node}라고 한다. 또 노드 간을 연결하고 있는 선분인 가지는 두 노드가 네트워크를 통해 서로 직접 연결돼 있음을 의미한다. 그림 1-9에서는 A부터 G까지 모두 7개의 노드가 존재한다. 한편, 노드 중 가지를 통해 직접 연결돼 서로 직접 연결된 노드를 특별히 서로의 피어^{peer}라고 한다. 예를 들면, A의 피어는 C와 B가 되고, E의 피어는 C, F, G가 된다. 전체 노드의 개수는 동일하지만, 피어의 개수는 노드별로 모두 다르다.

1.6 트랜잭션

트랜잭션은 금융 분야에서는 모든 금융 거래를 폭넓게 의미하고, IT 분야에서는 보통 업무의 처리 단위를 얘기하는데, 특히 데이터베이스 분야에서는 더 이상 쪼갤 수 없는(또는 더 쪼개면 심각한 오류가 발생할 수 있는) 최소한의 업무 처리 단위를 의미하기도 한다.

블록체인에 있어서의 트랜잭션이란, '정의된 이벤트가 발생하는 것'으로 설명할 수 있다. 비트코인의 이벤트는 비트코인을 주고받는 거래이며, 이더리움의 트랜잭션은 이더리움을 주고받거나 스마트 컨트랙트로 정의한 어떤 행위를 호출하는 것일 수 있다. 따라서 비트코인을 서로 주고받은 정적인 기록만을 수행하는 비트코인 블록체인에 있어서는 거래 내역과 트랜잭션은 동일한 의미가 되지만, 블록체인의 이벤트를 다양하게 정의할 수 있는 이더리움이 경우에는 트랜잭션이 반드시 이더리움을 주고받는 거래 내역일 필요는 없다. 이 책에서는 거래 내역과 트랜잭션이라는 단어를 모두 사용하는데, 거래 내역이라고 사용할 때는 트랜잭션 중 특별히 암호 화폐를 서로 주고받는 이벤트를 의미하고, 트랜잭션이라고 사용할 때는 범용적인 이벤트의 측면을 강조하는 것이라 생각하면 된다.

이제 기본적인 몇 가지 용어와 필요한 개념들을 모두 정리했으므로 블록체인에 대한 설명을 본격적으로 시작해보자. 먼저 비트코인 블록체인이 탄생하게 된 배경을 살펴본다. 사토시 나카모토는 어떤 생각을 갖고 비트코인을 만들었는지, 그로 인해 어떤 효용을 얻고자 했는지를 이해하면 블록체인의 목적과 진정한 효용에 대해 보다 쉽게 이해할 수 있게 된다.

2

비트코인 블록체인의 기본 원리

2장에서는 블록체인의 원형인 비트코인에 대해 자세히 살펴보며, 탄생 배경에서부터 기본 원리에 이르기까지 모든 것을 분석해본다. 비트코인이 세상에 등장하기 훨씬 이전부터 그 구성 요소가 된 여러 개념들은 이미 하나씩 발전돼 오고 있었다. 비트코인이 탄생하게 된 배경을 자세히 이해하면, 블록체인의 진정한 효용을 좀 더 효과적으로 이해할 수 있을 것이다.

2.1 사이퍼펑크

1975년 IBM은 DES^{Data Encryption Standard}라는 이름의 새로운 암호화 알고리즘을 일반인들에게 공개한다. 이는 일반인들에게 공개된 최초의 암호화 알고리즘이기도 했다. DES는 미국 표준청(당시의 NBS, 지금의 NIST)이 IBM에 의뢰해 개발한 것으로, DES가 일반 대중들에게 공개되기 이전에는, 암호화 기술은 정부 기관이나 군 등의 전유물이었을 뿐, 민간이 접할 수 있는 것이 아니었다. 한편 당시는 권력 기관이 자행해온 수많은 프라이버시 침해 사태에 대해 많은 사람의 불만이 고조되고 있는 때이기도 했다. DES가 민간에 공개된 것은 일대 사건이었다. 이제 민간에서도 암호화 기술을 적극 활용해 개인의 프라이버시를 보호할 수 있는 도구가 마련된 셈이었고, 그러한 생각은 곧 행동으로 이어진다.

TIP

사실 정부 주도로 개발된 DES에는 발표 당시부터 많은 의혹의 눈길이 쏟아졌다. 또한 DES가 IBM의 개발안 그대로 공개된 것이 아니라 마지막에 정부 기관에 의해 일부 수정된 상태로 발표된 것이 알려지면서 의혹은 더욱 커졌다. 특히, 64비트 키 중 실제로는 56비트밖에 사용되지 않는 키의 길이 때문에 그 안전성에 대한 논란과 함께 정부가 의도적으로 키의 길이를 제한했다는 주장도 나타났다. 심지어 DES에는 백도어가 설치돼 있어, 특수한 방법을 통해 정부 기관이 쉽게 복호화할 수 있다는 소문마저 파다했다. 당시 DES의 안전성과 관련해 퍼진 많은 소문의 유형을 보면, 정부에 대한 대중들의 불신이 얼마나 컸는지 짐작할 수 있다. 이 알고리즘은 얼마 후 보다 강력한 알고리즘인 AES(Advanced Encryption Standard)로 대체된다.

1990년대에 들어서면서 에릭 휴즈Eric Hughes, 티모시 메이Timothy May, 존 길모어John Gilmore 등은 그동안 산발적으로 진행되던 프라이버시 보호 운동을 점차 조직화하기 시작한다. 여기에는 여러 행동주의자가 관여했는데, 그들은 스스로를 사이퍼펑크cypherpunk라고 불렀다. 사이퍼펑크는 암호를 의미하는 사이퍼cipher와 사이버상의 악동을 의미하는 사이버펑크cyberpunk의 합성어로, 암호화 기술을 활용해 개인의 프라이버시 보호를 극대화하려 했던 행동주의자를 가리킨다. 1992년, 주드 미혼Jude Mihon이 'cipher'와 'cyberpunk'를 조합해 장난스럽게 만든 'cypherpunk'라는 단어는 2006년에는 옥스포드 영어 사전에 정식으로 등재됐다.

TIP

사이퍼펑크와 사이버펑크를 혼동하는 사람들이 많다. 사이버펑크는 주로 해커나 크래커 등 컴퓨터에 침입 및 파괴 등을 시도하는 악동들을 지칭하는 것으로, 1980년에 발표된 부르스 배스케(Bruce bethke)의 동명 소설 제목에서 유래했다. 이는 사이퍼펑크(cypherpunk)와 무관하며, 단지 주드 미혼이 자신들의 명칭을 만들 때 장난스럽게 갖다 붙인 단어일 뿐이다. 일간지를 포함한 많은 매체에서 두 단어를 혼동한 기자들이 종종 비트코인의 탄생 배경을 '사이버펑크'라고 기술하는데, 이는 완전히 잘못된 설명이다. 개중에는 영어로는 cypherpunk로 제대로 병기하고 한글로 사이버펑크라 잘못 표기한 경우도 있었다. 일전에는 공중파 방송에서 블록체인 전문가라는 사람이 등장해 비트코인 탄생의 배경을 사이버펑크라고 설명하면서 〈블레이드 러너〉 등의 영화를 언급하는 것을 우연히 보고는 두 귀를 의심한 적이 있다. 그 사람이 블록체인의 나머지 부분을 상당수 틀리게 설명했음은 물론이다. 사이버펑크는 비트코인의 탄생과는 무관한 사이버 악동 집단을 일컫는 단어다. 사이퍼펑크와 혼동하는 일이 없도록 하자.

사이퍼펑크가 본격화되기 시작한 것은 1990년대 초반이지만, 그 기술적 효시는 데이비드 차움David Chaum에서 찾을 수 있다. 그가 1983년에 발표한 이-캐시E-Cash는 금융 거래를 암호화해 개인의 프라이버시를 보호하려 한 최초의 기술 개념으로, 사이퍼펑크가 활성화되는 기반이 됐다. 1985년에 그가 발표한 논문의 제목이 '신분 노출이 없는 보안: 빅브라더를 무용지물로 만

데이비드 차움(출처: 위키미디어)

들 수 있는 거래 시스템이라는 점에서 '통제 권력으로부터의 자유'를 꿈꿨던 그의 정신을 생생히 엿볼 수 있다.J

사이퍼펑크에 의해 엄청난 비난을 받았던 또 다른 주요 사건은 클린턴 행정부가 법적 효력을 통해 연방이나 주 정부 등이 개인의 통신을 도청할 수 있도록 합법화한 조치로서, 1990년 중반 NSA가 클리퍼(clipper)라는 칩셋으로 이 기능을 구현했다. 이 칩셋에는 도청을 위한 백도어인 LEAF(Law Enforcement Access Field) 코드가 심어져 있었다. 이는 흔히 '키 에스크로'라 불리는 방식으로 구현돼, 정부가 적법한 절차를 거친 경우, 해당 키를 통해 통신 내역을 모니터링할 수 있도록 돼 있었다.[K]

데이비드 차움은 프라이버시 보호를 최우선으로 고려했지만, 그는 익명성을 가진 결제 수단이 가져올 수 있는 부작용에 대해 누구보다 잘 이해하고 있었다. 데이비드 차움은 익명의 결제 수단은 통제와 안전을 결여하고 있으므로 도난이나 블랙마켓, 뇌물, 탈세 등으로 악용될 가능성이 높다는 사실을 인지했으며, 그에 따라 결제의 익명성을 가진 수단은 다음과 같은 성질을 만족해야 한다고 정의했다.[H]

1. 각 개인이 행한 결제에 대해 그 수취인, 결제 시간, 금액에 대해 제삼자는 알 수 없어야 한다.
2. 각 개인은 예외적 상황하에서는 그 결제에 대한 증명 또는 수취인의 신원에 대한 자료를 제공할 수 있어야 한다.
3. 도난당한 것으로 보고된 결제 수단에 대해서는 사용을 중지할 수 있어야 한다.

이 때문에 데이비드 차움이 말하는 익명성은 흔히 슈도니머스(pseudonymous), 비트코인의 절대 익명성은 어노니머스(anonymous)로 달리 표현하기도 한다. 이는 전문 용어가 아니지만, 둘 사이를 구분하기 위해 사용하기 시작한 것이다. 근본적인 차이는 평상시는 정체를 숨기지만, 유사시에 그 정체를 밝힐 수 있는지의 여부다.

데이비드 차움은 1989년에 디지캐시digicash라는 회사를 직접 설립한 후 그의 개념을 실제로 구현했다. 디지캐시는 은행과의 제휴를 통한 익명의 송금 서비스를 실행했지만, 제휴된 은행이 거의 없었고,[1] 회사는 얼마 가지 않아 파산하고 말았다.[W]

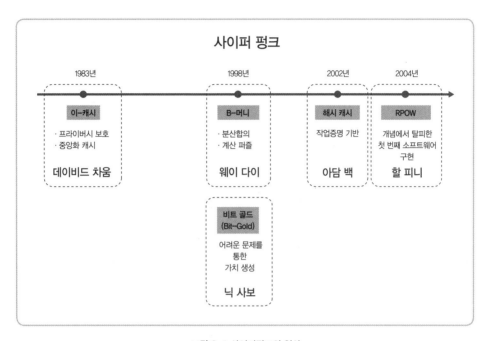

그림 2-1 사이퍼펑크의 역사

그림 2-1은 데이비드 차움의 이-캐시 이후 사이퍼펑크가 이어져 나간 역사를 간략히 요약해 보여주고 있다. 데이비드 차움의 실험은 많은 사람에 의해 발전됐다. 1998년 웨이다이[Wei Dai 2]는 익명의 분산 전자 캐시 시스템인 B-머니를 제안했는데, 이는 암호화 퍼즐에 기반해 새로운 화폐를 생성하는 아이디어였다. 같은 해 닉 사보[Nick Szabo]는 '비트골드'라는 새로운 디지털 화폐를 구상했는데, 이는 후에 비트코인의 전형이 됐다. 또한 2002

---

1   실제로 디지캐시를 지원한 은행은 마크 트웨인 은행(Mark Twain Bank) 하나밖에 없었다고 한다.

2   웨이 다이는 대위(戴维)의 영어식 표현인데, 대위는 다윗을 중국식으로 표기한 것이다.

년에 아담 백^{Adam back}은 작업 증명에 기반한 해시 캐시를 제안했고[B], 할 피니^{Hal finney}는 2004년에 재사용 가능 작업 증명 개념을 제안했는데, 이는 개념적 아이디어만 제시했던 그 이전의 사람들과 달리 최초로 소프트웨어로 구현되기도 했다. 할 피니는 사토시 나카모토로부터 비트코인을 건네받은 최초의 인물이기도 하다.[L]

Memo

닉 사보가 제안한 비트골드 개념에는 비트코인의 거의 모든 아이디어가 그대로 들어 있다. 닉 사보는 극도로 어려운 퍼즐과 금을 채굴하는 것 사이의 유사성에 주목했다. 그는 금이 사람들로부터 가치를 인정받는 이유는 그만큼 채굴하기가 힘들기 때문일 것이라 생각했다. 이에 기초해 닉은 극도로 해결이 어려운 퍼즐이 존재한다면, 퍼즐의 정답 자체가 사람들로부터 어떤 가치를 가진 것으로 여겨질 수도 있을 것이라 상상했다. 만약 그렇게 되면, 퍼즐의 정답을 디지털화해 자산처럼 주고받을 수도 있을 것이라 생각한 것이다. 물론, 그의 상상에는 논리적 비약이 있다. 금의 채굴이 힘든 이유는 '희소성' 때문이지만, 어려운 문제의 해결은 희소성이 아니라 해결을 위한 '에너지'가 많이 소요되기 때문이다. 그의 논리를 따르면, 채굴이 힘든 석탄도 금과 비슷한 가치를 가져야 한다는 비약도 가능하다. 어쨌든, 닉의 생각은 해시 퍼즐이라는 작업 증명 방식으로 비트코인에 그대로 구현돼 있다. 비트코인의 원형은 이미 닉 사보가 대부분 설계해둔 셈이었다. 닉 사보는 스마트 컨트랙트를 제안하기도 했다. 이는 '2.3.7 스마트 컨트랙트'에서 자세히 알아본다.

2.2 비트코인의 탄생 – 2009년 1월 3일

데이비드 차움이 이-캐시를 발표하고 25년이 흐른 2008년의 어느 날, 새로운 결제 수단에 대한 논문 하나가 사토시 나카모토란 가명으로 암호화 커뮤니티에 메일로 발송되었는데, 제목은 바로 "비트코인: P2P 전자 캐시 시스템"이었다.[P] 사토시는 이 논문에서 비트코인을 그 누구의 간섭도 받지 않는 결제 수단이라고 설명했는데, 이는 데이비드 차움이 염려했던 통제와 안전마저도 완전히 벗어던진 절대 익명성을 가진 것이었다. 그 후

2009년 1월 3일 오후 6시 15분 5초[3] 비트코인의 개념은 소프트웨어로 실제로 구현돼 최초의 블록인 0번 블록, 즉 제네시스 블록이 만들어진다. 그로부터 6일 후인 2009년 1월 9일 오전 2시 54분 25초부터는 본격적으로 가동에 들어가, 통상 10분에 하나꼴로 꾸준히 블록이 만들어지고 있다. 2018년 12월 기준, 약 55만 개가 넘는 블록이 만들어졌으며, 블록 속에는 그간 발생한 약 3억 건의 비트코인 거래 내역이 기록돼 있고, 그 전체 데이터 용량은 200기가바이트를 훌쩍 넘어섰다.

Memo

비트코인에는 데이비드 차움의 사이퍼펑크 정신과 닉 사보의 스마트 컨트랙트 구상이 결집돼 '절대 익명의 결제 수단'으로 탄생했다. 비트코인을 비롯한 블록체인 기반의 암호 화폐에서는 데이비드 차움이 우려했던 폐해가 고스란히 나타나고 있는데, 이는 탈세, 돈세탁, 뇌물, 범죄 수익의 은닉, 범죄의 거래 수단 등으로 악용되며 금융의 투명성을 심각하게 해치고 있다. 데이비드 차움은 현재 에릭서(Elixxir)라 불리는 블록체인 기반의 암호 화폐를 연구 중인데, 그가 우려했던 익명성을 어떻게 처리할지 궁금해진다. 한편, 비트코인의 원형을 그대로 따른 이더리움이 화폐 단위로 사용하는 명칭은 대부분 앞서 소개한 사람들의 이름에서 따왔다. 이더리움의 최소 단위인 웨이(wei)는 웨이 다이의 이름이고, 그 외 사보(szabo), 피니(finney)등을 단위로 사용하고 있다. 1이더(Ether)는 10^{18}웨이이고, 100만 사보이며, 1,000피니와 같다. 많은 사이퍼펑크들은 비트코인과 이더리움의 개발 과정에 직·간접적으로 관여했고, 지금도 깊이 관여하고 있다.

TIP

이더리움은 비트코인 탄생 후 6년 7개월이 지난 2015년 7월 30일에 가동을 시작했지만, 15초에 하나씩 블록이 만들어져서 전체 블록 개수는 2018년 12월 현재 이미 700만 개에 육박하며, 거래 내역은 3억 7,000만 개 정도 된다. 또 데이터의 전체 용량은 무려 1테라바이트를 훌쩍 넘어섰다. 이더리움은 4장, '이더리움 블록체인'에서 자세히 설명한다.

---

3   이는 한국 표준 시각이며, 이하 책에서는 모두 한국 표준 시간(GMT+9)을 사용한다.

표 2-1은 2009년 1월 3일에 만들어진 제네시스(0번) 블록과 2018년 11월 14일에 만들어진 55만 번 블록을 서로 비교하고 있다.

표 2-1 0번 블록과 55만 번 블록의 비교

	0번(제네시스 블록)	55만 번 블록
시각	2009-01-03	2018-11-14
크기(바이트)	285	940,117
거래 내역(트랜잭션) 수	1	2748
보조금	50BTC	12.5BTC
수수료	0	0.05232011BTC
난이도	1	7,184,404,942,701.79

표 2-1을 살펴보면 10여년의 세월이 흐르는 동안 285바이트에 불과하던 블록의 평균 크기는 그 한계치인 1메가바이트에 육박하는 것을 볼 수 있다. 또한 단 하나의 거래 내역만 담고 있던 제네시스 블록과 달리, 55만 번 블록에는 무려 2,748개의 트랜잭션이 들어 있다. 표 2-1의 보조금과 수수료는 블록을 생성한 대가로 주어지는 보상금들이다. 보상금은 보조금과 수수료로 이뤄지는데(보상금 = 보조금 + 수수료) 보조금은 고정된 금액이며, 수수료는 비트코인 거래 시 송신자로부터 수령하는 것으로서 트랜잭션을 많이 담을수록 더 많이 받을 수 있다. 수수료는 송신자 스스로 정하며, 더 높은 수수료를 지불할수록 더 빨리 처리된다. 어떤 트랜잭션을 먼저 처리할지는 블록을 생성하는 자가 임의로 선택하지만, 예외 없이 수수료율이 더 높은 트랜잭션을 먼저 처리하게 될 것이다. 이 블록의 총 수수료는 트랜잭션에 따라 달라지므로 늘 변동된다. 표 2-1을 통해 보조금은 1/4 수준인 12.5BTC로 줄어들었으며, 수수료는 0에서 0.05BTC가 된 것을 알 수 있다. 한편, 표 2-1의 제일 마지막 줄에 있는 '난이도'는 블록을 만드는 것이 얼마나 힘든 것인지를 알려주는 상대적인 지표다. 제네시스 블록을 생성할 때의 난이도를 1이라 가정할 때, 55만 번 블록은 그보다 7조 1,844만 배 이상 더 어려워졌다는 의미다. 난이도에 대해서는 '3.2.1.3 해시 퍼즐의 난이도'에서 자세히 알아본다.

TIP

비트코인 블록당 평균 수수료는 2017년 말 3BTC까지 치솟던 것을 정점으로 급격히 줄어들어 현재는 고작 0.05BTC에 머물고 있다. 하늘 모르고 치솟던 블록당 평균 수수료가 거의 1/100 수준으로 줄어든 이유는 무엇일까? 그 결정적 원인은 트랜잭션이 현저히 줄었기 때문이다. 이는 대부분의 거래가 중개소를 통해 이뤄지는데 정작 중개소는 통상 자신들의 중앙화 서버에서, 거래가 일어난 것처럼 꾸미기만 할 뿐 고객의 별도 요청이 있기 전에는 블록체인을 통한 거래가 일어나지 않기 때문이다. 따라서 블록에 거래 내역을 담을 일이 없다. 자세한 사항은 '3.6 블록체인과 보안'에서 다시 알아본다.

2.2.1 비트코인 최대 생산량 – 2,100만 비트코인

비트코인은 블록이 생성되는 순간, 새로 생성돼 블록 생성자에게 보조금 형태로 지급되도록 프로그램돼 있다. 이때 생성되는 수량은 21만 개의 블록이 생성될 때마다 반씩 줄어들도록 코딩돼 있다. 대략 10분에 하나씩 블록이 생성되므로 21만 개의 블록이 생성되려면 약 4년이 소요된다. 최초의 발행량은 50BTC였지만, 지금까지 발행량이 두 번에 걸쳐 반감해 2018년 12월 말 기준으로는 블록이 생성될 때마다 12.5BTC가 발행된다.

 TIP 시스템은 블록이 평균 10분에 하나씩만 생성되도록 하기 위해 꾸준히 난이도를 조절한다. 난이도는 2,016개의 블록이 생성될 때마다 상승하거나 하락한다. 난이도에 대한 자세한 사항은 '3.2.1.4 비트코인의 난이도 조절'에서 자세히 알아본다.

가장 최근에 보조금이 반으로 줄어든 시점은 42만 번 블록이 만들어진 2016년 7월 9일이다. 그때부터 정확히 10분에 하나씩 블록이 생성된다고 가정하면, 그림 2-2와 같은 누적 생산량 그래프를 그릴 수 있다.

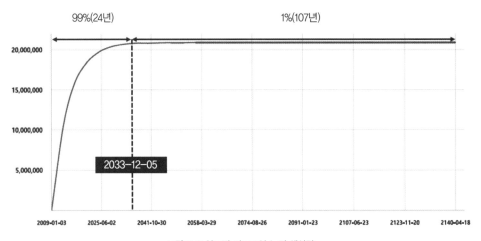

그림 2-2 연도별 비트코인 누적 생산량

그림 2-2는 비트코인의 총 누적 생산량을 보여주는 그래프다. 이론적인 마지막 보조금은 692만 9,999번 블록이 생성되는 2140년 4월 18일로 예상되고, 마지막 보조금은 고작 1사토시다. 그때까지 발행된 비트코인을 모두 더하면 2,100만BTC가 된다. 이론적으로는 비트코인은 131년에 걸쳐 생성되도록 프로그램돼 있지만, 그래프의 곡선에서 볼 수 있는 것처럼 처음 24년간 전체 발행량의 99%가 생산되고, 나머지 107년 동안은 고작 전체의 1%만 생산된다. 따라서 사실상의 고갈은 2140년이 아니라 2033년을 기점으로 볼 수도 있다. 블록 보조금이 줄어들수록 비트코인 시스템 환경에는 많은 변화가 예상된다. 작업 증명에 대한 보상금이 줄어들수록 구성원의 블록 생산 동기가 약화되기 때문이다. 이 점은 '6.8.2 시스템의 독점'에서 자세히 살펴보자.

Memo

2017년 말 시세인 1BTC당 2,000만 원으로 환산하면, 사토시는 제네시스 블록을 만들고 10억 원을 벌었지만, 사토시보다 7조 배나 더 많은 계산 횟수를 통해 55만 번 블록을 만든 사람은 고작 2억 5,000만 원만 번 셈이다. 이를 55만 번 블록이 생성된 시점의 비트코인 시세인 400만 원으로 환산하면 겨우 5,000만 원에 불과하다.

다음 블록 보조금 반감기는 2020년 7월 6일로 예상된다. 이 시점부터는 보조금이 6.25BTC로 내려간다. 보조금이 또 한 번 반으로 줄어도 여전히 엄청난 투자를 감당하면서 채굴을 지속할 것인지의 문제는 블록체인의 안전성과 직결된다. 채굴자가 급격히 줄거나 블록 난이도가 급격히 하락하면 비트코인 시스템의 안전성은 심각하고도 급격하게 저하된다. 이 때문에 다음 반감기가 도래하기 전 비트코인은 완전히 사라질 수도 있다. 이에 대해서는 블록체인의 취약점인 51% 공격과 연관돼 있는데 '3.4 51% 공격'에서 자세히 설명한다.

2.2.2 블록체인이라는 고유명사?

2008년에 공개된 사토시 나카모토의 논문에는 '블록체인'이라는 고유명사가 단 한 번도 등장하지 않는다. 논문에는 블록과 체인이라는 일반 명사가 각각 독립적으로 사용될 뿐,

블록체인의 정의는 고사하고 단 한 차례도 언급되지 않는다. 블록^{block}은 전산학에서 흔히 쓰는 용어로, 대개 한꺼번에 처리하는 논리적 데이터 단위를 일컫는다. 컴퓨터에서의 연산은 개별 비트 단위로 처리하지 않고 통상 일정 양을 한데 묶은 후 동시에 처리하는데, 이 묶음의 단위를 '블록'이라 부른다. 비트코인의 블록은 '10분 동안 1메가바이트를 넘지 않는 범위 내에서 담을 수 있는 거래 내역의 묶음' 정도로 설명할 수 있다. 비트코인 블록에는 거래 내역에 관한 데이터가 담기는데, 그 최대 크기는 1메가바이트를 넘을 수 없다. 블록에 담긴 데이터는 동시에 처리된다. '2.3.2.2 리더 선출 – 누가 기록할 것인가?'에서 다시 살펴보겠지만, 블록체인의 각 블록은 하나의 독립된 세상을 이룬다. 각 세상은 자신들의 리더를 선출하고 선출된 리더는 전권을 가지며, 그 블록을 지배한다. 한편 여러 블록체인들은 저마다의 방식으로 블록을 달리 정의해 사용한다. 이더리움은 이론적으로 블록 크기에 제한이 없지만, 채굴업자들이 책정한 개스^{gas} 비용에 의해 실질적으로 통제되고 있다. 2018년 말을 기준으로 이더리움의 블록당 평균 크기는 30킬로바이트 정도에 불과하지만, 블록과 함께 상태 데이터를 모두 받으려면 1테라바이트 이상을 다운로드해야 한다. 기하급수적인 블록체인 데이터의 용량 증가는 이더리움의 무결성의 유지는 물론, 그 존속까지도 심각하게 위협하고 있다.

TIP 블록체인의 명확한 정의는 그 어디에도 없다. 이 점은 최근까지도 블록체인을 둘러싼 여러 혼란의 근본 원인이 되고 있다.

한편 체인^{chain}이라는 일반명사는 블록들이 생성된 시간 순서에 맞춰 차례로 정렬된 후 마치 쇠사슬에 묶인 것처럼 늘어선 논리적 모습을 묘사하기 위해 사용하던 단어다. 생성된 블록이 시간 순서대로 정렬돼 기록된다는 것은 매우 중요한데, 블록체인이란 네트워크에서 생성된 모든 데이터를 중앙 서버의 통제 없이도 발생 순서대로 정렬할 수 있는 방법을 연구하는 것이기도 하다. 이 때문에 블록체인을 탈중앙화 타임 스탬프^{time stamp} 기계라 부르기도 한다.

2.3 블록체인의 기본 작동 원리

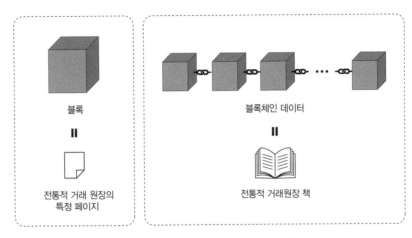

그림 2-3 블록체인 데이터와 전통적 거래 원장의 비교

그림 2-3은 블록체인 데이터를 전통적 거래 원장에 비유하고 있다. 각 블록체인의 각 블록은 전체 거래 원장 중 특정 페이지에 비유할 수 있다. 여러 페이지가 모여 전체 거래 원장이 되듯, 모든 블록이 모이면 블록체인 데이터를 이룬다. 각 블록에는 최대 2,000 ~ 3,000개의 거래 내역만 담을 수 있는데, 이는 보통 거래 내역 하나를 기술하는데 0.3킬로바이트 정도의 용량이 필요하므로 3,000개 정도를 기술하고 나면 최대 용량인 1메가바이트가 꽉 차기 때문이다.[4]

---

4   비트코인의 블록은 최대 1메가바이트까지만 허용된다는 것을 기억하자.

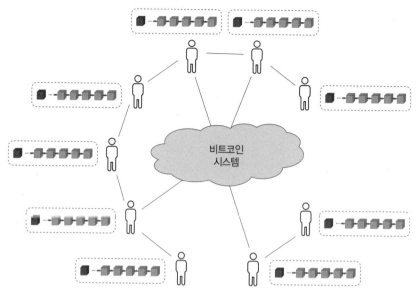

그림 2-4 모든 시스템 참여자가 블록체인을 개별적으로 저장하는 모습

그림 2-4는 비트코인 시스템에 참여한 모든 사람이 각자 자신의 로컬 컴퓨터에 전체 블록체인 데이터를 보관하고 있는 모습을 보여준다. 제일 앞에 짙은 색으로 표시된 것이 바로 제네시스 블록이다. 따라서 2009년 제네시스 블록이 탄생한 이후에 생성된 55만 개가 넘는 모든 블록과 트랜잭션 데이터는 개인별로 별도 저장돼 있다는 것을 알 수 있다. 결국 특정 노드가 거래 내역을 살펴본다는 의미는 어떤 서버에 데이터를 요청한 것이 아니라 바로 자신의 로컬 컴퓨터에 저장돼 있는 블록체인 데이터를 스스로 검색하는 것을 의미한다.

2.3.1 완전 노드와 단순 지급 검증 노드

탈중앙화 시스템의 일반적 철학은 전체 노드가 동등한 입장에서 같은 권리와 의무를 가지고 동일한 역할을 수행하는 것이다. 그러나 현실적으로 방대한 블록체인 데이터를 모든 노드가 저장하는 것에는 많은 무리가 따른다. 그래서 비트코인도 노드를 설계할 때 두 가지 다른 형태를 뒀는데, 하나는 완전 노드^{full node}고, 다른 하나는 단순 지급 검증 노드다. 이렇게 두 가지로 나눈 이유는 전체 블록체인 데이터를 받는다는 것이 쉬운 작업이 아니기 때문이다. 현재 55만 개가 넘는 전체 블록체인 데이터를 모두 다운로드하려면 200기가바이트 이상의 데이터를 전송받아야 한다. 스마트폰을 이용해 비트코인을 사용하는 사람이 200기가바이트를 다운로드하는 것은 불가능하다. 따라서 현재 비트코인 네트워크를 구성하는 각 노드는 전체 블록체인 데이터를 완전히 다운로드한 노드와 최소한의 정보만 다운로드한 노드가 구분된다. 이때 전체 데이터를 모두 다운로드해 저장하고 있는 노드를 완전 노드, 최소한의 정보만 다운로드하고 있는 노드를 단순 지급 검증 노드라 부른다. 물론 둘 중 어떤 노드로 참여할 것인지는 스스로 결정하면 된다.

2.3.1.1 완전 노드

완전 노드가 되려면 bitcoin.org 또는 bitcoincore.org 사이트에 접속해 비트코인 코어 클라이언트 소프트웨어를 설치하면 된다. 비트코인 코어는 비트코인의 모든 기능을 사용할 수 있는 인터페이스를 제공해주는 클라이언트 소프트웨어다. 2018년 12월 현재 버전 0.17.1이 배포되고 있고, 그간 22번에 걸쳐 수정됐다. 완전 노드는 비트코인 코어를 통해 시스템에 제출된 트랜잭션을 검증해주고 새로운 블록을 생성하는 역할을 수행할 수도 있다. bitcoin.org에서 권장하는 완전 노드가 되는 데 필요한 최소 컴퓨터 사양은 다음과 같다.

- 최신 버전의 운영체제(Windows, 맥OS X 또는 리눅스)를 갖춘 데스크톱이나 랩톱
- 200기가바이트의 디스크 공간
- 1기가바이트의 램 메모리
- 업로드 속도가 최소 초당 400킬로비트(50킬로바이트) 이상인 브로드밴드 인터넷
- 하루 최소 6시간 이상 접속 상태 유지

소프트웨어를 다운로드하고 설치하는 데는 채 5분도 걸리지 않는다. 그러나 일단 설치된 소프트웨어를 실행시켜 비트코인 네트워크에 접속하는 순간, 지난 10년간 생성된 55만 개의 블록을 피어로부터 전부 다운로드해야 한다. 약 200기가바이트를 다운로드해야 하며, 24시간 켜둔다는 가정하에 열흘 이상 소요될 것이다.

Memo

비트코인 시스템에 최초로 접속했을 때 현재 접속해 있는 완전 노드들이 어디에 있는지, 그 IP 주소는 무엇인지 어떻게 알 수 있을까? 네트워크에는 각 노드의 IP 주소를 기록하고 알려주는 서버를 통상 DNS(Domain Name System) 서버라 부른다. 비트코인 코어에는 DNS 시드(Seed)라 불리는 이름 서버가 존재해 현재 활동 중인 비트코인 맨진 노드의 IP 주소를 알려준다. 비트코인 코어에는 이 DNS 시드의 IP를 알려주는 하드코딩된 기능이 들어 있다. 따라서 비트코인 코어는 먼저 하드코딩된 기능을 통해 DNS 시드를 찾고, DNS 시드는 현재 활동 중인 완전 노드 IP를 알려준다. DNS 시드 서버는 지속적으로 각 노드들을 탐색해 현재 활동 중인 완전 노드의 IP 주소를 동적으로 갱신하며, 요청이 있을 때마다 최신 정보를 알려주는 역할을 한다. DNS 시드는 비트코인 커뮤니티 멤버 중 일부에 의해 유지되고 있다.

한편 비트코인 코어를 설치하면 비트코인 지갑이 동시에 설치되는데, 이를 통해 비트코인을 손쉽게 거래할 수 있다. 그러나 비트코인 지갑만 사용할 생각이라면 굳이 비트코인 코어를 설치할 이유가 없다. 호기심으로 비트코인 코어를 설치해보는 것은 괜찮지만, 엄청난 돈을 투자해 전용 기계를 구비하고 직접 블록을 만들어 채굴할 생각이 없다면 굳이 비트코인 코어를 설치할 필요가 없다.

TIP

이 책의 목적은 비트코인 시스템과 블록체인의 기본 개념을 설명하는 것이다. 따라서 설명의 편의를 위해 많은 경우 전체 노드가 완전 노드라고 가정한다. 특별한 언급이 없으면 기본적으로 모든 노드가 완전 노드라는 가정하에 설명한 것으로 이해하면 된다.

2.3.1.2 단순 지급 검증 노드

완전 노드가 되지 않고 단순히 지갑만을 설치한 노드를 단순 지급 검증 노드라고 한다. 단순 지급 검증 노드란, 전체 블록체인 데이터를 다운로드하는 대신 오직 블록의 헤더 정보만 다운로드해 저장하고 있는 노드를 의미한다. 하나의 블록은 최대 1메가바이트까지 커질 수 있지만, 각 블록의 요약 정보를 담고 있는 블록 헤더의 크기는 항상 고정돼 있으며, 그 크기는 고작 80바이트에 불과하다. 1년치 블록 헤더 데이터를 다운로드하는 데 대략 4.2메가바이트(= 80 * 144 * 365 = 4,204,800바이트)면 충분하다. 10년치를 모두 받아도 42메가바이트면 충분하므로 200기가바이트를 다운로드해야 하는 완전 노드와 비교할 때 전혀 부담이 없다. 스마트폰을 이용해 비트코인을 이용하는 사용자는 단순 지급 검증 노드라고 보면 된다. 블록 헤더에는 전체 트랜잭션 정보가 아니라 트랜잭션의 정보를 추적할 수 있는 정보만 들어 있다. 단순 지급 검증 노드에서 개별 트랜잭션에 대한 데이터가 필요한 경우 완전 노드에 자료를 요청해 개별적으로 데이터를 받아오는 방식을 취한다.

TIP

비트코인의 검증 역할은 오로지 완전 노드만이 수행할 수 있다. 단순 지급 검증 노드는 완전 노드에 의존해 정보를 수집할 뿐, 검증에 참여할 수 없다. 이때 자신이 접속한 완전 노드가 거짓 정보를 제공하는 악의적인 노드일 경우, 여러 가지 문제가 발생할 수 있다. '3.6.3.2.2 인센티브 공학적 결함'에서 다시 설명하겠지만, 현재 검증에 참여하기 위해 필요한 자원은 지속적으로 늘어나는 반면, 검증에 참여한 노드에 지급되는 인센티브는 아무것도 없다. 따라서 완전 노드로 참여할 동인이 전혀 없다. 완전 노드가 줄어들면, 시스템은 불안정해지며, 블록체인의 무결성은 심각한 타격을 받게 된다.

2.3.2 블록체인의 작동 방식

이 절은 블록체인의 작동 방식을 설명하는 핵심 부분으로, 중앙화 시스템과 블록체인의 거래 내역 처리 방식을 맞비교함으로써 블록체인의 작동 원리를 쉽고 간단하게 설명한다. 이 절에 설명된 부분만 잘 이해한다면 블록체인의 작동 원리의 대부분을 이해하는 셈이므로 무엇보다 중요하다. 그림 2-5를 보자.

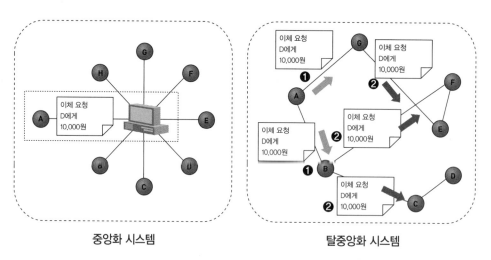

그림 2-5 트랜잭션의 처리 방식

그림 2-5는 노드 A가 노드 D에게 계좌 이체를 하는 과정을 보여준다. 그림 2-5의 왼쪽은 중앙화 시스템을 보여주고, 오른쪽은 동일한 작업을 하는 블록체인 시스템을 보여준다. 중앙화 시스템에서 A는 은행에 접속한 후 계좌 이체 요청서를 작성하고 은행 서버로 제출한다. 제출된 요청서는 은행 중앙 서버에 의해 안전하게 처리될 것이며, 그 결과도 중앙 서버에 의해 안전하게 저장될 것이다. 계좌 이체를 위한 이 모든 절차는 왼쪽 그림의 점선에서만 일어난다. D를 포함한 나머지 모든 노드는 이 계좌 이체 거래에 참여하지 않는다. 중앙화 시스템에서는 누가 거래를 기록하고 저장할 것인지 항상 정해져 있으며, 바뀌지 않는다. 모든 노드는 누구에게 처리를 요청할지를 잘 알고 있으며, 그 노드를 신뢰한다. 그러나 그림 2-5의 오른쪽 블록체인에서는 중앙 서버가 존재하지 않으므로 누가 처리할 것인지 정해져 있지 않으며, 매번 바뀐다. 이 때문에 블록체인에서는 기본적으로 모든 거래 내역서를 전체 참여자에게 알려야 한다. 누가 처리하게 될 것인지를 알 수 있는 방법이 없기 때문이다. 이처럼 블록체인은 모든 거래 내역서를 전체 노드에게

무조건 알리는데, 이러한 방식을 브로드캐스팅broadcasting 또는 가십gossip 프로토콜이라고
한다.

TIP 브로드캐스팅은 마치 방송을 하듯, 모든 참여자에게 전달하는 것을 비유하는 말이다. 방송은 특정인에게만 선택적으로 전달되는 것이 아니라 누구든 들을 수 있기 때문이다. 또 가십 프로토콜은 각 노드가 자신의 피어에게 전달하면, 전달받은 노드는 또 자신의 피어에게 전달해 삽시간에 전체 네트워크에 전송되는 모습을 표현한 것이다. 이는 마치 소문이 퍼지는 모습과 같다.

2.3.2.1 브로드캐스팅을 통한 전달

그림 2-6은 노드 A와 노드 F가 각각 거래 내역을 작성한 후 이를 브로드캐스팅하기 위해 준비하고 있는 모습을 보여준다. 중앙 서버가 존재하지 않는 블록체인에서 이 거래 내역을 처리하기 위해 A와 F는 모든 노드에 자신의 의사를 알려야 한다.

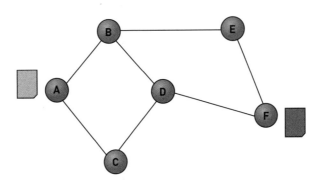

그림 2-6 단계 1/7

그림 2-7은 앞서 설명한 것처럼 A와 F가 자신들의 피어를 통해 네트워크에 거래 내역을 전달하는 모습이며, 이는 브로드캐스팅을 통해 삽시간에 네트워크 전체로 퍼져나간다.

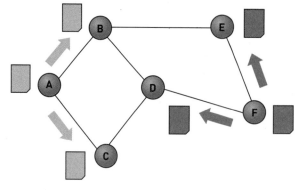

그림 2-7 단계 2/7

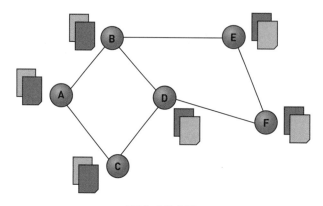

그림 2-8 단계 3/7

그림 2-8은 이제 모든 노드에게 트랜잭션이 전달된 후의 모습을 보여준다. 이렇게 전달된 트랜잭션들은 각 노드의 대기실에 쌓인 채로 처리되기만을 기다린다. 그런데 그림에서 보는 것처럼 각 노드를 자세히 살펴보면, 그 대기실에 쌓인 트랜잭션의 구성이나 순서가 조금씩 다른 것을 알 수 있다. 이는 서로 다른 네트워크 전송 속도와 컴퓨터 사양을 가진 각 노드가 어떤 트랜잭션을 먼저 전달받게 될 것인지는 알 수 없기 때문이다. 따라서 네트워크에 트랜잭션을 먼저 제출했다고 해서 모든 노드에 반드시 먼저 도달한다는 보장은 없다. 사정에 따라 뒤늦게 제출된 트랜잭션이 먼저 전파될 수도 있다. 그러므로 네트워크에 트랜잭션을 제출한 순서나 시각은 큰 의미가 없고, 블록체인에서는 트랜잭션이

제출된 시각을 별도로 기록하지도 않는다. 통상 각 노드는 수수료율이 더 높은 트랜잭션을 먼저 처리하므로 모든 트랜잭션은 도착 순서와 무관하게 대개 수수료율이 높은 순서대로 임의로 뒤바뀌어 처리되며, 제출된 순서대로 처리되지 않는다. 수수료를 더 많이 낼수록 더 빨리 처리될 수 있고, 연결 상황이 좋을수록 더 빨리 처리될 수도 있다. 대기실에 쌓여 순서가 정해진 트랜잭션들은 '블록'이라는 논리적 단위로 묶인 후 동시에 처리된다.

일단, 브로드캐스팅이 완료되면, 이제 가장 중요한 단계가 하나 남는데, 바로 '누가 기록을 수행할 것인지' 결정하는 절차다.

2.3.2.2 리더 선출 – 누가 기록할 것인가?

블록체인에서 누가 기록을 담당할 것인지 정하는 과정을 흔히 '리더 선출'에 비유한다. 선출된 리더는 전권을 가지며, 그 블록을 지배하기 때문이다. 블록체인에서는 리더 선출을 위해 해시 퍼즐이라는 고난이도 문제를 사용한다. 해시 퍼즐은 그 해답을 알 수 있는 수학 공식이 존재하지 않는 복잡한 문제로, 정답을 찾기 위해서는 오로지 가능한 모든 조합을 단순 반복 계산하는 수밖에 없다. 이 단순 반복을 통해 가장 먼저 해답을 찾은 단 하나의 노드가 바로 그 블록의 리더로 선출되는 것이다. 이때 해답을 찾는 것은 물론, '가장 먼저' 찾아야만 리더로 선출된다. 선출된 리더는 자신의 대기열에 쌓여 있던 거래 내역을 블록에 기록(저장)하는 역할을 한다. 블록에 거래 내역이 기록되는 순간, 거래는 완료될 준비를 마친다.[5] 어떤 노드가 리더로 선출됐는지에 따라 해당 블록에 기록되는 트랜잭션의 구성은 조금씩 다를 수 있다. 각 대기열에 도착한 트랜잭션은 네트워크 사정에 따라 조금 다를 수 있고, 대기열에 있는 트랜잭션의 순서는 해당 노드가 임의로 순서를 정할 수 있기 때문이다. 이 해시 퍼즐을 푸는 과정을 흔히 채굴에 비유하는데, 이는 앞서 설명한 것처럼 닉 사보가 비트 골드를 구상할 때 '어려운 퍼즐의 정답을 알아내는 것'과 '금광의 채굴'을 비교한 것과 같은 맥락이다. 해답을 찾는 것은 매우 힘들지만, 그 결과로 보상

---

5   거래가 완료되기 위해서는 아직 하나의 절차가 더 남아 있다.

을 받는다. 블록체인의 각 블록을 따로 놓고 관찰해보면 중앙화 시스템과 닮아 있다. 각 블록에서 선출된 리더는 그 블록의 중앙 서버 역할을 수행하는 셈이다. 블록체인이 늘 하나의 기록만 갖는 비결은 오로지 선출된 단 한 명의 리더만이 전권을 갖고 기록을 수행하므로 처음부터 하나의 기록만 존재할 수 있기 때문이다.

해시 퍼즐의 정답을 가장 먼저 찾기 위해서는 더 빠른 연산 능력을 갖춘 컴퓨터가 필수적이다. 성능이 좀 더 좋은 컴퓨터를 가졌다면 그만큼 유리한 셈이다.[6] 해시 퍼즐을 풀기 위해서는 2018년 12월 기준으로 대략 2^{75}번 정도 반복해가며 연산을 수행해야만 한다. 이는 2009년 사토시 나카모토가 해시 퍼즐을 해결하기 위해 계산했던 횟수인 약 43억($= 2^{32}$)번에 비해 7조 배(= 43억 원×7조)가 더 많아진 것이며, 이제 일상적인 단위로는 읽을 수조차 없을 만큼 어마어마하게 큰 횟수다.

Memo

2^{75}이 얼마나 많은 계산 횟수인지 감이 잘 오지 않는다면 간단한 계산을 해보자. i7 코어와 통상적 GPU를 가진 개인용 컴퓨터로는 초당 2,000만 번 정도 해시 연산을 계산할 수 있다.[7] 이 개인용 컴퓨터로 현재의 해시 퍼즐의 난이도인 2^{75}번의 연산을 수행하려면 10분이 아니라 무려 31조(31,482,443,219,131)분, 대략 6,000만 년이 소요된다. 한편 6,000만 년이라는 시간과 더불어 6,000만 년 동안의 전기세 또한 필요하다. 24시간 켜두는 컴퓨터의 한달 전기세를 3만 원 정도로 가정하면, 6,000만 년 동안의 전기세는 21.6조 원에 육박한다. 이제 해시 퍼즐을 하나 해결한다는 것(= 블록을 하나 생성하는 것)이 얼마나 많은 비용을 소모하는지 대략 감이 올 것이다. 현재의 블록 난이도를 10분에 해결하고 있는 최상위 채굴업자의 전용 기계(ASIC)는 개인용 컴퓨터에 비해 최소 3조 배 이상 더 빠른 계산을 하고 있는 셈이다. 이들 전용 기계는 극도의 초절전으로 설계되지 않으면, 채굴 비용을 도저히 감당해낼 수 없다. 이미 채굴 비용이 오히려 보상금을 초과한 지 꽤 오래됐고, 채굴을 할수록 더 큰 손해를 보고 있지만 이들은 여전히 채굴을 지속하고 있다. 그 이유는 무엇일까? 정답은 의외로 간단한데, '3.4 51% 공격'에서 설명한다.

6　실제로는 각 노드의 문제는 조금씩 달라 아주 작은 정도의 운도 따라야 하지만, 전체에서 운이 차지하는 비중은 무시해도 무방할 정도로 극히 미미하다.

7　이 정도 계산량을 갖춘 개인용 컴퓨터는 상당히 고급 사양에 속한다.

리더로 선출되지 못한 구성원의 노력은 모두 물거품이 된다. 이 시합에서는 1등을 하지 않으면 아무런 의미가 없다. 현재 블록의 해시 퍼즐 정답을 찾기 위해 쏟아부은 모든 계산은 그 다음 블록의 해시 퍼즐 정답을 찾는 데 아무런 도움을 주지 못한다. 1등을 하지 못하면 모두 버려야 한다. 이 때문에 해시 퍼즐의 정답을 찾는 시합은 구조적으로 치킨 게임이 될 수밖에 없다. 내시 균형^{Nash Equilibrium}을 찾는 유일한 방법은 끊임없이 더 많은 자원을 투입해 상대를 모조리 제거하는 수밖에 없으므로 내시 균형이 존재하지 않는 것과 같다. 해시 퍼즐은 '3.1.1 SHA−256과 해시 퍼즐'에서 자세히 알아본다.

TIP 내시 균형은 경쟁자 간에 서로를 위한 최선책이 수립돼 더 이상 자신의 선택을 바꾸지 않는 일종의 균형 상태를 형성하게 되는 현상을 의미한다. 러셀 크로가 열연한 론 하워드 감독의 영화 〈뷰티풀 마인드(Beautiful Mind)〉의 실제 주인공인 천재 수학자 존 내시가 제시한 균형 이론으로, 게임 이론의 패러다임을 바꾼 천재적 이론으로 평가받고 있다.

2.3.2.3 신뢰의 부재 – 모든 노드의 검증

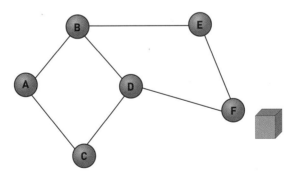

그림 2-9 단계 4/7 – 블록 만들기

그림 2-9는 노드 F가 가장 먼저 해시 퍼즐의 정답을 찾고, 리더로 선정돼 블록 만들기에 성공한 모습을 보여준다. 이제 노드 F는 기록에 대한 전권을 가지며, 이 블록을 지배

한다. 이 블록에는 F가 자신의 대기열에 있던 트랜잭션 중 자신이 임의로 고른(예외 없이 수수료율이 높은 순서대로 고른다) 것들만 먼저 담기게 된다.

TIP 해시 퍼즐의 정답을 찾는 과정은 먼저 블록 틀에 일정 개수의 트랜잭션을 기록한 후 그 블록 전체의 해시 값을 반복적으로 계산하면서 진행된다. 따라서 실제로는 해시 퍼즐의 정답을 찾은 후 트랜잭션을 기록하는 것이 아니라 그 반대로 트랜잭션을 미리 블록 틀에 기록한 후 찾아나간다. 보다 자세한 것은 '3.1.1 SHA-256과 해시 퍼즐'에서 알아본다.

하나의 블록만 따로 놓고 보면 리더로 선정된 노드는 중앙 서버의 역할을 수행하는 것에 비유할 수 있고, 각 블록은 중앙화 시스템과 매우 유사하다. 그러나 중앙 서버와 비교하면 대단히 큰 차이가 하나 존재하는데, 그것은 바로 '신뢰의 부재'다. 우리는 중앙 서버인 은행을 '신뢰'하므로 그 기록 또한 항상 신뢰한다. 그러므로 은행에 이체를 요청한 후 그 내역이 제대로 처리됐는지 확인하기 위해 은행을 방문하거나 은행에 자료 제출을 요구하는 일 따위는 하지 않는다.[8] 그러나 블록체인에는 신뢰가 존재하지 않는다. 각 노드의 정체가 무엇인지, 어떤 작동을 하는지 알 수 있는 방법이 없기 때문이다. 따라서 리더를 선출해 그 노드에게 기록의 전권을 주기는 했지만, 과연 그 리더가 정직하게 행동하는지, 위·변조 등의 조작을 통해 자신에게 유리하도록 기록 조작을 시도하는지 알 수 있는 방법이 없다. 이에 따라 '신뢰'에 기반을 둔 중앙화 시스템과 달리 또 하나의 절차가 더 필요한데, 그것은 바로 '검증'의 절차다. 이는 선출된 리더가 정직하게 기록했는지 확인하는 과정이다. 그렇다면 누가 검증할 것인가? 리더를 선출한 것처럼 검증하는 노드를 별도로 선출할 것인가? 비트코인과 이더리움이 사용한 해법은 (희망하는) '모두'가 검증에 참여하도록 한 것이다. 즉, 모든 노드가 방금 만들어진 블록이 정상적인 것인지 확인하는 절차를 수행한다. 그림 2-10을 보자.

---

8   물론 자료를 요구한다고 해서 주지는 않을 것이다.

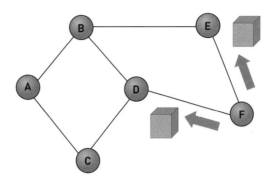

그림 2-10 단계 5/7 새로 생성된 블록을 브로드캐스팅

그림 2-10은 F가 자신이 방금 생성한 블록을 피어를 통해 브로드캐스팅하는 모습을 보여준다. 이는 앞서 트랜잭션을 브로드캐스팅하는 방법과 동일하다. 각 노드는 전달받은 블록을 다시 자신들의 피어에 전달하고, 얼마 지나지 않아 모든 노드들은 새로 생성된 블록을 모두 전달받게 된다.

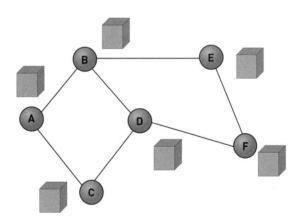

그림 2-11 단계 6/7 브로드캐스팅을 통해 모든 노드가 블록을 수령

브로드캐스팅 된 블록은 그림 2-11처럼 순식간에 모든 노드에 전달된다. 각 노드는 블록이 도달하는 즉시, F가 만든 이 블록의 무결성을 검증한다. 무결성 검증은 크게 두 가지

를 점검하는데, 첫째 F가 이 해시 퍼즐의 정답을 찾은 것이 맞는지 확인하는 것이고, 둘째 블록에 기록된 트랜잭션들이 조작되지 않고 원래 그대로 기록된 것이 맞는지 확인하는 것이다. 이 두 검증 과정은 해시 함수와 전자 서명, 비대칭 암호화 기법을 활용해 순식간에 이뤄진다.[9] 검증을 통해 블록에 이상이 없다는 것이 확인되면, 이 블록은 정당한 블록으로 인정받고, 각 노드는 자신의 로컬에 저장돼 있던 기존의 블록체인 데이터에 새로 전달받은 이 블록을 추가하면서 전체 블록체인 데이터의 길이는 하나 더 자라게 된다.

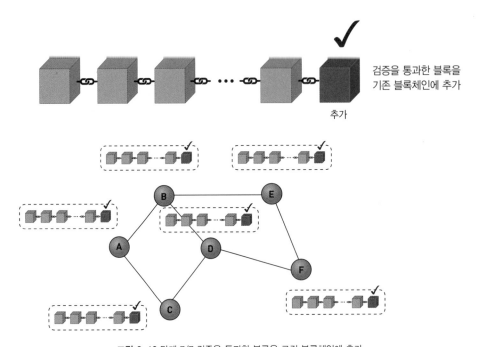

그림 2-12 단계 7/7 검증을 통과한 블록을 로컬 블록체인에 추가

그림 2-12는 검증을 통과한 블록을 로컬 블록체인에 추가함으로써 블록체인의 길이가 하나씩 자라나는 모습을 보여준다. 비트코인 블록체인은 그동안 10분에 한 번씩 이러한 과정을 55만 번 이상 되풀이해 지금의 블록체인 데이터를 구성했던 것이다. 55만 여 개

---

9   자세한 검증 방법은 3절에서 다시 설명한다.

의 블록은 참여자들의 로컬 컴퓨터에 동일한 모습으로 저장돼 있다.[10] 만약 블록이 검증을 통과하지 못하면, 그 즉시 폐기되고 로컬 컴퓨터의 블록체인 데이터에는 아무런 변화도 일어나지 않는다. 해시 퍼즐을 통해 전권을 줬지만, 전원이 검증에 참여해 언제든지 선출된 리더를 추방할 수 있는 권리를 가진 셈이다. 물론 리더를 추방하는 것은 각 노드가 임의로 정하는 것은 아니며, 사전에 정해진 규칙을 지켰는지의 여부로만 판단한다. 매 블록마다 일어나는 이 과정을 정리하면 그림 2-13과 같은 사이클을 그릴 수 있다.

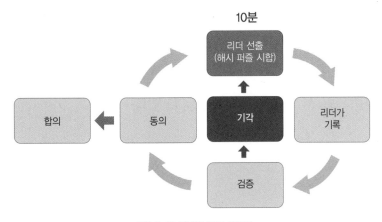

그림 2-13 블록의 생성 사이클

그림 2-13은 앞서 살펴본 블록의 생성 과정을 요약해 하나의 사이클로 보여준다. 매번 그 라운드의 새로운 리더를 선출하면, 오직 그 리더만이 기록을 수행하며, 나머지 모든 참여자는 (이 리더를 신뢰하지 못하기 때문에) 검증 작업을 수행한다. 이때 검증을 통과하지 못하면 그 블록은 즉시 폐기되고, 검증을 통과하면 각 노드는 그 블록에 '동의'하며 자신의 로컬에 있는 기존 블록체인 데이터에 새로 생성된 블록을 추가한다. 모든 노드가 이 블록에 동의하면 비로소 전체 노드가 '합의'에 이른다. 결국, 블록체인을 설계한다는 것은 '어떻게 리더를 선출할 것인지'와 '선출된 리더가 기록한 내용을 어떻게 검증할 것인지'의

---

10 사실은 소프트포크와 하드포크의 문제로 인해 다른 모습으로 저장될 수도 있다. 이 부분은 '3.3 하드포크와 소프트포크'에서 다시 살펴본다.

규칙을 정의하는 것이라 할 수 있다. 이 두 규칙의 무결성과 효율성이 곧 블록체인의 무결성 및 효율성과 직결된다.

TIP
일부 블록체인은 앞서 설명한 작업 증명 리더 선출 방식 대신 다른 방식을 사용하는데, 그 중 현재 보유하고 있는 암호 화폐의 양에 직·간접적으로 연동시킨 방식을 흔히 지분 증명 (proof-of-stake)이라고 한다. '3.2.2 지분 증명'에서 다시 살펴보겠지만 지분 증명 방식을 채택하는 순간 더 이상 블록체인이라 보기 힘들다.

2.3.3 비동기화 시스템에서의 탈중앙화 합의

앞서 간략히 살펴본 블록 생성 과정에는 매우 중요한 설명이 하나 생략돼 있다. 바로 '비동기화 시스템에서의 합의'라는 과정이며, 다른 말로는 '탈중앙화 합의 과정'이라고도 한다.

중앙 서버 등에 의해 모든 동작을 지시받고 정해진 순서나 시각에 전달받은 신호에 맞춰 작동하는 시스템을 '동기화synchronous 시스템'이라고 한다. 컴퓨터 CPU는 동기화 시스템의 전형적인 예다. 컴퓨터 CPU내의 트랜지스터들은 전기 신호가 들어올 때만 작동할 수 있다. 이들은 CPU 클럭이라 불리는 시간 단위에 동기화돼 일사분란하게 작동한다. CPU는 클럭 단위에 맞춰 전원이 공급되므로 이에 맞춰 모든 회로가 작동된 후 새로운 상태를 형성하게 되는 것이다. 이와 반대로 블록체인은 안전한 비동기화asynchronous 시스템이다. 신호를 줄 수 있는 중앙 서버가 없기 때문이다. 각 노드가 생각하는 블록체인 세상은 자기 자신이 현재 갖고 있는 데이터와 자신의 피어를 통해 전달받은 데이터만 갖고 해석한 것이다. 전체 네트워크에 현재 몇 개의 노드가 있는지, 어디에 있는지, 어떤 성질을 갖고 있는지 전혀 알 수 없다. 오로지 현재 내가 갖고 있는 데이터와 피어를 통해 방금 전달받은 정보를 통해 그 다음 단계를 수행할 수밖에 없다.

이 때문에 자신의 피어에게 고의로 거짓 정보를 전달해 시스템을 교란시키는 공격도 가능하다. 이는 여러 가지 형태로 나타날 수 있는데, 그 대표적인 예로 이클립스(eclipse) 공격을 들 수 있다. 이는 일단의 노드가 연합해 자신의 피어들에게 지속적으로 거짓 정보를 흘려보내 합의 과정을 방해함으로써 비교적 수월하게 시스템을 장악하거나 교란시키는 방법이다. 마치 개기일식에 의한 달 그림자로 태양의 일부가 보이지 않게 되는 것처럼, 거짓 정보를 전달받은 노드가 부정확한 정보로 인해 검증에 있어 제역할을 다하지 못하는 상황을 비유한다. 이를 통하면 51% 공격이 아니라 25% 공격도 가능해진다. 51% 공격은 '3.4 51% 공격'에서 자세히 알아본다.

그림 2-13의 사이클을 보면, 마치 전체 노드들이 공통된 시계에 동기화돼 10분을 주기로 리더 선출을 반복적으로 일사 분란하게 수행하고 있는 것처럼 보인다. 또한 해시 퍼즐 시합이라는 표현도 마치 누군가 시합의 시작과 끝을 알리는 잘 동기화된 과정처럼 표현돼 있다. 그러나 이는 설명의 편의를 위한 것일 뿐, 실제와 많이 다르다. 블록체인 세상에서는 그림 2-13의 과정이 절대 동기화돼 일어날 수 없다. 전역 시계 역할을 해줄 수 있는 노드나 서버가 있을 리 없기 때문이다. 따라서 블록 생성을 위한 해시 퍼즐의 정답을 찾는 과정은 각 노드에서 독립적이며, 개별적인 시각에서 시작된다. 앞서의 예제에서는 F가 생성한 블록을 먼저 전달받고, 그 검증을 빨리 마친 노드는 다른 노드에 비해 좀 더 일찍 그다음 시합에 돌입할 수 있는 셈이다. 매번 어떤 노드가 먼저 블록을 만들지는 알 수 없으므로 항상 더 유리한 특정 위치는 존재하지 않는다. 긴 시간을 두고 보면 모든 노드는 동등한 위치에 있다고 볼 수 있다.

TIP

블록체인에서는 모든 노드가 동등한 계산 조건을 갖출 때 가장 안전하고 이상적이 되지만 현실은 그렇지 않다. 이에 대해서는 3장에서 다시 살펴본다.

2.3.3.1 서로 다른 진실의 충돌

앞서 설명한 블록체인의 비동기적 특성으로 인해 항상 다음과 같은 상황이 발생할 수 있다.

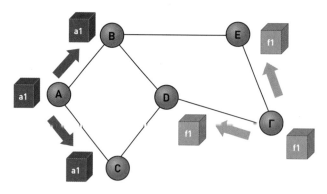

그림 2-14 노드 A와 F가 동시에 블록을 생성한 경우

그림 2-14는 노드 A와 F가 동시에 블록 만들기(= 해시 퍼즐 해결)에 성공한 후 브로드캐스팅하고 있는 모습을 보여준다. 노드 A와 F는 서로의 존재를 모르므로 서로가 동시에 블록 생성에 성공했다는 사실을 알 방법이 없다. 이러한 사정은 다른 노드들도 마찬가지여서 B와 C는 A가 블록 만들기에 성공했다는 사실만 인지할 뿐, 노드 F에 대해서는 그 존재 사실도 모른다. 이와 마찬가지로 D와 E는 F가 블록 만들기에 성공했다는 사실은 인지하지만, A의 존재도 A가 블록 만들기에 성공했다는 사실을 알 수 없다.

이런 경우, 블록체인 네트워크에는 순간적으로 하나 이상의 서로 다른 진실이 존재한다. 노드 A, B, C는 이번 라운드에서 선출된 리더가 A라고 믿고 A의 블록을 검증하지만 D, E, F는 선출된 리더가 F라고 믿으며, F가 생성한 블록을 검증한다. 이에 따라 각자의 로컬 컴퓨터에는 서로 다른 블록을 추가하고, 급기야 그림 2-15에서와 같은 상황이 벌어진다.

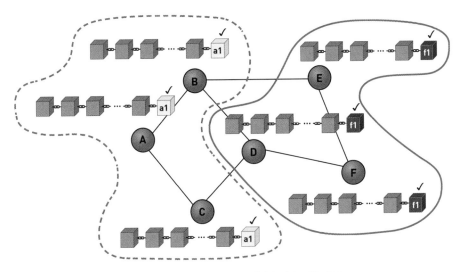

그림 2-15 2개의 서로 다른 블록체인이 자라고 있는 모습

그림 2-15는 동일한 네트워크 안에서 서로 다른 블록체인이 자라고 있는 모습을 보여준다. 점선으로 묶인 A, B, C의 그룹은 A가 생성한 블록인 a1을 자신의 로컬 컴퓨터에 추가한 상태고, 실선으로 묶인 D, E, F의 그룹은 F가 생성한 블록인 f1을 자신의 블록체인에 추가한 상태다. 즉, 특정 순간에는 동일한 시스템에서 서로 다른 블록체인 데이터가 자라고 있는 셈이다.

2.3.3.2 서로 다른 진실의 통일 – 탈중앙화 합의

다른 블록체인 데이터가 형성되는 근본적인 원인은 블록체인이 비동기화 네트워크기 때문이다. 모든 노드가 동일한 시각에 새로운 리더를 선출하는 것이 아니라 제각기 블록 만들기에 전념하다가 자신의 피어로부터 전달된 메시지에만 근거해 전체 상황을 판단할 수밖에 없기 때문에 벌어지는 현상이다. 그러나 동일한 네트워크 속에서 서로 다른 2개의 진실이 존재하도록 내버려둘 수는 없다. 어떤 경우든 단 하나의 진실로 통일될 수 있는 규칙이 필요하다. 서로 다른 블록체인 데이터가 충돌했을 때는 이를 통일하는 결정 규칙은 앞서 살펴본 규칙 위반에 따른 퇴출과는 다르다. 이번 경우에는 모든 블록이 규칙을 준수하며 정상적으로 생성된 것이지만, 시스템 내 두 가지 진실이 존재할 수 없으므로 이 중 어느 하나로 강제적으로 통일시키는 과정이며, 이 과정에서는 정상적으로 생성된 블록도 퇴출될 수 있다. 비트코인에서 서로 다른 두 블록체인 데이터를 하나로 통일하는 규칙은 둘 중 더 긴 블록체인을 선택하는 것이다. 이 말은 길이가 같다면 서로 통일되지 않는다는 의미이기도 하다. 두 노드가 서로의 블록체인 데이터가 다르다는 것을 발견하면 우선 상대방이 규칙을 지켰는지 검사한 후 이상이 없다면 서로의 길이를 비교한다. 이때 길이가 같다면 어느 하나로 합쳐지지 않고, 각자 자신의 블록체인 데이터를 그대로 유지한 채 서로 더 긴 블록체인 데이터를 만들기 위한 경쟁을 계속한다.

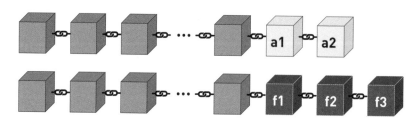

그림 2-16 서로 다른 블록체인의 충돌

그림 2-16은 어느 순간 한쪽의 길이가 더 길어진 모습을 보여준다. 이제 f1, f2, f3로 구성된 블록체인이 a1, a2보다 길어졌고, 그 순간 승패는 갈린다. 패자가 되면 그 즉시 승자와 다른 블록체인 구성 요소는 모두 폐기해야 하며, 승자가 갖고 있는 블록을 동일하게 복사함으로써 시스템 내 모든 노드는 동일한 블록체인 데이터로 통일해나간다. 이렇듯 서로 다른 두 블록체인이 충돌했을 때 둘 중 하나로 일치시켜나가는 과정을 '탈중앙화 합의 규칙'이라고 한다. 이처럼 어느 한 특정 순간에는 각 노드가 다른 블록체인 데이터를 가질 수 있지만, 궁극적으로는 모두 동일한 데이터로 통일해나가는 성질을 '궁극적 일관성eventual consistency'이라고 한다.

Memo

경우에 따라 하나의 노드에 새로 생성된 블록이 2개 이상 동시에 전달될 수도 있다. 이 경우 해당 노드는 어느 블록을 선택할지 결정해야 한다. 통상 조금이라도 더 일찍 도착한 블록을 선택할 것 같지만, 실제로는 이길 확률이 더 높은 블록을 선택하게 된다. 통상 대형 채굴자는 블록에 자신의 식별자를 심어두는데, 이왕이면 대형 채굴자가 생성한 블록이 속한 체인을 선택하는 것이 궁극적으로 더 긴 체인이 될 가능성이 높으므로 도착 시간보다는 대형 채굴자가 생성한 블록을 선호하게 되는 것이다. 지분 증명에서는 블록을 생성하는 데 에너지가 소모되지 않으므로 모든 체인을 선택하는 편법을 동원해 여러 가지 문제가 야기될 수 있다. 이를 '잃을 것이 없는 딜레마'라고 한다. 자세한 내용은 '3.2.2.1 잃을 것이 없는 딜레마'에서 알아본다.

TIP

두 블록체인 데이터가 상충할 때의 선택의 기준을 정확히 설명하면 '해당 블록체인 데이터를 만드는 데 가장 많은 노력(에너지)이 들어간' 것이다. 이 개념은 대부분의 경우 가장 긴 블록체인 데이터와 정확히 일치한다. 그러나 블록체인의 난이도가 주기적으로 변하므로 길이와 함께 난이도의 가중치를 함께 고려하면 아주 드물게 일치하지 않을 수도 있다. 그러나 '만드는 데 가장 많은 노력이 들어간'이라는 설명은 너무 길고, 의미도 잘 와닿지 않으므로 앞으로 이 책에서는 이 말 대신 '가장 무거운' 블록체인 데이터로 표현한다. 지금부터 '가장 무거운' 블록체인 데이터란, '만드는 데 가장 많은 노력이 들어간' 블록체인과 동일한 의미로 사용한다. 정작 사토시 나카모토의 원논문은 가장 긴 체인이라는 표현만 사용했다. 한편, 이더리움에서는 더 무거운 체인과 더 긴 체인이 일치하지 않는 경우가 빈번히 발생한다. 이는 전체 무게를 계산할 때 엉클(uncle) 블록들을 포함하기 때문이다. 엉클 블록이 무엇인지 이더리움의 탈중앙화 합의가 어떤지는 '4장 이더리움 블록체인'에서 자세히 설명한다.

2.3.3.3 거래의 안정성 – 확인

비동기화 시스템의 특성으로 인해 트랜잭션이 블록에 기록되고 나서도 언제든 퇴출될 수 있다는 것을 알았다. 이는 비트코인의 사용 내역은 언제든 무효가 될 수도 있다는 것을 의미하기도 한다. 그렇다면, 비트코인은 늘 무효가 될 수 있다는 것을 전제로 거래해야 하는 것일까? 정답은 '그렇다'이다. 비트코인으로 사용한 내역은 항상 무효가 될 가능성이 있다. 그러나 무효가 될 가능성은 시간이 흐를수록 기하급수적으로 감소하고, 일정 시간이 지나면 거의 0에 수렴한다. 이 절에서는 블록에 관련된 몇 가지 숫자를 살펴봄과 동시에 비트코인 거래의 안정성에 대해 살펴보자.

블록에는 여러 의미 있는 숫자가 연계돼 있다. 각 블록은 이름이 아니라 그 블록에만 고유한 수를 이용해 특정할 수 있다. 이 숫자들은 그 블록의 고유한 이름 역할을 하는 셈이다. 프로그램을 할 때는 고유한 수인 블록 해시 값을 이용하지만, 이 값은 32바이트로 너무 길기 때문에 '높이'라는 개념을 대신 사용하기도 한다.

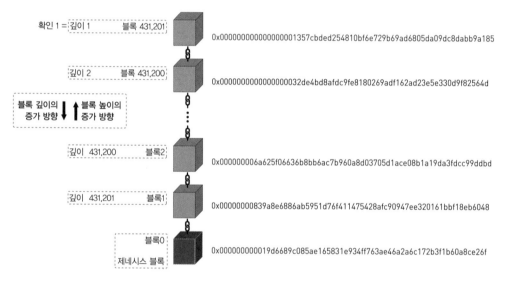

그림 2-17 블록의 높이와 깊이 그리고 블록의 해시 값

그림 2-17은 제네시스 블록부터 시작해 모든 블록을 탑을 쌓는 것처럼 배열한 모습을 보여주고 있다. 블록을 탑을 쌓듯 논리적으로 배열하면 높이(또한 층수)의 개념이 생긴다. 제네시스 블록 바로 다음에 생긴 블록의 높이는 1, 그 다음은 2, 이런 식으로 높이는 계속

76

증가한다. 각 블록은 블록체인 데이터에 추가된 순서가 있고, 그 순서는 바뀌는 일이 없으므로 특정 블록의 높이는 변화하는 일이 없다. 앞서 0번 블록, 5만 번 블록이라고 했던 것은 바로 높이를 얘기한 것이다.

그림 2-17의 가장 오른쪽을 보면 32바이트 블록 해시가 보인다. 이 수치는 각 블록마다 고유하며, 그 블록이 모든 규칙을 지키면서 생성됐다는 것을 알려주는 비밀이 들어 있다. 이 블록 해시는 절대 바뀌지 않고, 그 어떤 블록의 해시와도 겹치지 않는 그 블록만의 고유한 주소다. 따라서 비트코인 프로그램으로 특정 블록을 지정할 때는 길지만 블록의 해시 값을 이용해 참조하는 것이 가장 안전하다.

한편, 블록의 높이와 반대 개념으로 블록의 깊이 개념이 있다. 블록의 높이는 절대적인 개념이므로 바뀌지 않지만, 블록의 깊이는 계속 변동되는 상대적인 개념이다. 블록의 깊이는 블록이 만들어진 후 얼마나 더 많은 블록이 새로 생성됐는지를 알아볼 수 있는 지표다. 제네시스 블록이 0이었던 높이의 개념과 반대로 항상 가장 최근에 만들어진 블록의 깊이가 1이 된다. 이후 새로운 블록이 만들어지면 깊이가 1이었던 블록은 2가 되고, 추가로 블록이 생성될수록 계속 증가한다. 따라서 그림 2-17에서는 당시 가장 최근 블록인 431201번 블록은 높이 431,201, 깊이 1인 블록이 되고, 제네시스 블록은 높이 0, 깊이 431,202인 블록이 된다. 431200블록은 높이 431,200, 깊이 2인 블록인 셈이다.

블록의 깊이는 블록의 안정성과 직결된다. 앞서 살펴본 것처럼 블록체인 데이터에 추가된 블록도 퇴출될 수 있다. 탈중앙화 합의 규칙에 의해 혹시라도 구성이 다른, 더 무거운 블록체인 데이터를 만나면 구성이 다른 부분은 모두 더 무거운 블록체인 데이터에 맞춰 갱신해야 한다. 이런 가능성은 가장 최근에 만들어진 블록일수록 커진다. 네트워크 전송 속도 등의 차이로 한두 블록 정도의 오차는 발생 가능성이 있기 때문이다. 생성된 블록이 블록체인 데이터에 추가된 후 더 많은 블록이 추가될수록 퇴출 가능성은 기하급수적으로 낮아진다. 블록의 깊이는 확인^{confirm}이라는 용어로도 사용된다. 어떤 블록의 확인이 3이라는 의미는 그 블록이 생성돼 블록체인 데이터에 추가된 이후 2개의 블록이 블록체인 데이터에 더 추가[11]됐다는 의미다. 금액이 크거나 중요한 거래는 보통 6 확인 동안 기다리는 것이 좋다. 즉, 자신의 트랜잭션이 블록체인 데이터에 추가된 후 5개의 블록이 추가로 더 생성될 때까지 지켜보는 것이 좋다는 뜻이다. 6개 정도의 확인을 가진 블록은 실질적으로 블록체인에서 퇴출될 가능성이 극히 낮다고 볼 수 있다. 표 2-2는 이 절에서 살펴본 깊이, 높이, 블록 해시의 개념을 정리한 것이다.

표 2-2 블록의 깊이, 높이, 해시 값

	변동성	설명
블록 깊이	항상 변화 지속적 증가	가장 최근 블록이 깊이가 1이 되고, 블록이 추가될수록 1씩 증가. 확인이라고도 부름
블록 높이	변화 없음 고정	제네시스 블록이 0이 되고, 그 이후로 블록이 생성될 때마다 1씩 증가돼 블록이 언제 생성됐는지 순서를 알 수 있음
블록 해시	변화 없음 고정	그 블록만의 고유한 주소이며, 32바이트로 된 해시 값

은행을 통한 금융 거래는 즉시 확정된다. 즉, 은행이 거래 내역을 장부에 기록하는 즉시 그 기록은 항구적으로 고정된다. 그러나 블록체인은 탈중앙화 합의 규칙 때문에 모든 기록이 영원히 확정되지 못한다. 즉, 퇴출의 확률은 기하급수적으로 낮아지지만 이론적으

---

11 블록체인 데이터에 추가되는 순간 확인이 된다. 따라서 이후에 생긴 블록 개수에 하나를 더 더한 값이 해당 블록의 확인값이 되는 것이다.

로는 모든 기록이 퇴출될 수 있다. 이러한 위협은 양자 컴퓨터가 현실화되면 더 극대화된다. 어느날 양자 컴퓨터가 등장하고, 소수 세력이 먼저 독점하게 되면 양자 컴퓨터의 등장 이후가 아닌 2009년 1월 3일 최초의 기록부터 모두 퇴출될 수도 있다. 블록체인은 영원한 미완의 기록을 남기는 불완전한 장치일 뿐이다.

2.3.4 블록의 구조

지금까지 블록에는 1메가바이트를 넘지 않는 범위 내에서 거래 내역이 기록되는 것이라고만 설명해왔고, 실제로 어떠한 데이터가 담기는지에 대해서는 얘기한 적이 없다. 이 절에서는 블록에 어떤 식으로 데이터가 담기는지 알아보자.

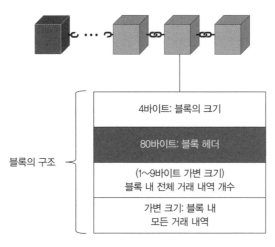

그림 2-18 블록의 구조

그림 2-18은 블록의 구조를 보여준다. 그림 2-18에서 볼 수 있는 것처럼 블록은 모두 4개의 필드로 구성된다. 첫 번째 필드는 블록의 전체 크기를 나타낸다. 비트코인 블록의 크기는 가변적으로 어떤 경우든 1메가바이트를 넘길 수 없다. 하나의 블록에 트랜잭션이 최대 3,000여 개 정도밖에 담기지 못하는 것도 이 용량 제한 때문이다. 용량 제한으로 모

두 담지 못한 트랜잭션은 그 다음 블록에 담을 수밖에 없다. 짙은 색으로 표시된 두 번째 구성 요소는 블록 헤더다. 블록 헤더는 80바이트의 고정된 크기인데, 이곳에 해당 블록의 모든 정보가 요약돼 있다. 심지어 블록에 담기는 2,000~3,000개가량의 모든 트랜잭션의 요약 정보도 여기 들어 있다. 신기하게도 100만 바이트에 육박하는 트랜잭션 정보도 단 32바이트로 요약할 수 있다. 이에 대해서는 '3.1 해시 함수와 비대칭 암호화 기법'에서 자세히 알아본다.

세 번째와 네 번째 구성 요소는 블록에 담을 트랜잭션에 관련된 정보다. 세 번째는 블록에 담긴 총 트랜잭션의 개수를 담고 있는데, 그 크기가 고정돼 있지 않고 1바이트부터 9바이트 사이의 가변적인 크기다. 즉, 상황에 따라 1바이트만 사용하기도 하지만 최대 9바이트까지 사용할 수 있다. 비트코인의 블록을 전체적으로 살펴보면 1바이트라도 더 절약하려는 노력이 처절한데, 그 이유는 개별 단위로는 1바이트지만, 이로 인해 트랜잭션 하나를 완전히 담지 못할 수도 있기 때문이다. 그림 2–19를 보자.

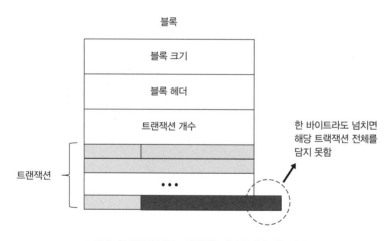

그림 2–19 블록이 넘쳐 트랜잭션을 담지 못하게 되는 경우

그림 2–19는 1바이트 때문에 트랜잭션 하나를 완전히 담지 못하는 상황을 보여준다. 블록의 크기가 1메가바이트로 제한돼 있다 보니 차곡차곡 트랜잭션을 담다가 전체 크기가

1메가바이트를 넘으면 그림 2-19의 제일 하단, 짙은색으로 표시된 트랜잭션처럼 전체를 담지 못하는 경우가 생긴다. 트랜잭션은 잘라 담을 수 없기 때문이다. 트랜잭션을 담는다는 것은 수수료와 직결되므로 담을 수 있는 트랜잭션 개수를 최대화하는 것은 매우 중요하다. 이 때문에 세 번째 요소인 트랜잭션 개수는 고정된 길이를 사용하지 않고 개수에 따라 가변적으로 표시해 단 하나의 트랜잭션이라도 더 담을 수 있도록 설계돼 있다.

네 번째 요소는 실제 트랜잭션들이다. 실제 트랜잭션은 통상 2,000~3,000개 정도가 담기는데, 일렬로 줄을 세워 차곡차곡 블록에 담는다. 앞서 세 번째 요소에서 몇 바이트라도 줄여주면 하나의 트랜잭션이라도 더 담길 확률이 높아진다.

2.3.4.1 블록 헤더

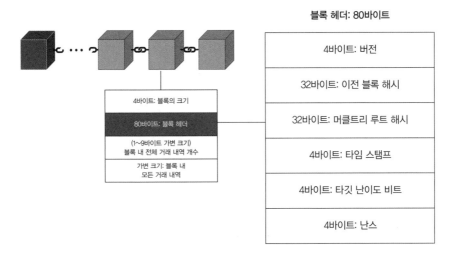

그림 2-20 블록 헤더의 구조

그림 2-20은 블록 헤더를 확대해 보여주고 있다. 그림 2-20에서 보는 것처럼 모두 여섯 가지 필드로 구성돼 있고, 앞서 얘기한 것처럼 그 크기는 80바이트로 고정돼 있다. 각각에 대한 세부 설명은 모두 부록으로 미뤄뒀으므로 여기서는 간략히 개념만 설명하고 넘

어간다. 잠시만 더 힘을 내 집중해보자.

첫 번째 요소는 버전이다. 버전 정보는 블록이 만들어질 당시의 비트코인 시스템 버전을 기록하고 있다. 버전 정보를 일상생활에 비유하면 법률 개정 정보와 같다. 법률도 개정되듯 비트코인 블록체인의 규칙도 변경될 수 있다. 앞서 잠시 소개한 탈중앙화 합의 규칙이나 블록이 유효한지를 검증하는 규칙도 필요할 경우, 언제든지 변경할 수 있다. 따라서 블록이 생성될 당시 어떤 규칙을 적용해 블록을 검증했는지 알 수 있는 버전 정보는 매우 중요하다.

두 번째 요소는 이전 블록의 해시 값이다. 해시라는 것은 아직 설명한 적이 없으므로 몰라도 된다. 블록 해시는 블록을 특정할 수 있는 고유한 숫자 정도로 이해하면 된다. 사람들은 이름으로 서로를 부르지만 블록에는 이름이 없다. 따라서 그 이름 대신 특정한 수를 사용하는데, 블록 해시 값이 바로 그 특정 수다. 모든 블록은 자신만의 고유한 해시 값을 가진다. 50만 번 블록의 해시 값을 실제로 살펴보면 다음과 같다.

0x0000000000000000000024fb37364cbf81fd49cc2d51c09c75c35433c3a1945d04

그렇다. 상당히 길고 복잡하다. 무려 32바이트나 된다. 그러나 컴퓨터에게 이 정도는 평범한 수에 불과하다. 지금까지 친숙하게 50만 번 블록이라 불렀던 것처럼, 이것도 그냥 하나의 수로 생각하면 편하다. 여기서 중요한 점은 '현재 블록에 이전 블록의 고유값'을 기록하고 있다는 사실이다. 즉, 현재 블록이 이전 블록을 참조하고 그 이전 블록은 또 자신의 이전 블록을 참조하는 사슬이 형성돼 있고, 이 때문에 체인이라 묘사하기 시작한 것이다. 한편, 이전 블록의 해시 값은 현재 블록의 해시 값을 만드는 데도 이용된다. 현재 블록의 해시 값을 만드는 데 이전 블록의 해시 값을 사용하는 특성으로 인해 하나의 값이 바뀌면 연쇄적으로 모든 블록의 해시 값이 변경돼 변화가 쉽게 탐지된다. 이에 대해서는 '3.2.1 작업 증명'에서 다시 설명한다.

2.3.5 트랜잭션

비트코인의 '거래 내역'은 '트랜잭션'이라고도 부른다. 트랜잭션은 비트코인의 거래 내역
이자 바로 그 자체가 비트코인이기도 하다. 블록에 담긴 거래 내역은 잔고 그 자체가 바
로 비트코인인 셈이다. 따라서 지금까지 비트코인을 동전처럼 이리저리 블록체인 어딘가
에 저장돼 있는 모습으로 상상했다면 이제 바로잡자. 비트코인 트랜잭션에는 다음과 같
은 정보가 기록된다.

- 송신인의 공개키 값[12]
- 수신인의 비트코인 주소
- 전송하려는 비트코인 금액
- 송신인의 전자 서명
- 송신인이 지출하려는 비트코인의 출처

이러한 정보가 들어 있는 비트코인의 트랜잭션은 대차대조표와 유사하다. 어디서 수입이
발생했는지, 그 수입을 어디에 지출했는지 각각 대변과 차변에 기입한다.

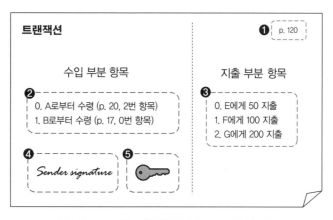

그림 2-21 비트코인 트랜잭션을 대차대조표에 비유한 개념도

---

12 공개키가 무엇인지는 '3.1 해시 함수와 비대칭 암호화 기법'에서 설명한다.

그림 2-21은 회계에서 사용하는 대차대조표를 비트코인의 트랜잭션에 비유해 표현한 개념도다. 대차대조표의 기본 개념은 수입과 지출의 기록이다. 그림 2-21에서 보는 것처럼 왼쪽에는 모든 수입 항목, 오른쪽에는 지출 항목을 기록한다. 그림 2-21을 자세히 살펴보면 우선 현재 페이지를 알 수 있는 페이지 번호(❶)가 있고, ❷에는 전체 수입이 기록돼 있다는 것을 알 수 있다. 각각 수입에는 참조할 페이지가 표시돼 있다. 그림에서는 두 군데에서 수입이 있었고, 그 내역은 각각 20페이지의 2번 항목과 17페이지의 0번 항목을 참조하도록 기록돼 있다. 여기서 한 가지 주목해야 할 점은 수입 부분에는 참조할 페이지만 적혀 있을 뿐, 얼마를 수령했는지에 대한 기록은 전혀 들어 있지 않다는 것이다. 따라서 해당 페이지를 찾아가보기 전까지는 이 금액이 얼마인지 확인할 방법이 없다.

한편 오른쪽은 지출 항목을 기록하는데, 이는 ❸에 자세히 기재돼 있다. 그림 2-21에서는 세 군데에 총 350을 지출하는 기록이 쓰여 있다. ❹는 이 트랜잭션의 위조를 방지하기 위한 전자 서명으로, 송신자가 자신의 암호화키로 문서 전체를 서명해 보호하는 것이다. 또 ❺는 송신자의 공개키 값 정보를 기록하고 있다. 트랜잭션의 보호를 위해 전자 서명과 공개키를 어떻게 이용하는지에 대해서는 '3.1 해시 함수와 비대칭 암호화 기법'에서 자세히 설명한다.

비트코인의 트랜잭션은 실제로 스크립트 언어를 사용해 기술돼 있다. 그림 2-22를 보자.

```
{
    "txid": "324fb0facb6f90491b9de83013863807544f6f71c0614edb90a1edd6e938deb0",
    "hash": "324fb0facb6f90491b9de83013863807544f6f71c0614edb90a1edd6e938deb0",
    "version": 1,
    "size": 374,
    "vsize": 374,
    "locktime": 0,
    "vin": [
      {
        "txid": "190e17101c295fb72fecbb4c951c66ed12bde057a4acb5b482a08677c0f9c1cc",
        "vout": 1,
        "scriptSig": {
          "asm":
"3045022100eb72a9ca47cffe9744353d4a38b460fbdbc15a81025f4b4f6bd5ffcfec56356102201a82d2273c938894808bc949176da393e4b09c11265dae
6ba195ca3754e147fb[ALL] 03b18e31a12cc65a9a19fb4e73e44ac4af42f1efe2dc44dc97f2d0afd3f1749ef5",
          "hex":
"483045022100eb72a9ca47cffe9744353d4a38b460fbdbc15a81025f4b4f6bd5ffcfec56356102201a82d2273c938894808bc949176da393e4b09c11265d
ae6ba195ca3754e147fb012103b18e31a12cc65a9a19fb4e73e44ac4af42f1efe2dc44dc97f2d0afd3f1749ef5"
        },
        "sequence": 4294967295
      },
      {
        "txid": "2da4ba7e9313489d0d2296fbeadec64cfba2eea448d89b151d9e7e953737d4de",
        "vout": 1,
        "scriptSig": {
          "asm":
"3045022100f065dd89940261a88031560d74428b98b5aac612fa58fbe4d7a71cbea518158702203d018b3dd95513e20b1800e107be69c92307ea9e790ce5
b2db7086c8b0f24d0e[ALL] 03b18e31a12cc65a9a19fb4e73e44ac4af42f1efe2dc44dc97f2d0afd3f1749ef5",
          "hex":
"483045022100f065dd89940261a88031560d74428b98b5aac612fa58fbe4d7a71cbea518158702203d018b3dd95513e20b1800e107be69c92307ea9e790c
e5b2db7086c8b0f24d0e012103b18e31a12cc65a9a19fb4e73e44ac4af42f1efe2dc44dc97f2d0afd3f1749ef5"
        },
        "sequence": 4294967295
      }
    ],
    "vout": [
      {
        "value": 0.04000000,
        "n": 0,
        "scriptPubKey": {
          "asm": "OP_DUP OP_HASH160 51025d6d2ef8a3ed522e0b2cfe9b8a393b4fc540 OP_EQUALVERIFY OP_CHECKSIG",
          "hex": "76a91451025d6d2ef8a3ed522e0b2cfe9b8a393b4fc54088ac",
          "reqSigs": 1,
          "type": "pubkeyhash",
          "addresses": [
            "18PL2rkEhCrkDAuBk4ZKovsFJUgAzCSVLb"
          ]
        }
      },
      {
        "value": 0.00877108,
        "n": 1,
        "scriptPubKey": {
          "asm": "OP_DUP OP_HASH160 d3f0c771e2ea4612f992710d227fe058e09713e8 OP_EQUALVERIFY OP_CHECKSIG",
          "hex": "76a914d3f0c771e2ea4612f992710d227fe058e09713e888ac",
          "reqSigs": 1,
          "type": "pubkeyhash",
```

❶ 입력

❷ 출력

그림 2-22 JSON 형식으로 표시한 컨트랙트

그림 2-22는 그림 2-21에서 개념도로 보여줬던 트랜잭션이 실제로는 어떻게 구성되는 지 JSON 형식으로 표시한 것이다. 그림 2-22의 ❶은 수입을 나타내는 입력 부분으로 그림 2-21의 왼쪽에 해당한다. ❷는 지출을 나타내는 출력 부분으로 그림 2-21의 오른쪽에 해당한다. 매우 복잡해 보이지만, 대부분은 비트코인 주소와 전자 서명, 공개키 등을 16진수로 나타낸 것일 뿐, 기본적인 구조는 앞의 개념 설명과 크게 다르지 않다. 비트코인 컨트랙트가 어떻게 구성되며, 그 작동 원리가 무엇인지에 대한 상세한 기술적 설명은 '3.1 해시 함수와 비대칭 암호화 기법' 및 부록에서 각각 찾아볼 수 있다.

2.3.5.1 UTXO

비트코인 블록체인에서 누군가의 지출은 곧 다른 이의 수입이 되는데, 이렇게 주고받은 기록은 여러 블록에 흩어져 저장돼 있다. 이때 여러 거래 중 누군가에게 비트코인을 수령한 후 아직 사용하지 않은 상태로 블록에 남아 있는 항목들을 미사용 출력$^{Unspent\ Transaction\ Output}$이라 부르고, 약자로 UTXO라고 표기한다. UTXO는 그림 2–21의 ❸ 부분 (그리고 그림 2–22의 ❷ 부분) 중 아직 사용하지 않은 것들에 해당한다.

비트코인 지갑 소프트웨어는 여러 블록에 흩어져 있는 UTXO를 한곳에 모아 전체 잔고를 보여주는 기능을 갖고 있다.[13] 앞서 블록체인의 모든 데이터는 브로드캐스팅을 통해 전체 노드에 공유된다고 설명한 바 있다. 따라서 이 UTXO에도 모든 노드가 접근할 수 있으며, 그 내용을 자세히 들여다볼 수도 있다. 그렇다면 만약 누군가 남이 소유한 UTXO를 자신의 것으로 조작하려 든다면, 어떻게 막을 수 있을까? 비트코인 트랜잭션에는 수신인의 공개 암호화키를 이용한 잠금 장치가 들어 있다. UTXO를 사용하려면, 해당하는 암호 키를 제시해야 한다. 이 방법은 모두 전자 서명과 비대칭 암호화 기법과 연계돼 있는데, 보다 자세한 사항은 3.1절에서 자세히 알아보고, 여기서는 간략한 개념을 설명한다.

13　지갑 소프트웨어에 대해서는 '2.3.8 비트코인 지갑'에서 별도로 설명한다.

❶ "txid": "190e17101c295fb72fecbb4c951c66ed12bde057a4acb5b482a08677c0f9c1cc",
   "hash": "190e17101c295fb72fecbb4c951c66ed12bde057a4acb5b482a08677c0f9c1cc",
   "version": 1,

          ----------- 중간 생략 -----------------

   "vout": [
     {
       "value": 0.02222000,
       "n": 0,
       "scriptPubKey": {
         "asm": "OP_DUP OP_HASH160 4222ccb4c6e61f7dfad676a4caec8eeb98c7ce1a OP_EQUALVERIFY OP_CHECKSIG",
         "hex": "76a9144222ccb4c6e61f7dfad676a4caec8eeb98c7ce1a88ac",
         "reqSigs": 1,
         "type": "pubkeyhash",
         "addresses": [
           "172hHajw6iJJh6CRPEzH1j88Pcg4Vh5nAq"
         ]
       }
     },
     {
       "value": 0.01683108,
       "n": 1,
       "scriptPubKey": {
         "asm": "OP_DUP OP_HASH160 d3f0c771e2ea4612f992710d227fe058e09713e8 OP_EQUALVERIFY OP_CHECKSIG",
         "hex": "76a914d3f0c771e2ea4612f992710d227fe058e09713e888ac",
❷   "reqSigs": 1,
         "type": "pubkeyhash",
         "addresses": [
           "1LKe26oiEmpjybYTxDDLxSspQgZ3EcppiD"
         ]
       }
     }

그림 2-23 JSON 형식으로 표시한 UTXO

그림 2-23은 0x190e17101c295fb72fecbb4c951c66ed12bde057a4acb5b482a08677c
0f9c1cc라는 아이디를 가진 트랜잭션에서 발생한 UTXO를 보여준다.

> 무척 길어 보이는 이 트랜잭션 아이디는 앞서 그림 2-21에서 페이지(❶)와 동일하게 생
> 각하면 된다. 숫자만 클 뿐, 그 역할은 같다. 각 트랜잭션 아이디는 전체 트랜잭션 비트에
> SHA-256 해시 함수를 두 번 연속 적용한 후에 만든 32바이트 숫자다. SHA-256은
> '3.1.1 SHA-256과 해시 퍼즐'에서 자세히 설명한다.

TIP

앞서 설명한 것처럼 UTXO는 트랜잭션 중 지출에 해당하는 부분으로, 그림 2-21의 오른
쪽에 해당한다. 그림 2-23의 ❶ 영역을 살펴보면, 이 UTXO가 속하는 트랜잭션의 아이
디를 확인할 수 있다. 이 트랜잭션에서는 모두 2개의 UTXO가 생성됐으며, 그 금액은 각

각 0.02222000BTC와 0.01683108BTC다. 비트코인의 인덱스는 항상 0부터 시작한다. 따라서 그림 2-23의 두 UTXO도 vout에 각각 n:0, n:1로 기록돼 있는 것을 볼 수 있다. 그림 2-23의 ❷ 부분은 두 UTXO 중 두 번째 항목을 보여주는데, 인덱스 기록 방식에 따라 n:1로 기록돼 있다. 이 UTXO를 사용하려면, 해당하는 암호키를 제시해야 한다. 그림 2-24를 보자.

❶ "txid": "190e17101c295fb72fecbb4c951c66ed12bde057a4acb5b482a08677c0f9c1cc",
  ❷ "vout": 1,
    "scriptSig": {
      "asm": ┌"3045022100eb72a9ca47cffe9744353d4a38b460fbdbc15a81025f4b4f6bd5ff
      ❸┤ cfec56356102201a82d2273c938894808bc949176da393e4b09c11265dae6ba1
      └55ca5754e1471b01 ❹ 03b18e31a12cc65a9a19fb4e73e44ac4af42f1efe2d
      c44dc97f2d0afd3f1749ef5",

그림 2-24 UTXO를 사용하는 모습

그림 2-24는 그림 2-23의 UTXO를 사용하는 모습을 보여준다. 이를 사용하기 위해서는 트랜잭션의 수입 부분에 이 UTXO의 아이디를 기재한 후 자신이 주인이라는 것을 입증해줄 수 있는 암호화키와 함께 전자 서명을 해야 한다. 그림 2-24의 ❶ 부분이 바로 이 UTXO가 생성된 트랜잭션의 아이디를 나타내며, 이는 그림 2-23의 아이디와 정확히 일치한다는 사실을 알 수 있다.[14] 이를 통해 현재 사용 중인 UTXO가 그림 2-23의 트랜잭션에서 발생한 출력이라는 것이라는 것을 알 수 있다. ❷는 발생한 출력 중 두 번째 항목 (vout:1)이라는 것을 나타낸다. ❸은 이 UTXO를 지출하겠다는 사실을 본인이 직접 전자 서명한 것이고, ❹는 자신이 소유자임을 증명해줄 공개키 값을 기록한 것이다. 이제 ❹를 이용해 그림 2-23에 있는 스크립트를 실행한 후 그 결괏값이 '참'이 되면 자신이 진정한 소유자임을 밝힐 수 있게 된다. 한편, 현재 사용하고 있는 UTXO는 ❸에서 전자 서명됐으므로 그 누구도 조작할 수 없다. 스크립트를 사용해 본인임을 확인하는 과정에 대한 자세한 기술적 설명은 부록에서 찾아볼 수 있고, 전자 서명에 관련된 부분은 '3.1 SHA-256과 해시 퍼즐'에서 다시 설명한다.

---

14   앞서 트랜잭션 아이디를 트랜잭션 페이지에 비유하면 쉽다고 설명했던 것을 기억하자.

2.3.5.2 코인베이스 트랜잭션

비트코인의 거래를 달리 표현하면 비트코인의 통제권을 타인에게 이전한다는 의미와 동일하다. 이는 우리가 통상 지폐를 건넨다는 의미와 개념적으로 일치한다. 지폐를 건넨다는 것을 달리 표현하면, 지폐의 통제권을 타인에게로 이전한다는 의미가 되기 때문이다. 지금까지 줄곧 나의 입력은 곧 누군가의 출력이라 설명했고, 앞서 살펴본 입력은 모두 이전 거래에서 누군가의 출력을 통해 지급받은 것이었다. 그렇다면 이 체인을 따라가다 보면 과연 최초의 입력은 도대체 어디서 생겨난 것일까?

어느 한 입력과 출력의 연결을 계속해 따라가다 보면 최초의 비트코인 생성지까지 추적해볼 수 있다. 이렇게 체인을 따라가다 보면 최초의 비트코인 발생지를 만나게 된다. 이미 눈치챈 독자도 있겠지만, 그곳은 바로 블록 채굴 보상금이 생성되는 곳이다. 앞서 블록을 생성하면 보상금이 지급된다고 설명했다. 모든 블록의 첫 번째 트랜잭션은 그 블록을 채굴한 사람에게 보상금을 지급해주는 트랜잭션이다. 이 트랜잭션은 최초의 비트코인 생성이므로 당연히 그 이전 출력이 존재하지 않는다. 이렇게 블록의 보상금을 지급하는 트랜잭션을 코인베이스^{coin-base} 트랜잭션이라고 한다. 말 그대로 돈의 근원이 된 트랜잭션이라는 의미다. 코인베이스 트랜잭션을 제외한 모든 거래는 '일반 트랜잭션'이라고 한다. 따라서 지금까지 살펴본 트랜잭션 내용은 모두 일반 트랜잭션에 대한 설명인 셈이다.

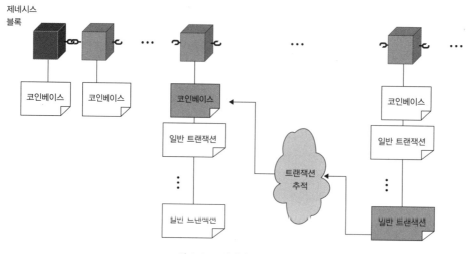

그림 2-25 코인베이스 트랜잭션

그림 2-25는 일반 트랜잭션이 그 입력-출력의 근원을 따라가다 보면 항상 코인베이스 트랜잭션을 만나게 되는 상황을 보여준다. 또한 모든 블록의 가장 첫 번째 트랜잭션은 항상 코인베이스 트랜잭션이라는 것도 알 수 있다. 블록이 생성될 때마다 코인베이스 트랜잭션이 생성되므로 전체 코인베이스 트랜잭션 개수는 블록체인 데이터의 전체 블록 수와 같다.

TIP

블록을 생성할 때에는 먼저 자신에게 지급할 보상금에 해당하는 코인베이스 트랜잭션을 가장 먼저 기술한 후 대기열에 기다리고 있는 나머지 트랜잭션을 블록에 기록한다.

여기서 한 가지 의문이 생긴다. 앞서 그림 2-14에서 2개의 노드가 거의 동시에 블록을 생성한 경우를 설명했다. 이를 전달받은 각 노드들은 그 사실을 모른 채 서로 다른 블록을 자기 블록체인 데이터에 추가하는 상황을 설명했다. 이 경우, 보상금은 누구에게 지급되는 것일까? 코인베이스 트랜잭션은 블록이 생성되면 무조건 만들어진다. 따라서 일단

A와 F 모두 블록 보상금을 지급받는다. 그러나 궁극적으로 탈중앙화 합의 과정을 거쳐 이 중 하나만 채택되고, 나머지 블록은 폐기될 것이다. 이때 블록이 폐기되면 블록에 포함돼 있던 거래 내역도 모두 자동으로 무효가 되므로 코인베이스 트랜잭션은 폐기되고, 지급받은 보상금도 자연스럽게 사라진다.

Memo

다수의 블록이 동시에 만들어진 경우, 탈중앙화 합의에 의해 블록이 폐기되면 기록된 트랜잭션도 모두 대기실로 다시 돌아간다. 이 경우, 만약 블록이 폐기되기 전에 코인베이스로 지급받은 비트코인을 마구 사용하면 많은 혼란이 초래될 수 있다. 즉, 폐기돼야 할 블록에 포함된 보상금이 사용돼 꼬리에 꼬리를 물고 여러 블록에 흩어져 기록돼 있다가 나중에 한꺼번에 취소되는 상황이 발생할 수 있다. 이는 단순한 혼란 정도가 아니라 기본적인 거래의 안정성과 신뢰에 심각한 위협이 될 수 있다. 따라서 비트코인에서는 이런 혼란을 방지하기 위해 코인베이스 거래로 생긴 보상금은 모두 99개의 후속 블록이 추가로 만들어질 때까지(즉, 100 확인) 사용하지 못하도록 제한하고 있다. 이론상으로 하루에 약 144개의 블록이 생성되므로 쉽게 생각하면 코인베이스로 생성된 비트코인은 거의 하루 정도 지나야 사용할 수 있다는 의미가 된다. 여기서 한 가지 혼동하지 말아야 할 것은 블록이 폐기돼 코인베이스가 취소되더라도 블록에 포함돼 있던 일반 트랜잭션은 무효화 될 뿐, 취소되거나 폐기되지 않는다는 점이다. 일반 트랜잭션은 단지 다시 대기소로 가서 재처리를 기다릴 뿐, 트랜잭션 자체만 유효하다면 언젠가는 반드시 처리되고 폐기되는 일은 절대 일어나지 않는다.

2.3.6 이중 사용

비동기화 시스템에서 결제 기능을 구현하기 위해서는 해결해야 할 큰 문제가 아직 하나 남아 있다. 이는 앞서 설명한 것처럼 각 노드가 최신 블록과 데이터를 전달받는 시간이 제각각 다르기 때문에 발생하는 문제로, 바로 이중 사용^{double spending} 문제다. 이중 사용이란, 하나의 비트코인을 여러 번 사용하려는 악의적인 시도를 의미한다.

A와 D가 직거래를 위해 직접 만난 상황을 고려해보자. D는 자신이 갖고 있던 노트북을

판매할 생각이고, A는 40만 원에 노트북을 구매하기 위해 서로 만난 것이다. 물건을 확인한 후 A는 D에게 물건 값 40만 원을 비트코인으로 지급하기로 하고, 시세를 환산해 0.02 비트코인으로 건네기로 합의한다. A는 D가 지켜보는 동안 비트코인 지갑을 사용해 0.02 비트코인을 송금하는 모습을 보여준다. A가 송금 신청을 완료하자 D는 안심하고 A와 헤어져 기분 좋게 돌아갔다. D는 과연 안심해도 될까? 눈치 빠른 독자들은 이미 알아챘겠지만 A는 송금 신청을 완료했을 뿐, 송금이 완료된 것은 아니다. 10분이 경과하지 않았다면 아직 블록이 만들어지지도 않았을 것이기 때문이다. 송금 신청이란 A가 브로드캐스팅을 통해 비트코인 시스템에 있는 전체 노드에게 자신이 D에게 0.02BTC를 지급한다는 의사를 트랜잭션으로 신설한 것에 불과하나. 이세 어떤 일이 발생할 수 있는지 알아보자.

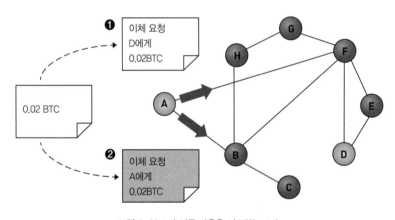

그림 2-26 A가 이중 사용을 시도하는 모습

그림 2-26은 A가 이중 사용을 시도하는 모습을 보여준다. D와 헤어진 A는 곧 바로 또 하나의 트랜잭션을 작성해 시스템에 제출한다. 바로 자신이 조금 전 D에게 지급했던 것과 동일한 비트코인을 스스로에게 지급한다는 요청서다. 하나의 비트코인을 두 번 사용하려고 시도하는 것이다. 만약 자신이 뒤늦게 제출한 트랜잭션이 먼저 처리되면 D에게 지급할 비트코인을 빼돌릴 수 있다는 얄팍한 생각이다. 이제 어떤 일이 벌어지는지 자세히 살펴보자.

이 경우, 앞서 전달한 정상적인 요청인 ❶이 먼저 처리될지, ❷가 먼저 처리될지는 알 수 없다. 네트워크 사정에 따라 달라질 수 있기 때문이다. 이때 발생 가능한 상황은 크게 두 가지다.

가장 가능성이 높은 경우는 ❶, ❷가 모두 폐기돼 처리되지 않는 경우다. 각 노드가 블록에 트랜잭션을 기록할 때는 트랜잭션이 규칙을 지켰는지 검증한다고 앞서 설명한 바 있다. 현재 블록을 만들고 있는 노드에 ❶, ❷가 동시에 전달된 상태라면 해당 노드는 서로 다른 두 트랜잭션이 동일한 비트코인을 사용하려 시도하는 것임을 바로 알아낼 수 있고, 두 트랜잭션을 바로 폐기해버린다. 두 번째 경우는 ❶이나 ❷ 둘 중 하나가 정상적인 트랜잭션으로 선택돼 기록되는 경우다. 이 경우는 현재 블록을 완성하고 있는 노드에 아직 하나의 트랜잭션만 전달된 경우다. 전달된 트랜잭션이 ❶이나 ❷ 둘 중 하나라면 블록이 트랜잭션을 검증하는 순간에는 둘 다 아무런 문제가 없다.[15] 둘 다 아직 사용이 확정되기 전이므로 그 자체로는 모두 정상이기 때문이다. 따라서 블록은 정상적으로 전달받은 트랜잭션을 기록하고 블록체인 데이터에 추가한다. 그러나 일단 둘 중 하나가 블록체인 데이터에 추가되는 순간, 나머지 하나는 규칙을 어긴 트랜잭션이 된다. 그러므로 ❶이 먼저 등록되면 ❷는 폐기되고, ❷가 먼저 등록되면 ❶은 폐기된다.

여기서 주목해야 할 점은 블록체인은 이중 사용 문제를 기술적으로는 해결했지만, 신의칙[16]에 따른 상거래 입장에서는 전혀 해결하지 못했다는 점이다. 비트코인 시스템은 어떤 경우든 하나의 비트코인이 두 번 사용되지 못하도록 기술적으로는 완벽하게 해결했지만, 선의의 트랜잭션과 악의의 트랜잭션을 구분하지 않을 뿐 아니라 시간적으로 먼저 제출된 트랜잭션이 항상 먼저 처리되는 것도 보장하지 못한다. A는 이미 물건을 받은 상태이므로 트랜잭션이 둘 다 폐기되거나 ❷가 먼저 처리되는 경우가 발생하면, D에게 물건 값을 지불하지 않게 된다. 물건은 받았지만, 지불은 취소될 것이기 때문이다.

---

15 앞서 설명한 비동기 시스템의 특성을 기억하자.
16 '신의성실(信義誠實)의 원칙'을 줄인 말이다.

이런 문제로 인해 비트코인은 사용한 후 실제로 한동안 지켜봐야 한다. 앞서 블록 하나가 만들어지는 데 10분 정도 소요된다고 했다. 따라서 트랜잭션이 기록되는 데만 최소 10분 이상 걸린다는 뜻이다. 거기에 이중 사용 문제까지 확인하려면 한참을 더 기다려야 한다. 이런 불편함은 비트코인이 일상생활에서 화폐로 사용되기에 부적절한 주요 요소 중 하나다. 도대체 얼마를 기다려야 할까? 확률적으로는 최소 6개의 블록이 만들어지는 1시간이 추천되지만, 거래 액수가 높다면 최대한 오래 기다리는 것이 좋다.

2.3.7 스마트 컨트랙트

닉 사보는 워싱턴 대학에서 전산학을 전공한 후 줄곧 암호학과 법률학을 연구한 사람으로, '2.1 사이퍼펑크'에서 잠깐 소개한 것과 같이 비트코인의 전신이라 할 수 있는 '비트 골드'를 구상한 사람이기도 하다. 1990년대에 닉 사보는 '스마트 컨트랙트'라는 용어와 함께 새로운 구상을 발표한다.

그는 법률이나 상행위와 관련된 계약을 집행함에 있어 제삼자의 개입이 필요 없는 전자 상거래 프로토콜에 대해 얘기하면서 디지털 기술을 적절히 활용하면, 서로 모르는 당사자들끼리 제삼자의 개입 없이도 인터넷을 통해 안심하고 계약을 집행할 수 있는 환경을 구축할 수 있을 것이라고 설명했다. 그는 이러한 디지털 환경이 구축된다면, 이제 계약의 집행을 위해 변호사나 공증인 등의 제삼자의 개입은 필요 없게 되므로 그에 따라 계약 집행 방식에 있어 불필요한 중개 수수료의 절감을 비롯한 일대 변혁이 일어날 수 있다고 생각했다.

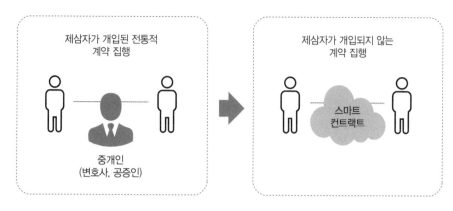

제삼자가 개입된 전통적
계약 집행

중개인
(변호사, 공증인)

제삼자가 개입되지 않는
계약 집행

스마트
컨트랙트

그림 2-27 스마트 컨트랙트 개념도

그림 2-27은 제삼자가 개입된 전통적 계약 집행이 디지털 환경으로 바뀌는 개념도를 보여준다. 닉 사보는 '적절한 프로그래밍을 통해 스스로 수행되는 계약'을 설명하면서 이해하기 쉬운 예로 커피 자판기를 들었다. 커피 자판기는 동전을 넣고 버튼을 누르면 커피가 제공된다는 계약을 디지털 환경으로 구현해놓은 것이다. 이 계약의 실행을 위해 제삼자의 개입은 필요 없다. 커피를 제공하는 사람과 커피를 구매하는 사람은 자판기를 통해 커피의 매매에 관한 계약을 제삼자 없이도 스스로 '집행'할 수 있는 것이다. 이 경우에는 커피 자판기 자체가 스마트 컨트랙트인 셈이다.

Memo

닉 사보의 스마트 컨트랙트 구상에는 허점이 있다. 닉 사보는 디지털 환경을 적절히 구성하면 중개인이 사라질 것이라 상상했지만, 디지털 환경은 공짜로 주어지는 것이 아니다. 누군가 구현하고 운영해야 하며, 에너지를 소모한다. 따라서 이용자는 그 비용을 지불해야 한다. 경우에 따라 이 비용은 기존 중개인에게 지불하던 비용보다 더 과도할 수도 있다. 디지털 환경이란 사람이 에너지를 쓰며 중개하던 역할을 디지털 환경이 대신하는 것으로 형태만 바뀔 뿐, 사라진 것이 아니다. 이는 스마트 컨트랙트라 불리는 제삼자를 '신뢰'해야만 작동한다. 자판기는 중개인이 사라진 것이 아니라 판매 플랫폼만 바뀐 것뿐이다. 이 점은 '6.1 탈중앙화'에서 다시 자세히 살펴본다.

닉 사보 역시 사이퍼펑크며, 비트코인 프로젝트에도 관여했다. 비트코인도 커피 자판기와 마찬가지로 단순한 기능의 스마트 컨트랙트로 볼 수 있다. 비트코인은 제삼자의 개입이 없이도 '결제를 집행할 수 있는' 스마트 컨트랙트 환경 구축을 시도한 것으로 볼 수 있다. 다만, 커피 자판기는 커피를 제공하는 것 이외의 그 어떤 용도로도 사용하지 못하는 것과 마찬가지로 비트코인 역시 비트코인 결제 이외에는 그 어떤 다른 용도로는 사용하지 못해 범용성을 결여하고 있다.

비트코인이 등장하고 10여 년이 흐르면서, 스마트 컨트랙트의 범용성을 갖췄다고 주장하는 블록체인이 하나씩 등장하기 시작했고, 그 시작은 '이더리움'이었다. 이제 스마트 컨트랙트라는 이름은 탈중앙화 프로그램을 상징하는 디앱^{Decentralized Application, Dapp}이라는 명칭으로 더 많이 알려지기 시작했고, 수많은 사람이 응용 프로그램을 만들기 위해 매달렸지만, 그동안 가장 성공한 디앱이라고는 고작 가상의 고양이를 만들어 매매를 중개하는 초보적인 프로그램이 전부다. 고양이가 팔리니 가상의 돌을 만들고, 이제는 공룡을 만들기도 한다. 아직까지 어떤 효용을 가진 유용한 디앱은 등장하지 않았으며, 향후에도 그럴 가능성은 거의 없어 보인다. 디앱의 한계와 허상에 대해서는 '4장 이더리움 블록체인'과 '6장 블록체인 바로 알기'에서 좀 더 알아보자.

비트코인도 범용성을 갖추려 했던 흔적이 남아 있다. 비트코인 트랜잭션은 스크립트로 구현돼, 다양한 방법으로 트랜잭션을 표현할 수 있다. 그러나 비트코인이 사용한 언어는 소위 튜링-비완전 언어인 포스(Forth) 기반인데다, 사용자들의 편리한 개발을 위한 어떠한 툴도 제공하지 않았다. 아마 시간을 더 지연해 범용성을 갖추는 것보다 한시바삐 런칭하는 데 무게를 더 뒀을 개연성을 유추해볼 수 있는 대목이다.

TIP

닉 사보는 과연 블록체인과 이더리움의 스마트 컨트랙트를 어떻게 평가하고 있을까? 2019년 10월 15일, 닉 사보는 블록체인과 이더리움에 관한 자신의 생각을 트위터에 올렸다. "명백히 드러나게 악한 자들은 별로 없기 때문에 (알아채는 데) 시간이 다소 걸리긴 했지만, (블록체인 운영자들은) 독립성과 불변성을 외치면서 스스로 신뢰를 무너뜨리고, 탈중앙화를 외치면서 점점 더 중앙화돼 가고 있다는 것을 알게 됐다. 모든 블록체인에는 결함이 있다. 그 어떤 것도 금융에 적합하지 않으며 특히 이더리움은 단순 토큰 이상으로 쓰기에는 매우 심각한 위험을 안고 있다." 닉 사보 역시 블록체인은 무용지물에 가깝고, 이를 운영하고 있는 자들은 대중을 호도하는 신뢰할 수 없는 집단으로 느끼고 있는 듯하다.

TIP

스마트 컨트랙트의 개념은 비슷한 시기인 1996년에 이안 그리그(Ian Grigg)가 발명한 리카르도 계약(Ricardian Contract)과는 구분된다. 리카르도 계약은 법률 계약 문서를 안전하고 효율적으로 디지털화해 저장하는 방법에 관한 것이며, 그 실행과는 무관하다. 리카르도 계약은 안전성을 위해 암호화 해시 함수를 사용했으며, HTML과 유사한 마크업(MarkUp) 언어를 사용해 정보를 추출했다.
사실 이더리움은 스마트 컨트랙트라는 명칭만 사용하고 있을 뿐 실제 효용 측면에서는 닉 사보의 구상과 거리가 멀고, 단지 손쉬운 토큰 발행 기능 정도로만 사용되는 실정이다.

2.3.8 비트코인 지갑

비트코인 지갑은 비트코인을 사용하기 위해 필요한 최소한의 응용 프로그램이다. 비트코인 지갑을 설치하면 비트코인 네트워크에 접속할 수 있고, 비트코인의 거래가 가능하다. 비트코인 지갑은 거래에 필요한 비트코인 주소라는 계정을 생성하고 나만의 암호키를 생성해 늘 안전한 거래가 가능하도록 해준다. 시중에는 여러 종류의 지갑이 나와 있고 최근의 지갑들은 하나의 지갑에 비트코인 이외에 다수의 암호 화폐를 동시에 거래할 수 있도록 지원하는 것도 있으며, 서로 다른 암호 화폐끼리의 맞교환을 지원하는 것도 있다. 예를 들어 비트코인과 이더리움을 바로 교환할 수 있는 기능도 제공하고 있다. 비트코인 지갑의 주요 역할 세 가지는 다음과 같다.

- 계정 관리를 위한 개인키/공개키 생성 및 관리
- 비트코인 거래를 시스템에 제출
- 비트코인 주소 생성 및 비트코인 잔액 관리

2.3.0.1 계정 관리를 위한 개인키/공개키 생성 및 관리

비트코인은 비트코인 주소를 이용해 거래가 이뤄진다. 비트코인 주소가 은행의 계좌 번호의 역할을 하는 셈이다. 비트코인 주소에는 계정의 소유자를 증명해줄 수 있는 공개 암호키의 해시 정보가 들어 있다. 암호키는 비트코인 거래의 가장 핵심이 되는 안전 장치다. 암호키와 관련된 내용은 '3.1.3 암호화 기법'에서 자세히 설명한다.

비트코인 지갑을 설치하면 제일 먼저 사용자를 위한 2개의 암호키[17]가 생성된다. 생성된 암호키는 향후 모든 거래가 안전하게 수행될 수 있도록 지켜주는 매우 중요한 정보다. 비트코인 시스템은 한 쌍의 암호키를 발행해 보안을 유지하는 비대칭 암호화 기법을 사용한다. 이때 쌍이 되는 2개의 암호키 중 다른 사람과 공유하는 암호키를 공개키**Public Key**라 부르고, 자신만이 비밀리에 간직하는 또 다른 키를 개인키**Private Key**(비밀키**Secret Key**라고도 부른다)라 부른다. 개인키는 소유자를 입증할 수 있는 유일한 수단이므로 이 개인키를 분실하거나 타인에게 노출될 경우, 회복할 수 있는 방법이 없다.

비트코인 시스템은 탈중앙화 시스템이다. 따라서 은행의 콜센터 역할을 하는 곳이 있을리 없다. 개인키를 분실하거나 도난당할 경우 문제를 해결해줄 수 있는 방법이 존재하지 않는다. 그러므로 철저히 백업하고 남에게 노출되지 않도록 관리하는 방법만이 유일한

---

17 '3.1.3.1 비대칭 암호화 기법'에서 자세히 설명한다.

안전책이다. 은행 거래 비밀번호를 잊어버리면 은행을 방문하거나 콜센터에 전화를 걸어 신분을 확인하고 다시 비밀번호를 설정하면 되지만, 비트코인 시스템에서는 개인이 스스로를 관리하지 못하면 돌이킬 수 없는 손실이 발생할 수 있다.

Memo

2019년 1월, 캐나다의 암호 화폐 중개소인 쿼드리가CX(QuadrigaCX)의 CEO인 게리 코튼(Gerry Cotten)은 30세의 나이에 갑자기 사망한다. 그의 중개소에는 10만 명이 넘는 이용자의 암호 화폐가 보관돼 있는데, 그 총액은 약 1,500억 원이 넘는 것으로 추정되고 있다. 문제는 사망한 CEO 이외에는 그 누구도 중개소의 지갑에 접근할 수 있는 암호 키와 비밀번호에 대해 모르고 있다는 것이다. 유가족과 경찰은 그의 컴퓨터는 물론 모든 전자 기기를 전부 탐색했지만 결국 찾지 못했다. 10만 명이 넘는 이용자들의 암호 화폐는 찾을 방법이 없는 것이다.
더 황당한 사실은 그가 사망한 것이 거짓일 가능성이 있다는 의혹이 제기되었다는 점이다. 그의 사망 진단서는 그가 여행 중이라 주장하던 인도의 어느 시골 병원에서 발행된 것이라고 알려졌다.

이 때문에 비트코인 지갑은 여러 가지 안전 장치를 제공하고 있다. 다양한 백업 방법을 제공하고 손쉽게 비트코인 주소를 변경할 수도 있게 지원해준다. '3.6 블록체인과 보안'에서 자세히 알아보겠지만, 여러 가지 문제로 인해 비트코인 지갑은 신중히 잘 골라야 한다. 시중에는 다양한 비트코인 지갑들이 넘쳐나는데, 개중에는 보안 관련 장치가 형편없이 구현돼 있는 수준 이하의 지갑도 있으며, 심지어 해커들이 비트코인 지갑을 위장해 배부한 것이 섞여 있을 가능성도 있다. 이러한 문제 때문에 시중에는 소프트웨어 대신 하드웨어로 지갑 기능을 하는 장치도 다양하게 나와 있는데, 이는 다음 절에서 간단히 살펴본다.

2.3.8.2 비트코인 거래를 시스템에 제출

비트코인 지갑 본연의 목적은 트랜잭션을 작성하고 시스템에 제출하는 것이다. 트랜잭션을 제출하기 위해서는 상대방의 비트코인 주소를 받은 후 규칙에 맞게 작성해야 한다. 그림 2-28은 비트코인 지갑을 이용해 트랜잭션을 작성하고 있는 모습을 보여준다.

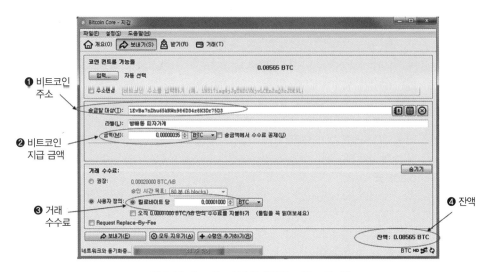

그림 2-28 비트코인 코어에서 제공하는 지갑 프로그램

❶에서는 송금 대상자의 비트코인 주소를 기재하고 있다. 주소에는 상대방의 이름이나 기타 개인 신상과 관련된 정보는 전혀 없다. 이 주소에는 앞서 설명한 것처럼 수령자의 암호키에 대한 정보가 담겨 있다. ❷는 송금할 비트코인 금액을 기재하는 부분, ❸은 트랜잭션 수수료를 제시하는 부분이다. 그림에서는 최저 수수료인 1000사토시를 트랜잭션 수수료로 제시하고 있다. ❹는 전체 잔액을 보여준다. ❷에서 지출하려는 비트코인 금액은 ❹의 잔액을 넘을 수 없다.

최근에는 하드웨어 비트코인 지갑도 많이 나와 있다. 대부분의 경우, 모든 데이터와 해당 기능은 별도의 물리적 장치에 보관하고 있다가 실제로 사용할 때만 USB를 연결하듯 컴퓨터에 연결해 사용하는 방식을 취하고 있다. 최신 스마트폰이 가진 편의성과 성능을 생각해보면 굳이 별도의 하드웨어를 사용해야 할 필요성을 이해하지 못할 수도 있지만, '3.6.4 비트코인 지갑 - 개별적 안전성'을 읽어보면 하드웨어 비트코인 지갑이 추구하는 효용은 편의성보다는 안전과 보안에 있다는 사실을 이해하게 될 것이다. 그림 2-29는 현재 아마존에서 실제로 판매 중인 비트코인 지갑을 보여준다. 싼 것은 8만 원 정도에 구입할 수 있지만, 비싼 것은 20만 원에 육박하는 것도 있다.

그림 2-29 아마존에서 실제로 판매 중인 하드웨어 비트코인 지갑

2.3.8.3 비트코인 주소 생성 및 비트코인 잔액 관리

앞서 UTXO에서 간단히 언급한 것처럼 비트코인은 한곳에 모여 있지 않고 여러 블록에 산재해 저장돼 있다. 그림 2-30은 두 군데 서로 다른 블록에 입력이 산재해 있는 내역을 비트코인 지갑이 모두 합산해 전체 잔액을 편리하게 보여주는 모습이다.

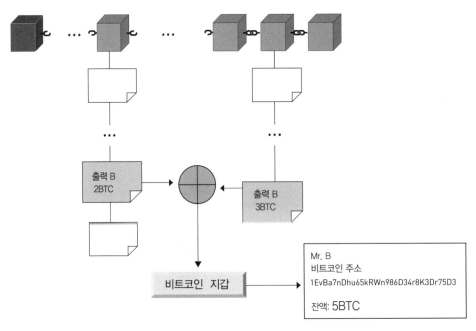

그림 2-30 여러 블록에 산재해 있는 B의 잔액을 한곳에 모아 합산해 보여주는 모습

여기서 주의해야 할 점은 비트코인 지갑은 단순히 사용자 편의를 위해 논리적으로 합산한 총액을 지갑 프로그램에 표시하는 역할만 할 뿐이며, 실제 블록체인의 내용에는 전혀 영향을 미칠 수 없다는 것이다. 따라서 표시는 합산으로 보여주지만 실제로는 여전히 각 금액은 다른 블록에 흩어져 저장된다. 한편, 지갑은 비트코인을 지출할 때 어느 블록에 기록돼 있는 비트코인을 사용할 것인지 적절히 판단해주는 역할도 수행한다. 이런 기능을 통해 실제로는 비트코인이 여러 군데 산재해 있더라도 사용자의 입장에서는 총 잔액을 한데 모아 사용하는 듯한 편리함을 제공받을 수 있다. 사용자에게는 비트코인이 어느 블록에 들어 있는지, 몇 개로 나눠져 있는지는 전혀 중요하지 않다. 중요한 사실은 오로지 전체 잔액이다.

한편, 지갑은 비트코인 주소를 생성하는 역할도 수행한다. 지금까지 비트코인 거래가 마치 실명을 사용해 거래하는 것처럼 묘사했지만, 그것은 편의를 위한 개념적 설명일 뿐이고, 실제로는 복잡한 코드로 구성된 비트코인 주소를 이용해 거래한다. 그림 2-31은 비트코인을 거래할 때 사용하는 비트코인 주소를 보여준다.

그림 2-31 비트코인 주소와 그 QR코드

비트코인 주소는 항상 1로 시작하고 그 길이는 가변적인데 대체로 34글자 정도된다. 이 주소는 임의로 작성된 것이 아니라 일정한 규칙을 통해 생성되며, 주소 안에는 많은 정보가 담겨 있다. 그중 가장 중요한 정보는 소유자를 확인할 수 있는 암호키에 관련된 정보다. 그림에서 보는 것처럼 비트코인 주소는 손으로 입력하기에는 상당히 복잡하므로 QR코드를 이용하기도 한다. 비트코인 주소를 생성하는 기술적 방법에 대해서는 부록에서 상세히 설명한다.

TIP

실제로는 비트코인 주소 중 3으로 시작하는 것도 있는데, 이는 세그윗을 사용하는 예외적 경우다. 세그윗은 '3.3.3 세그윗과 세그윗 2x'에서 자세히 설명한다.

3

비트코인 블록체인 기반 기술

2장에서는 비트코인 블록체인의 기본 작동 원리와 여러 개념에 대해 알아봤다. 블록체인은 블록이라는 단위로 데이터를 일괄 처리하는 방식을 취하는데, 이를 위해 블록마다 리더를 새로 선출했으며, 선출한 리더를 신뢰할 수 없으므로 모든 노드가 검증에 참여하는 과정을 되풀이하는 것을 살펴봤다. 3장에서는 블록체인의 좀 더 기술적인 부분을 설명한다. 블록체인 트랜잭션의 무결성을 구현하기 위해 해시 함수와 전자 서명 기술이 사용되는데, 비트코인에서 사용한 해시 함수인 SHA-256과 전자 서명의 기반이 되는 비대칭 암호화 기법, 작업 증명의 기반인 해시 퍼즐, 소프트웨어의 업그레이드 문제로 인해 발생하는 하드포크와 소프트포크 등에 대해 각각 자세히 알아본다.

3.1 해시 함수와 비대칭 암호화 기법

해시 함수란, 입력의 길이에 상관없이 항상 고정된 길이의 출력을 생성하는 함수를 의미한다. 해시 함수는 여러 가지 용도로 사용될 수 있으며, 데이터를 효율적으로 탐색하는 방법으로 사용되기도 하지만 블록체인에서는 데이터 검색의 효율성보다 문서의 변경을 손쉽게 탐지할 수 있는 방법으로 더 널리 활용되고 있다. 여러 종류의 해시 함수 중 특정 성질을 모두 만족할 때 비로소 사용의 안정성을 담보할 수 있는데, A. J 메네즈^{A. J. Menezes}와 그 동료들은 다음 네 가지 조건을 모두 만족하는 해시 함수 H를 특히 암호화 해시 ^{Cryptographic Hash}라고 불렀다.[c]

1. **계산의 용이성^{easy}**: 유한한 길이의 메시지 m이 주어졌을 때, 그 메시지에 대한 해시 계산은 매우 간편해야 한다.

$$h = H(m), \text{h는 고정된 길이}$$

2. **원상 회피^{Pre-image resistance}**: 어떤 경우라도 해시 값으로부터 원래의 메시지를 복원하는 것은 불가능해야 한다. '불가능'이라는 것의 의미를 계산 복잡도 이론을 사용해 설명하면 '다항 시간에 해결할 수 있는 해법이 존재하지 않는 것'으로 정의할 수 있다. 이러한 성질로 인해 해시 함수는 일방향 함수라고도 불린다.

   주어진 해시 값 h에 대해, 다음을 만족하는 메시지 m을 찾는 것은 불가능하다.

$$h = H(m)$$

3. **두 번째 원상 회피^{Second pre-image resistance}**: 주어진 메시지 m에 대해 이와 동일한 출력을 생성하는 또 다른 메시지 m′를 찾는 것은 불가능해야 한다. 즉, 충돌은 불가능하다. 이는 다음과 같이 정의할 수 있다.

   주어진 메시지 m에 대해 다음을 만족하는 또 다른 메시지 m′를 찾는 것은 불가능하다.

$$m \neq m'\text{이면서 } H(m) = H(m')$$

4. **충돌 회피**^Collision resistance : 동일한 출력 결과를 생성하는 서로 다른 두 메시지를 찾는 것은 불가능하다. 즉, 충돌은 불가능하다.

다음을 만족하는 두 메시지 m과 m′를 찾는 것은 불가능하다.

$$m \neq m'\text{이면서 } H(m) = H(m')$$

TIP

3과 4는 모두 충돌 회피를 의미하고 있지만, 그 내용은 조금 다르다. 3의 경우 메시지 m이 주어졌을 때, 충돌을 일으키는 또 다른 메시지 m′를 찾는 것이지만, 4의 경우는 충돌을 일으키는 쌍(m, m′)을 찾는 것을 의미한다. 한편, 여기서 '불가능하다'는 의미는 현존하는 컴퓨터로 계산했을 때, '엄청난' 시간이 소요돼 '실질적으로 불가능하다'는 의미일 뿐, 절대적인 불가능을 뜻하지는 않는다. 따라서 위의 영문 용어도 impossible 대신 resistance로 표기돼 있는 것이다. 이 의미는 '6.8.3 양자 컴퓨터'에서 다시 살펴본다.

즉, '안전한' 해시 함수란, 항상 고정된 길이를 출력하되 어떤 경우든 그 원메시지가 무엇인지 찾을 수 없어야 하며, 입력이 다르면 항상 다른 출력이 달라지는 '충돌 회피'의 성질을 만족해야 한다.

3.1.1 SHA-256과 해시 퍼즐

비트코인 블록체인에서 사용하는 해시 함수는 SHA-256이다. 이름에서 짐작할 수 있듯 그 입력에 상관없이 항상 256비트(32바이트)의 출력을 생성한다. 비트코인은 거의 예외 없이 항상 SHA-256을 두 번 연속 적용한 해시 값을 사용하는데, 블록의 고유한 해시 값을 계산할 때도 블록 데이터를 연속해 두 번 해시한 후 사용한다. 물론 SHA-256 해시를 연속해 여러 번 적용하더라도 그 결과는 항상 고정된 길이인 32바이트가 출력된다. SHA는 'Secure Hash Algorithm'의 약자로 미국 국가안전보장국^NSA에서 개발한 암호화 해시 기법이다. 최초의 해시 알고리즘은 1993년에 발표된 SHA-0였지만, 해시 충돌이 몇 차례 보고돼 폐기됐고, 이를 보강해 더 강력한 버전인 SHA-1과 SHA-2 패밀리가 등장했다. SHA-0과 SHA-1은 해시 값으로 160비트를 생성하도록 설계돼 있었지만 SHA-2가 등장하면서 224, 256, 384, 512비트 등의 다양한 길이의 버전이 만들어졌고, 이 중 SHA-256은 그 해시 값이 256비트인 버전이다. SHA-1의 경우 SHA-0과 달리, 실제 해시 충돌이 보고된 적은 없지만, 서로 다른 문서가 같은 해시를 생성하는 해시 충돌의 가능성이 있다는 것이 입증돼 지금은 모두 SHA-2 패밀리만을 사용하고 있다. SHA-2는 서두에 살펴본 암호화 해시의 네 가지 성질을 모두 갖고 있다.

그림 3-1 '비트코인'을 SHA-256으로 암호화 해시한 값

그림 3-1은 '비트코인'이라는 단어를 SHA-256 해시 함수를 사용해 해시 값을 구하는 모습을 보여준다. 그 출력이 임의의 32바이트 수라는 것을 알 수 있다. 해시 함수의 '충돌 회피'의 성질은 매우 유용하게 활용할 수 있다. 그림 3-2를 보자.

그림 3-2 도서관의 책 모두를 단 32바이트로 해시하는 모습

그림 3-2는 도서관에 있는 책 10만 권을 해시 함수를 이용해 단 32바이트로 압축하는 개념도를 보여주고 있다. 10만 권에 들어 있는 내용 전체에 SHA-256 해시 함수를 적용하면, 그 결과는 해시 함수의 기본 성질에 따라 여전히 단 32바이트의 정수다. 이 성질을 이용하면, 이 32바이트 결괏값만으로 도서관의 책 중 단 한 글자라도 변경되면 손쉽게 탐지할 수 있게 된다. 만약 변경됐다면, 해시 함수의 충돌 회피의 성질에 따라 그 결과 해시 값이 변경될 것이기 때문이다. 따라서 평소에 도서관 책 10만 권의 내용을 모두 보관하고 있지 않더라도, 변경됐는지 확인이 필요한 시점에만 그 해시 값을 다시 계산해, 이전에 보관했던 값과 비교하면 변화 여부를 즉시 알아낼 수 있다.

물론, 어디가 변경됐는지, 어떻게 변경됐는지, 얼마나 변경됐는지는 알 길이 없다. 그러나 변경됐는지의 여부는 단 32바이트면 충분하다! 동일한 원리를 활용해 블록체인은 대부분의 자료의 해시 값을 기억한 후 위·변조가 일어났는지 손쉽게 알아내는 데 활용하고 있다.

3.1.2 머클트리

머클트리는 1979년 랄프 머클^{Ralph Merkle}에 의해 개발된 데이터 구조로 해시 값으로 구성된 트리로서 이진 트리 형태를 하고 있다.[U] 비트코인은 모든 트랜잭션에 대한 단일 해시 값을 저장하기 위해 머클트리를 이용한다. 이제 머클트리를 이용해 모든 트랜잭션에 대한 단일 해시 값을 생성하는 과정을 살펴보자.

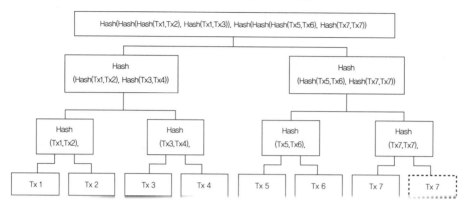

그림 3-3 머클트리와 트랜잭션 저장

그림 3-3은 7개의 트랜잭션 데이터 정보를 머클트리를 사용해 하나의 해시 값으로 압축하고 있는 모습을 보여준다. 각각의 트랜잭션은 제일 하단의 잎 노드에 Tx1부터 Tx7까지 표시돼 있다. 전체 트리는 상당히 복잡해 보이지만 자세히 보면 트랜잭션을 2개씩 짝지어 해시 값을 만들고 이렇게 만들어진 해시 값을 또 다시 2개씩 짝지어 반복적으로 해시 값을 생성하는 것에 불과하다. 한편 그림 3-3에서는 일곱 번째 트랜잭션인 Tx7이 중복돼 있는 것을 볼 수 있다. 트리 오른쪽 제일 하단에 점선으로 표기된 Tx7이 중복돼 있다. 이는 머클트리는 이진 트리의 성질로 인해 항상 짝수 개의 데이터가 필요하기 때문이다. 만약 데이터가 홀수 개면 Tx7에서 한 것처럼 마지막 값을 하나 더 복사해 항상 짝수 개로 만든 후 처리한다.

그림 3-3의 최상단에 적혀 있는 식에서 알 수 있듯이 긱 노드에서 사용하는 해시 함수는 Hash(x) = SHA256(SHA256(x))이다. 앞서 설명한 것처럼 비트코인에서는 기본적으로 SHA-256 해시를 연속 두 번 적용하는데, 여기서도 예외는 아니다. 이는 해시를 적용한 결괏값에 다시 한번 해시를 적용하는 것을 의미한다. 각 노드에는 상당히 복잡한 수식이 적혀 있지만 모든 노드의 결괏값은 항상 32바이트 해시 값이 된다. 이런 방식을 통해 블록 내에 있는 2,000 ~ 3,000개의 모든 트랜잭션은 최종 32바이트 길이의 머클트리 루트

의 해시 값으로 요약돼 블록 헤더에 저장된다.

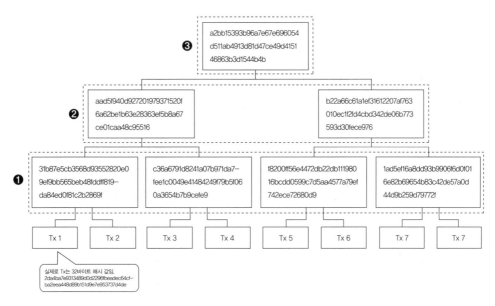

그림 3-4 머클트리 각 노드의 해시 값

그림 3-4는 해시 함수 식 대신 실제 해시 값을 적용한 모습을 보여준다. 그림에서 Tx라
고 표기한 것은 트랜잭션 아이디(TxID)다. 각 트랜잭션의 고유 번호인 트랜잭션 아이디
는 블록 해시와 마찬가지로 32바이트(= 256비트)로 된 SHA-256 해시 값이다. 트랜잭션
아이디는 그 자체가 해시 값이다. 이 값은 트랜잭션의 모든 데이터를 일렬로 배치한 후
SHA-256을 두 번 연속 적용해 만든 해시 값이다. 즉, Tx1은 1번 트랜잭션의 모든 데
이터를 비트로 직렬화한 후 SHA-256을 두 번 적용해 얻은 해시 값으로 그림 3-4에는
Tx1로 간단히 표기했지만 실제로는 모두 256비트의 해시 값이다.

그림 3-4의 ❶에서는 자기 자식 노드에 있는 두 트랜잭션 아이디를 쌍으로 묶은 후
SHA-256 해시를 두 번 적용해 해시 값을 구하는 모습을 보여준다. ❷에서도 ❶과 마찬
가지로 두 자식 노드의 해시 값을 직렬로 연결한 후 SHA-256을 두 번 적용해 해시 값을
구한다. 이 과정은 ❸처럼 루트 노드에 최종 해시 값 하나만 남을 때까지 반복한다. 최종

해시 값은 맨 아래 트랜잭션 아이디가 모두 종합돼 만들어진 해시 값이고, 각 트랜잭션 아이디는 모든 트랜잭션 데이터를 대상으로 만든 해시 값이다. 따라서 해시 값의 특성상 2,000여 개가 넘는 트랜잭션 중 어느 하나의 사소한 변경이 생겨도 머클트리 루트의 값이 변경돼 버리므로 바로 탐지할 수 있게 된다.

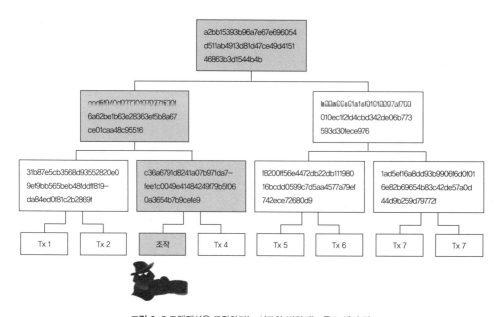

그림 3-5 트랜잭션을 조작하려는 시도와 변경되는 루트 해시 값

그림 3-5는 누군가 악의적으로 트랜잭션을 조작하려는 시도를 했을 때의 상황을 보여준다. 세 번째 트랜잭션(Tx3)의 조작을 시도하는 즉시 그 부모 노드의 해시 값이 달라지고, 이는 그림의 색칠된 상자 상자에 표시된 것처럼 연쇄적으로 영향을 미쳐 궁극적으로 머클트리 루트의 해시 값이 달라진다. 따라서 머클트리의 구조상 어떤 트랜잭션을 조작하더라도 머클트리 루트 해시 값은 반드시 달라지므로 모든 조작을 바로 탐지할 수 있게 된다. 결국 블록 헤더에 단 32바이트의 머클트리 루트만 저장해두면 2,000 ~ 3,000여 개의 트랜잭션 중 어느 하나만 변경돼도 바로 탐지할 수 있게 되는 것이다. 가히 수학이 창조한 마법이라 할 만하다. 랄프 머클은 이 방법을 고안해 1979년에 특허를 받았다.

3.1.3 암호화 기법

해시 함수는 사소한 변경도 손쉽게 탐지할 수 있는 성질을 갖고 있지만, 해시 값으로부터 원래 메시지를 복원하는 것은 불가능하다는 것을 알았다. 이런 점에서 해시 함수는 문장을 암호화해뒀다가 필요할 경우 언제든 원래의 문장을 복원해내는 기술인 암호화 기법과는 확연히 구분된다. 해시 기법은 메시지의 변경을 손쉽게 탐지할 수 있는 기법이지만, 암호화는 비밀을 숨겼다가 필요할 때 언제든지 원래의 문장으로 복원해내는 기술에 관한 것이다.

암호의 어원은 그리스어의 비밀이라는 뜻의 크립토스^{Kryptos}에서 유래한 것이다. 이는 수학을 비롯한 여러 과학 원리를 동원해 원문을 위장하는 방법을 통칭한다. 고대의 암호는 주로 물리적 방법을 동원해 비밀을 보호한 스테가노그래피^{Steganography} 방식이었다. 레몬즙으로 메시지를 기록해 불빛에 비출 때만 보이게 하거나 메시지를 작성한 후 봉투를 밀랍 봉인^{wax seal}해 원래의 메시지가 개봉된 적이 없는지 확인하도록 한 방식 등이 모두 물리적 방법을 동원한 스테카노그래피 방식이다. 이후 문자 위치 조작을 통한 암호를 사용하기 시작하는데, 이 중 로마의 황제 시저가 사용했다고 알려진 문자 위치를 바꾸는 전치 암호문이 비교적 많이 알려져 있다. 시저는 비밀스러운 문서를 교환할 때 문자가 3개씩 밀리도록 쓴 전치 암호를 사용했다. 즉, A는 그 세 번째 뒤인 D, B는 E, …, Y는 B, 마지막으로 Z는 C로 3칸씩 밀려서 암호문을 작성했다. 문서를 복호화할 때는 반대로 세 칸을 조정하면 원래의 문장을 만들어낼 수 있었다.^S

근대의 암호는 수학의 발전과 함께했다. 특히 제2차 세계대전을 거치면서 암호 개발은 어느 때보다 치열했다. 제2차 세계대전 당시 독일군이 사용하던 암호 체계인 에니그마^{Enigma}를 해독하기 위한 연합군의 처절한 사투는 천재 수학자 앨런 튜링이 암호 해독을 위한 기계를 발명하는 모습은 베네딕트 컴버배치가 열연한 영화 〈이미테이션 게임〉 잘 나타나 있다.

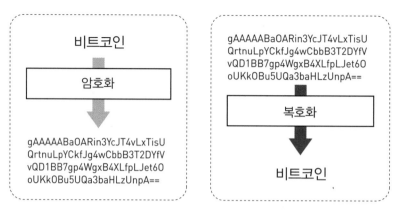

그림 3-6 암호화와 복호화 과정

그림 3-6은 '비트코인'을 암호화한 후 복호화를 통해 다시 원메시지로 복원하는 모습을 보여주고 있다. 이처럼 암호화 기법은 암호화를 통해 문장의 비밀을 보호하거나 복호화를 통해 원래 문장을 완벽하게 복원하는 기술에 관련된 것으로, 그 방식에 따라 크게 두 가지로 나뉘는데 하나는 대칭형 암호화 기법, 다른 하나는 비대칭형 암호화 기법이다.

그림 3-7은 대칭형 암호화 기법과 비대칭 암호화 기법을 간단히 비교해 보여주고 있다. 암호화키란 암호화와 복호화를 할 때 사용되는 데이터를 일컫는 말이다. 이때 암호화와 복호화 모두 동일한 키를 사용하는 방식을 '대칭형 암호화 기법'이라 하고, 암호화할 때와 복호화할 때 서로 다른 키를 사용하면 비대칭형 암호화 기법이라고 한다.

비대칭형 암호화 기법에서는 항상 공개키와 개인키라는 한 쌍의 키가 존재해 어느 하나의 키로 암호화된 문장은 반드시 그 쌍이 되는 키를 통해서만 복호화할 수 있다.

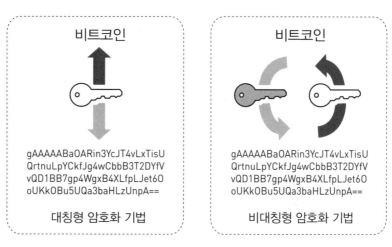

그림 3-7 대칭형 암호화 기법과 비대칭 암호화 기법의 비교

그림 3-7을 보면 대칭 암호화 기법은 오직 하나의 키만을 사용해 암호화 및 복호화하고 있다. 반면, 비대칭 암호화 기법은 암호화 또는 복호화할 때 서로 다른 키를 사용한다. 현대의 디지털 금융은 대부분 비대칭 암호화 기법을 사용하고 있고, 비트코인 시스템 역시 동일한 방식을 사용하고 있다. 비대칭 암호화 기법에 대해서는 다음 절에서 자세히 알아본다.

이를 보다 형식적으로 정리하면 다음과 같다.

원래의 메시지를 M, 암호화 알고리즘을 E( ), 복호화 알고리즘을 D( )라 하고, 암호화에 사용하는 키를 K_E, 복호화에 사용하는 키를 K_D라고 하자.

대칭형 암호화 기법은 다음을 만족한다.

$$D(E(M, K_E) , K_D) = M, \text{ 여기서 } K_E = K_D$$

한편 비대칭 암호화 기법은 다음을 만족한다.

$$D(E(M, K_E) , K_D) = M, \text{ 여기서 } K_E \neq K_D$$

3.1.3.1 비대칭 암호화 기법

비대칭 암호화 기법은 한 쌍의 키를 이용해 암호화와 복호화를 수행한다. 이 중 본인만이 비밀로 간직하는 키를 개인키 또는 비밀키, 일반에게 공개하는 키를 공개키라고 한다. 암호화는 어느 키를 사용하든 가능하다. 단 개인키를 사용해 암호화하면 짝이 되는 공개키를 통해서만 복호화할 수 있고, 이와 반대로 공개키를 사용해 암호화하면 짝이 되는 개인키로만 복호화할 수 있다.

일반적으로 개인키와 공개키의 쌍은 우선 임의의 개인키를 랜덤으로 생성한 후 그 개인키로부터 특정 알고리즘을 적용해 그 쌍이 되는 공개키를 도출해 사용한다. 따라서 개인키를 가진 사람은 언제든지 공개키를 도출할 수 있으므로 항상 두 키를 모두 가진 것과 동일하다. 그러나 공개키를 통해서는 어떤 방법으로도 개인키를 유추하거나 생성할 수 없으므로 공개키를 가진 사람은 오직 짝이 되는 개인키로 암호화된 문장을 복호화하는 일만 수행할 수 있다.

최초의 비대칭 암호화 기법은 1976년 MIT 교수 세 사람이 개발한 RSA이며, RSA는 이들 세 사람의 이름인 론 리베스트[Ron Rivest], 아디 샤미르[Adi Sharmir], 레너드 아델만[Leonard Adelman]에서 따왔다. 이 알고리즘은 소인수 분해를 통해 두 키를 생성하고, 산술 식에 의해 암호화 또는 복호화할 수 있는 공식을 통해 구현돼 있다. 비트코인이나 다른 블록체인은 개인키로부터 공개키를 생성하는데, RSA 알고리즘을 쓰지 않고 타원 곡선 전자 서명 알고리즘 ECDSA[Elliptic Curve Digital Signature Algorithm]를 사용하고 있다. ECDSA는 동일한 키 길이에 대해 RSA보다 훨씬 강한 보안을 제공한다고 알려져 있다. ECDSA는 원래 RSA의 저작권을 회피하기 위한 방편으로 연구가 시작됐다. 비대칭 암호화 기법은 암호화하는 키에 따라 크게 두 가지 용도로 분류할 수 있는데, 각각에 대해 알아보자.

3.1.3.1.1 개인키로 암호화 - 전자 서명

일반 문서의 진위를 보장하기 위해 서명을 사용하듯 전자 서명은 디지털화된 문서의 진위를 보장하기 위한 목적으로 사용된다. 전자 서명의 역할을 하기 위해서는 다음 두 가지 성질을 만족해야 한다.[G]

- **위조 불가**[unforgeable]: A가 메시지 M에 대해 전자 서명 Sig(A,M)을 생성했다면, 그 누구도 동일한 메시지와 전자 서명 쌍인 [M, Sig(A,M)]을 생성할 수 없어야 한다.
- **인증**[authentic]: B가 A로 알려진 사람으로부터 메시지와 서명의 쌍 [M, Sig(A,M)]을 수령했을 때, 이것이 정말로 A가 서명한 것이 맞는지 확인할 수 있는 방법이 존재해야 한다. 또한 오직 A만이 이 서명을 만들 수 있어야 하며, 이 서명은 메시지 M에 완전히 귀속돼야 한다.

비대칭 암호화 기법을 활용하면 이 두 가지 성질을 매우 쉽게 만족시킬 수 있는데, 서로 쌍이 되는 키의 성질을 이용하면 위조 불가와 인증의 효과를 손쉽게 구현할 수 있으므로 메시지를 만든 사람과 그 메시지의 진위를 쉽게 검증할 수 있다. 비대칭 암호화 기법을 전자 서명의 용도로 사용할 때는 개인키로 암호화한 후 공개키로 복호화하는 방법을 사용한다.

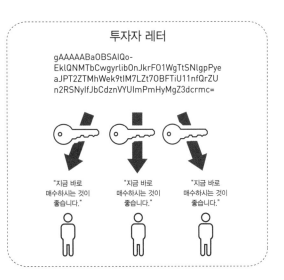

그림 3-8 개인키를 이용해 메시지를 암호화한 경우

그림 3-8은 투자자 모임을 운영하고 있는 투자 전문가가 자신의 견해를 모임의 구성원들에게 전달하는 상황을 보여준다. 그림 3-8에서 전문가는 지금이 투자 적기라는 메시지를 자신의 개인키로 암호화한 후 배부한다. 이 메시지를 전달받은 사람들은 투자자가 제공한 공개키를 사용해 메시지를 검증한다. 투자자가 개인키로 암호화한 메시지는 오로지 짝이 되는 공개키로만 복호화할 수 있으므로 이 메시지가 공개키로 복호화된다는 사실은 메시지가 분석가의 개인키로 암호화됐다는 사실과 투자 전문가가 작성한 것이 확실하다는 것을 증명해준다.

한편 통상 전자 서명을 이용할 때는 앞의 예처럼 전체 메시지를 암호화하는 것이 아니라 메시지의 해시 값만을 암호화하는 방식을 사용한다. 그림 3-9를 보자.

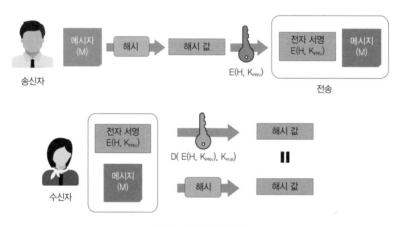

그림 3-9 전자 서명 과정

그림 3-9는 문서의 해시를 암호화해 전자 서명을 수행하는 모습을 보여준다. 메시지와 함께 이 메시지의 해시를 암호화한 전자 서명을 함께 송신하면, 수신자는 전자 서명을 송신자의 공개키로 복원한 값과 메시지를 해시한 값을 대조해 진위를 파악한다. 이 과정을 앞서 사용했던 표기를 이용해 나타내면 다음과 같이 보다 형식적으로 정리할 수 있다. 해시 함수를 H( )라 표기하고, 문서를 송신한 사람의 개인키와 공개키를 각각 K_{PRIV}, K_{PUB}

으로 표기하면, 문서에 전자 서명하는 것은 다음과 같이 나타낼 수 있다.

$$Sig = E(H(M), K_{PRIV})$$

즉, 문서에 전자 서명을 한다는 것은 먼저 문서의 해시를 만들고($H(M)$), 그 해시 값을 개인키(K_{PRIV})로 암호화($E(H(M),\ K_{PRIV})$)하는 과정이다. 이를 수신한 사람이 문서의 진위를 확인하려면 먼저 문서의 해시 값을 계산한 후 복호화된 전자 서명 값과 일치하는지 비교해보면 된다. 즉, 다음을 만족하는지 확인해보면 된다.

$$H(M) = D(Sig, K_{PUB})$$

3.1.2.1.2 공개키로 암호화 – 비밀 보장 및 신원 증명

공개키로 암호화하고 개인키로 복호화하는 방식은 비밀 보장을 위한 일반적 방식이다. 이 방식을 사용하면 일단 암호화된 문서는 개인키를 가진 사람 이외에는 누구도 복호화할 수 없으므로 완벽한 비밀이 보장된다.

그림 3-10 공개키로 암호화하고 비밀키로 복호화

그림 3-10은 공개키를 이용해 문장을 암호화하고 개인키를 사용해 복호화하는 모습을 보여준다. 암호화된 문장은 오직 쌍이 되는 개인키를 통해서만 복호화되므로 그 내용의 비밀이 완벽하게 보호된다. 또 공개키로 암호화된 문서를 복호화할 수 있는 사람은 쌍이 되는 개인키를 가진 사람뿐이므로 그 자체로 이 문서를 읽을 자격이 있음을 증명하는 셈이 된다. '2.3.5.1 UTXO'에서 UTXO에는 잠금 장치가 돼 있어서 오직 소유자만이 해제할 수 있다고 설명한 것을 상기해보자. 그 잠금 장치를 설정한 방법이 바로 비대칭 암호화 기법이다. 비트코인 시스템은 UTXO를 소유하게 될 사람의 공개키 정보를 이용해 잠금 장치를 설정하고 쌍이 되는 개인키를 가진 사람만 잠금 장치를 열 수 있도록 구현하기 위해 비대칭 암호화 기법을 사용하고 있다. 이에 대해서는 다음 절에서 더 자세히 알아본다.

표 3-1은 대칭 암호화 기법과 비대칭 암호화 기법에 대해 간략히 정리하고 있다.

표 3-1 대칭 암호화 기법과 비대칭 암호화 기법

	대칭 암호화 기법	비대칭 암호화 기법
사용하는 키	단일 키	한 쌍의 키(공개키와 개인키)
암호화 및 복호화	동일	하나는 암호화에 사용하고 다른 하나는 복호화에 사용

3.1.3.2 블록체인의 전자 서명과 비대칭 암호화

그림 3-11 그림 2-24를 편의상 다시 그림 – UTXO의 사용

그림 3-11은 앞서 '2.3.5.1 UTXO'에서 UTXO 사용 시의 절차를 설명할 때 보여줬던 그림 2-24를 편의상 다시 나타낸 것이다. 그림 3-11의 ❸은 전자 서명이었고, ❹는 이 UTXO를 사용하려고 시도하는 사람의 공개키였다는 것을 기억하면서 그림 3-12를 보자.

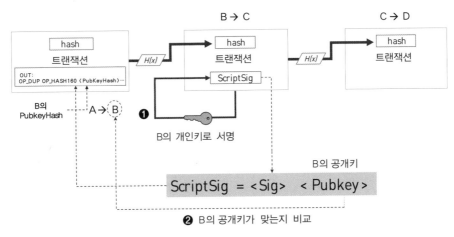

그림 3-12 블록체인의 전자 서명과 비대칭 암호

그림 3-12는 블록체인에 적용된 전자 서명과 비대칭 암호화 기법을 보여주고 있다. 다소 복잡해 보이지만, 앞서 배운 원리를 생각하면 그다지 어렵지 않을 것이다. 그림 3-12의 상단에 보이는 3개의 상자는 각각 트랜잭션을 나타내는데, 이 중 가운데 상자가 바로 B가 C에게 비트코인을 이체하는 트랜잭션이다. 이 거래를 위해 B는 이전에 A에게서 건네받은 UTXO를 사용하고 있으며, 이는 그림 3-12 상단의 제일 왼쪽에 그려진 트랜잭션에서 찾아볼 수 있다.

❶번 과정은 B가 지금 집행하려는 전체 거래 내역에 대해 자신의 개인키를 사용해 전자 서명하는 것을 보여준다. 이 거래 내역에는 B의 전자 서명(⟨Sig⟩)과 함께 그의 공개키(⟨PubKey⟩)가 함께 기록(= ScriptSig)되므로 모든 사람이 이 공개키를 이용해 전자 서명이 위조된 적이 없는지 즉시 검증할 수 있다. 한편 B가 A에게 지급한 UTXO의 실제 소유자임을 증명하는 방법은 ❷의 과정을 통해 이뤄진다. 비트코인 주소에

는 수령자의 공개키를 암호화 해시한 정보가 들어 있다. 따라서 수령자의 공개키를 그 비트코인 주소에 들어 있는 암호화 해시된 공개키와 비교해보면, 그 실제 소유자를 손쉽게 확인할 수 있다. 그림 3-12에서는 A→B로 지급하는 제일 왼쪽의 UTXO에 들어 있는 B의 비트코인 주소에 B의 공개키 해시 값이 포함돼 있으므로 전자 서명을 검증할 때 사용한 B의 공개키의 해시 값을 구한 후 이 값과 일치하는지 대조해보면 되는데 이 과정이 잘 보이지는 않지만, 왼쪽 상자에 있는 OP_DUP OP_HASH160으로 시작하는 스크립트에서 처리한다.[1]

TIP

이처럼 수령인의 공개키 해시 값을 이용해 UTXO를 관리하는 방법을 PTPKH(Pay To Public Key Hash)라고 부른다. 암호화폐라는 명칭은 "암호화키를 통해 통제하는 화폐"라는 의미를 담고 있다.

이처럼 블록체인은 비대칭 암호화 기법을 사용해 오직 그 실수령자만이 UTXO를 사용할 수 있도록 보장함과 동시에 거래 내역 전체에 전자 서명을 적용해, 내용이 위·변조되는 것을 방지하고 있다. 수령자의 공개키 해시 값을 이용해 비트코인 주소를 생성하고, 이를 검증하는 기술적인 상세 내용은 부록에서 자세히 설명한다.

TIP

블록체인에서 거래 내역에 전자 서명을 할 때는 거래 내역 전체를 서명할 수도 있고, 거래 건별로 서명할 수도 있다. 주로 전체 내역에 대해 서명하는데, 어떤 방법으로 서명했는지는 트랜잭션에 플래그 값을 별도로 할당해 구분하고 있다. 한편 각 거래 내역마다 디지털 서명과 함께 서명에 관계된 공개키를 보관한다. 이 부분도 부록에 자세히 설명돼 있다.

---

1 전체 상세 과정은 부록에서 설명한다.

3.2 작업 증명과 지분 증명

앞서 설명했던 블록체인의 작동 원리를 다시 한번 정리해보자. 각 블록은 완전히 단절된 하나의 새로운 권력 구조를 형성한다. 블록마다 자신들의 리더를 새로 선출하고 선출된 리더는 전권을 가지며, 그 블록을 지배한다. 이 리더를 견제할 수 있는 유일한 방법은 나머지 모든 구성원이 검증을 통해 블록에 대한 동의 여부를 결정하는 것이다. 블록이 동의를 통과하면 전체 블록체인 데이터에 포함되고, 동의를 얻지 못하면 즉시 폐기된다. 구성원은 기본적으로 동일한 규칙을 사용해 같은 블록에 대해서는 원칙적으로 동일한 결과에 이르러야 한다. 모든 구성원이 동의하면 비로소 합의에 이르게 된다.

TIP 동일한 블록에 대해서도 구성원의 동의가 일치하지 않는 현상이 발생할 수 있는데, 이로 인해 소프트포크와 하드포크가 일어난다. 이는 사용하는 규칙의 집합이 서로 다를 경우와 사용하는 소프트웨어의 버전 때문에 발생한다. 소프트포크와 하드포크는 '3.3 하드포크와 소프트포크'에서 자세히 알아본다.

이렇듯 블록체인에서는 각 블록의 리더를 선출하는 규칙을 정의하는 것이 매우 중요한데, 이에는 크게 작업 증명과 지분 증명 방식이 많이 사용되고 있다.[2] '3.2.2 지분 증명'에서 설명하지만 이 중에서 지분 증명 방식으로 구성된 네트워크는 블록체인이라 부르기 힘들다. 지분 증명은 탈중앙화에 반하는 동시에 해커의 뚜렷한 목표가 없어야 한다는 블록체인의 장점을 훼손하기 때문이다. 이제부터 각 방식에 대해 자세히 알아보자.

---

2   물론 또 다른 방식으로도 얼마든지 정의할 수 있다.

3.2.1 작업 증명

작업 증명proof-of-work은 1993년 신시아 도크Cynthia Dwork와 모니 나오Moni Naor에 의해 제안 된 개념으로 서비스의 거부 공격Denial-Of-Service, DoS이나 스팸 등으로 네트워크 자원이 오· 남용되는 것을 방지하기 위해 고안된 기법이다. 서비스를 원하는 자에게 결코 작지 않은 그러나 처리 가능한 수준의 과제를 요구하는 것이 핵심이며, 여기서 과제란 주로 컴퓨터 계산 자원을 소모해야 하는 일을 의미한다. 이 개념은 1993년에 제시됐지만 작업 증명이 라는 용어는 마르커스 야콥슨Markus Jakobsson과 아리 쥬얼Ari Juels이 1999년에 쓴 논문에서 처음 등장한다.[v] 작업 증명의 기본 철학은 나쁜 짓을 하려면 많은 자원을 소모하도록 해 나쁜 짓을 최대한 억제하자는 것이다.

TIP

> 블록체인에 적용된 작업 증명의 부작용(?)은 착한 일을 하는데도 똑같이 많은 자원을 소 모해야 한다는 것이다. 착한 일과 나쁜 일을 구분할 수 없기 때문에 어쩔 수 없다. 결국 항 상 많은 자원을 소모해야 한다.

가장 간단하면서 흔한 작업 증명은 웹사이트 회원 가입 시 프로그램 등에 의한 자동 가 입을 방지하기 위해 가독성이 다소 떨어지는 문자나 숫자인 캡차captcha를 입력하게 만드 는 작업을 예로 들 수 있다. 비트코인이 적용한 작업 증명은 해시 퍼즐의 정답을 찾는 것 이다. 작업 증명으로 사용하기 위해서는 비대칭의 성질을 가져야 하는데, 이는 작업 증명 을 하기 위해서는 엄청난 에너지가 소모되지만, 작업 증명한 것을 검증하는 것은 순식간 에 이뤄져야 하는 속성이다. 비트코인 블록을 만들기 위해 해시 퍼즐 정답을 찾기 위해서 는 2018년 12월 기준으로 대략 2^{75}정도의 계산을 해야 하지만, 찾은 답이 정답인지 확인 하는 것은 단 한 번의 계산으로 끝난다. 따라서 비트코인의 해시 퍼즐은 작업 증명의 비 대칭 성질을 매우 잘 따른다고 할 수 있다. 이제 비트코인에서 적용한 작업 증명인 해시 퍼즐이라는 것이 어떤 것인지 자세히 알아보자.

3.2.1.1 비트코인의 작업 증명 – 해시 퍼즐

그림 3-13 바구니에서 공 꺼내기

그림 3-13은 0부터 9까지 번호가 적혀 있는 공 10개가 담긴 바구니에서 임의로 공 하나를 꺼내는 모습을 보여주고 있다. 이때 꺼낸 공에 적힌 숫자가 9보다 작거나 같을 확률은 얼마일까? 바구니의 공에 적힌 숫자는 0부터 9 사이이므로 모든 숫자는 9보다 작거나 같다. 따라서 어떤 공을 꺼내든 그 공에 적힌 숫자는 9보다 작거나 같으므로 확률은 1이며, 단 한 번에 원하는 목적을 달성할 수 있다.

그렇다면 임의로 꺼낸 공에 적힌 숫자가 0보다 작거나 같을 확률은 얼마나 될까? 10개의 공 중 0보다 작거나 같은 것은 0이 적힌 공 하나밖에 없다. 그러므로 임의로 하나의 공을 꺼낼 때 그 공에 적힌 수가 0보다 작거나 같을 확률은 1/10이 된다. 여기서 바로 얻을 수 있는 직관은 찾으려는 수가 작을수록 그 확률은 낮아진다는 사실이다. 예를 들어 4보다 작거나 같을 확률은 전체 공 중 0, 1, 2, 3, 4 다섯 개를 뽑을 확률이므로 1/2(=5/10)이 된다. 이 간단한 비유를 이해했다면, 당신은 비트코인 해시 퍼즐의 기본 구성을 완전히 이해한 것이다. 유일한 차이는 이제 숫자는 0부터 9 사이가 아니라 0부터 $2^{256} - 1$ 사이의 값이며, 이에 따라 공의 개수도 단 10개가 아니라 2^{256}개라는 것 뿐이다. 숫자만 커졌을 뿐 그 원리는 동일하다. 이제 비트코인의 해시 퍼즐에 대해 자세히 살펴보자.

3.2.1.2 비트코인 해시 퍼즐

```
비트코인 난스1   : 618d15e5117d7fcbbda3109fac8adc2b55582dd0305967b7b5b9e64f42d817ff
비트코인 난스2   : 1c15277edd7902560f4baebec04edbd60777f98d4a15462df0a7308b064d99a0
비트코인 난스3   : 91b58c78e070d385e90c09994363ee745dd88bf725a5eac9b6a8531f25f55887
비트코인 난스4   : b6bcd3643d88994d9c0244d65e65bee2e02ee2d3b28bfc588eaa788b8270e1fd
비트코인 난스5   : 54f33c5a7ab1744e49589f570c046cfc48284ad285e32a7d16cdd42b31210199
비트코인 난스6   : ec2372a18fbbc239ba80bca8627d7dbd1a8e0617e68ece14b3faed6e2a5d91c3
비트코인 난스7   : 1f8fa709f328d7a823d4934628d810a7cb91ae330b3d51e3ade8582cfe7a7223
비트코인 난스8   : 1e193280c4f7df3434bdcb0ea0ba79c9851789e8969bf7031b9141fa80fa7639
비트코인 난스9   : 14ea22642f6580206d28aa43d1cbab194f27a1164a04635d70f7da6b624ee5a1
비트코인 난스10  : 89c5348e84e1715a577c6de497001d2d244ce54a68145faf3ff69479b64df28e
비트코인 난스11  : d5c236680444e552d4f528f0726abb47102bd060deaa064705f115eec2829d0c
비트코인 난스12  : 159576c096c767e01335e883750e007ef9b75c70e7b447555a6b84941f68f518
비트코인 난스13  : 2e2e0ce0fcca93bfcc7b013b8f7e385196320ff8a49f62fa6283bc7017daa7a4
비트코인 난스14  : 0910c32ba6945e361de5a96ba1d5ba1df5d0fc16e5a44cec0267c2b82ae6175b
비트코인 난스15  : 83261c8c16d89adc4ee5a91bbf9dd93285f2226617d1466726dd9e63969b3bc4
비트코인 난스16  : b452c0989e6b1cd32ac07f7d6be18d036d9fe94d2ada620354869d608e9ae705
비트코인 난스17  : 1acc54bcd4a8a727a360965cd059d4d5bbaa284545864d0df67506bd4d1597868
비트코인 난스18  : 1d08d9648e89431d968e3d4h17e6893de1057bfe274181c6213ad5a458018def4
비트코인 난스19  : ac2f3dacbb5a90c1493a188625e3fe17032c6a3ba1ca99312a9a0f3aa3691a21
비트코인 난스20  : 0b7548e70216cf3b20a79f7dc743d64d69aa36c6e69ed1c969f98013205474f6
비트코인 난스21  : f45762cc74b0525a120ffe89708c8290766c9dcc7f346ad160facdb744ff5a2e
                   • • •
비트코인 난스57  : c0720ce2252125514b92c1f88427781b747165a06bdf62b31d5a7e8a1b91f5fc
비트코인 난스58  : 006ac0f2f56172bdb073a3433852d61cb6bd51388325c1ff275a8462e14d1e69
비트코인 난스59  : 913ad5fff23c9b48b977da3b9694df301c1b6da53bd33b554f2a38ad66e05ed5
비트코인 난스60  : c9346875af783f539d385428f5436af3e09b0f7ea9cb3f538b83420d63bf49a1
비트코인 난스61  : 76aeff467d6ef27dfcd7155e2bf30625fa320abf304a0d242007df6e404a0525
비트코인 난스62  : c71f2bbf7f1aba0bf3865a4bb5567777295eea31c01b9d8fc3404aeb0af803ce
비트코인 난스63  : c4d059ea0a325a1b65277969ddb365e173b380968ae62725353008fe649266b7
비트코인 난스64  : db94d75167830a141b092217f05f24b5509c5cf310eb76e407498bf565109027
                   • • •
비트코인 난스97  : 544db785faaf6d687629b16054583fd146a4d9b98c1e9681119ae8b0e932f768
비트코인 난스98  : da05b228fc94573d1751294cc8771b96dc1a7ab695a0ae396f06f7283e6146b1
비트코인 난스99  : d71630408a36d60680f98c58a4e279b3375c1a9d7c90b0ad39b27282614647cf
비트코인 난스100 : 7ddd0653bb95efac18da9d196e583499110b0a8e482a40c023315ab2e019afa2
```

그림 3-14 '비트코인 난스'라는 문장 뒤에 숫자를 바꿔가며 해시 값을 계산한 실험

그림 3-14는 '비트코인 난스'라는 문장 뒤에 1부터 100까지 숫자를 바꿔가면서 SHA-256 해시 함수를 계산한 결괏값을 보여준다. 그림 3-14를 잘 살펴보면 해시 결괏값의 맨 앞이 우연히 0으로 시작하는 경우가 가끔 나타나는 것을 볼 수 있다. 최초로 0이 하나 나오는 경우는 14를 붙인 경우였고, 0이 맨 앞에 연속으로 2개나 나온 적도 있는데 이는 문장 뒤에 58을 붙인 경우였다.

이런 식으로 계속 수를 증가시키다 보면 더 많은 연속된 0이 우연히 생기기 시작한다. 표 3-2는 그림 3-14의 실험을 계속 진행했을 때 우연히 나타나는 0의 변화가 어떻게 되는

지 보여준다. 실험은 숫자를 2,000,000까지 증가시키면서 진행됐고, 그 사이 연속된 0 값이 어떻게 변화하는지 지켜봤다. 표 3-2에서 보는 것처럼 숫자가 156이 됐을 때 연속된 0의 개수가 3개인 해시 값이 처음 나타났고, 70,999까지 증가했을 때는 우연히 연속된 0의 개수가 4개인 해시 값이 나타났다. 그 후 연속된 5개의 0이 나올 때는 숫자가 무려 1,739,385까지 증가했을 때였다. 앞서 계속 살펴본 것처럼 해시 값은 완전히 예측 불가해 앞에 연속된 0이 나오는 것은 순전히 우연에 의한 것이므로 언제 나타날지 예측할 수 없다.

표 3-2 숫자를 증가시킬 때 해시 값 맨 앞에 연속된 0이 나타나는 개수

연속된 0의 개수	뒤에 붙인 숫자	해시 값
1	14	0x0910c32ba6945e361de5a96ba1d5ba1df5d0fc16e5a44cec0267c2b82ae6175b
2	58	0x006ac0f2f56172bdb073a3433852d61cb6bd51388325c1ff275a8462e14d1e69
3	156	0x000410491390eb3e19c13ffbbfed063828c2de465de3e13288477ae27b19ed71
4	70,999	0x0000b285181368d4bbf90ae18c4f25a4c877ab254ddfd8607193aa2f24ec537f
5	1,739,385	0x00000a8d8be4417182d10c463578fa1efd8fd06da3dd7188ebb8fed9e472148d

TIP

앞의 실험에서는 편의상 16진수로 표기했다. 16진수는 4비트로 이뤄지므로 0이 하나 나타났다는 것은 2진수로 표기하면 실제로는 0이 4개(0000) 나타난 셈이다. 따라서 표 3-2에서 5개의 연속된 0이 나온 경우를 2진수로 표기했다면, 연속된 0이 20개(= 5×4) 나 나타난 경우다.

해시 값의 제일 앞에 연속된 0이 우연히 나타날 확률은 매우 낮고, 당연히 연속된 0이 많아질수록 우연히 나타날 확률은 기하급수적으로 낮아진다. 해시 퍼즐이란 계산된 해시 값이 시스템에서 주어진 목푯값보다 작아지게 만드는 정수인 난스^{nonce}를 찾는 과정이다. 블록 50만 번의 목푯값을 실제로 들여다보자. 실제 읽어 본 50만 번 블록의 목푯값을 32바이트 16진수로 나타내면 다음과 같다.

0x0000000000000000000025ad0000000002e63d3207a18525192c5ca80000000000

그렇다. 32바이트로 이뤄진 정수의 앞부분에 연속된 0이 증가할수록 당연히 그 값은 점점 삭아진다. 극단적인 경우, 모두 0으로만 채워진다면 값은 0이 되고, 모두 1로만 채워진다면 최댓값인 $2^{256}-1$이 될 것이다. 결국 연속된 0이 증가한다는 의미는 앞서 살펴본 공 찾기에서처럼 찾아야 할 값이 점점 작아지는 것과 같다는 것을 알 수 있다. 찾아야 할 값이 작아질수록 그 확률은 낮아지고, 이를 찾기 위해 필요한 시행 횟수는 반대로 증가할 것이다.

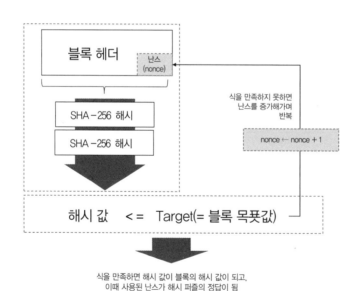

그림 3-15 난스를 찾기 위한 과정

그림 3-15는 반복적으로 해시 값을 계산하면서 난스를 찾는 과정을 보여준다. m번 블록의 해시 퍼즐 정답을 찾는 과정을 유사 코드로 설명하면 다음과 같다. 그림 3-15를 참조하면서 다음 유사 코드를 살펴보면, 전체 과정이 쉽게 이해될 것이다. 보다 자세한 사항은 부록에서 찾아볼 수 있다.

1. nonce = 0으로 설정한다.
2. Target 변수에 비트코인 시스템에서 부여받은 목푯값을 대입한다.
3. Hash(block(m), n)을 계산한다. block(m)은 m번 블록 헤더에 있는 모든 데이터를 일렬로 정렬해 표현한 정수다. Hash(block(m), n)는 block(m) 데이터의 난스 값을 n으로 대체한 후 SHA-256을 두 번 연속 적용해 구한다.
4. Hash(block(m), n) <= Target이면 6번 절차로 분기한다.
5. 난스를 1 증가시킨 후 3번 절차로 분기한다.
6. 난스를 찾았으므로 프로그램을 종료한다.

Memo

해시 퍼즐의 해결은 컴퓨터가 가진 연산 속도에 전적으로 좌우된다. 따라서 연산 회로를 병렬로 밀집해 만든 전용 기계(ASIC)를 사용하면 매우 효과적이다. ASIC을 통한 끝없는 경쟁을 통해 비트코인의 난이도는 2021년 4월 현재 제네시스 블록에 비해 무려 20조 배 이상 상승했다. 이더리움을 비롯해 비트코인 이후에 나온 블록체인들은 소위 메모리-하드(memory-hard) 방식의 해시 퍼즐을 채택했다. 해시 퍼즐을 계산할 때 칩 성능에 대한 의존도를 의도적으로 낮추기 위해 매번 메모리에서 특정 값을 읽어오도록 했다. 메모리에서 값을 읽는 시간이 상대적으로 느리므로 ASIC을 통한 계산 효율화를 힘들게 하려는 의도다. 그러나 이 방식도 방대한 하드웨어를 동원한 채굴 독식을 그다지 효과적으로 방지하지는 못했다. 이더리움의 해시 퍼즐 방식과 난이도 조절 방식은 '4.3 이더리움 해시 퍼즐'에서 자세히 알아본다.

3.2.1.3 해시 퍼즐의 난이도

해시 퍼즐의 난이도를 조절하는 것은 목푯값을 조절하는 것과 같다. 앞서 바구니에서 공 꺼내기에서 찾고자 하는 값을 조절하는 과정과 동일한 원리다. 그림 3-16을 보자.

그림 3-16 N비트로 이뤄진 타깃 난이도(2진수로 표기)

그림 3-16은 N개의 비트로 이뤄진 타깃 값 T에서 0의 개수를 조절할 때 생기는 난이도 변화를 설명하기 위한 것이다. 이제 표기법은 16진수가 아니라 2진수로 나타나 있다는 점에 유의하자. N 비트로 이뤄진 목푯값의 맨 앞에 있는 연속된 0의 개수가 k개라고 가정하자. 이때 해시 함수를 사용해 계산한 특정 해시 값 X가 T보다 작을 확률은 다음과 같이 나타낼 수 있다.

$$P(X < T) = T / 2^N \tag{3.1}$$

바구니와 공의 비유를 계속하면, 공의 개수는 2^N개인 셈이고, 이 중 T보다 작은 번호를 가진 공은 T개밖에 없으므로 식 (3.1)은 쉽게 설명된다. 통상 정교한 난이도의 조정을 위해서는 그림 3-16의 ❸번 부분이 임의의 값을 가질 수 있지만, 설명의 편의를 위해 ❸번 부분이 항상 1로만 구성된다고 가정하자. 한편, T의 맨 앞에 연속된 k개의 0이 나올 확률은 동전 던지기에 비유해볼 수 있다. 동전을 던져 앞면이 나오면 1로 하고 뒷면이 나오면 0으로 하는 확률 변수가 있다고 가정하자. 이제 T 값의 맨 앞이 연속해 k개의 0이 나온다는 것은 동전을 N번 던질 때, 최초의 k번이 연속해 뒷면이 나올 확률과 같으며, 이는 2^{-k}가 된다. 여기서는 편의상 그림 3-16의 ❸번 부분이 모두 1인 경우만 고려하기로 했으므로 식 (3.1)은 이제 다음과 같이 간단히 다시 쓸 수 있다.

$$P(X < T) = T / 2^N = 2^{-k}$$ (3.2)

한편, 특정 해시 값이 T 보다 작을 확률이 2^{-k}이므로 T보다 작은 값을 찾을 때까지 시행해야 할 필요 시행 횟수는 다음과 같으며, 이는 최초 k개의 동전이 연속으로 뒷면이 나오기 위해서는 몇 번이나 N개의 동전 던지기를 해야 하는지를 구하는 문제와 같다.

T보다 작은 값을 찾기 위해 필요한 평균 시행 횟수

$$= 1 / P(X < T) = 1 / 2^{-k} = 2^k$$ (3.3)

T 값의 ❷ 부분에서 k가 하나 증가하면 필요 시행 횟수는 2배가 된다. 최초의 블록인 제네시스 블록의 k는 32에서 시작했지만, 50만 번 블록의 k는 72로 증가했으며, 2018년 12월 현재 k는 75 근처까지 육박하고 있다. 사토시 나카모토는 2^{32}번의 계산 끝에 정답인 난스를 찾았지만, 2018년 12월 현재 난스를 찾기 위해서는 약 2^{75}번의 계산을 해야 하는 셈이며, 이는 사토시 나카모토가 계산했던 양에 비해 무려 7조 배나 더 많은 것이다.

m번 블록의 목푯값을 T_m이라 표기하고, 제네시스 블록의 목푯값을 T_0로 표기하면 m번 블록의 난이도difficulty는 통상 다음과 같이 정의한다.

$$\text{m번 블록의 난이도} = T_0 / T_m$$ (3.4)

표 1-1에 있던 55만 번 블록의 난이도는 다음과 같이 구한 것이었다.

$$\text{55만 번 블록의 난이도} = T_0 / T_{550000} = 7,184,404,942,701.79$$

해시 퍼즐의 정답인 난스는 블록 헤더에 있는데 앞서 잠깐 살펴본 대로 그 크기는 4바이트로 고정돼 있다. 그런데 4바이트로 표현할 수 있는 최대 크기는 고작 $2^{32}-1$밖에 되지 않는다. 그렇다면 지금의 2^{75}이나 소요되는 계산 횟수의 난스 값은 어떻게 찾을 수 있는 것일까? 현재 비트코인 블록체인의 설계대로면, 2^{32}를 넘는 난스는 찾을 수 없다. 따라서 채굴할 때 약간의 편법을 동원해야만 한다. 난스가 고작 4바이트밖에 되지 않다 보니, 2^{32}까지 난스를 찾지 못하면 블록의 다른 부분 값을 추가로 변경시켜보는 트릭을 사용하는 것이다. 이는 대개 코인베이스 트랜잭션 영역 또는 타임 스탬프 영역 값을 추가로 변경시켜가며 난스 값을 찾는 방법이 동원된다. 코인베이스에는 임의로 변경할 수 있는 필드가 상당히 있고, 타임 스탬프도 블록이 생성된 정확한 값을 기록하는 것이 아니라 대략적인 시간을 블록 생성자가 임의로 기록하기 때문에 가능한 방법이나. 경우에 따라 난스 값을 찾기 위해 트랜잭션 중 일부를 다른 것으로 대체해 값을 바꾸기도 한다. 타임 스탬프에 대해서는 부록에서 자세히 설명한다.

3.2.1.4 비트코인의 난이도 조절

비트코인은 블록이 항상 10분에 하나씩만 생성되도록 하기 위해 꾸준히 난이도를 자동으로 조절하고 있다. 비트코인은 2,016개의 블록이 생성될 때마다 난이도를 재조정한다. 난이도 조절은 앞서 설명한 목푯값을 상향하거나 하향하는 방식으로 통제된다. 블록이 10분에 하나씩 생성되면, 하루에 144개가 생성되므로 2,016개가 생성되려면 정확히 2주가 소요돼야 한다. 이를 초로 환산하면 1,209,600초가 된다. 이렇게 난이도를 조절하는 이유는 반도체의 집적도가 매 18개월마다 두 배가 돼 그 성능도 두 배가 된다는 무어의 법칙$^{Moore's\ Law}$에 대비하기 위한 것이다. 늘 10분에 하나만 블록이 만들어지도록 하려면 하드웨어의 발전에 따라 블록 생성의 난이도를 조절할 필요성이 있다고 판단했던 것이다.

매번 2,016개의 블록이 생성된 순간, 소요된 시간을 측정해 그 시간이 1,209,600초보다 짧다면, 예정보다 더 빨리 블록을 만든 것이므로 난이도를 상향 조정한다. 이와 반대로 그 시간이 예정보다 더 걸렸다면 난이도를 하향 조절한다. 비율에 따라 상향은 직전 목푯값의 300%까지 가능하며, 하향은 직전 목푯값의 75% 수준까지만 가능하다. 참고로 이더리움은 매번 블록이 생성될 때마다 난이도를 조절한다. 블록 하나를 생성하는 데 대략 15초가 소요되므로 15초마다 난이도를 조절하는 셈이다. 이더리움의 난이도 조절은 4장에서 자세히 알아본다.

TIP

비트코인 코드에는 버그가 하나 숨어 있다. 이 때문에 실제로는 2,016개 블록마다 난이도를 조절하지 않고 2,015개 블록마다 난이도를 조절하고 있다. 결국 원래의 설계와 달리 난이도 조절에 0.05%(= 1/2016) 정도의 오차가 발생할 수 있는 셈이다. 이처럼 프로그램에서 숫자를 하나 잘못 계산하는 것은 매우 흔히 발생하는 오류인데 이를 흔히 OBOE, 즉 1-오차-오류(Off-By-One-Error)라고 한다.

3.2.1.5 연쇄 해시를 이용한 비가역성

'2.3.4.1 블록 헤더'에서 살펴본 것처럼 현재 블록의 블록 헤더에는 이전 블록의 해시 값이 들어 있다. 이는 작업 증명과 합쳐져 연쇄 작용을 통한 '기록의 비가역적 성질'을 형성하는 데 기초가 된다.

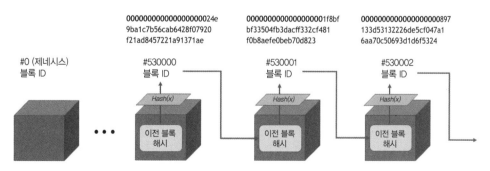

그림 3-17 블록의 연쇄 해시

그림 3-17은 현재 블록의 해시(ID) 값을 계산하기 위해 이전 블록의 해시 값을 사용하는 모습을 보여주고 있다. 이는 현재 블록의 해시 값을 계산하기 위한 함수에 이전 블록의 해시 값이 매개변수로 사용되는 셈이다.

B_n이 블록 n의 블록 헤더 데이터 중 이전 블록 해시 값을 제외한 나머지를 나타내고, H_n을 블록 n의 해시 값이라고 하자. 블록체인의 연쇄 해시의 성질에 의해 다음과 같은 식이 성립된다.

$$H_n = Hash(\ B_n,\ H_{n-1}\ ) \tag{3.5}$$

즉, 현재 블록의 해시 값을 구하는 식 Hash( )의 매개변수에 이전 블록의 해시 값이 사용된다. 식 3-5는 다음과 같이 다시 쓸 수 있다.

$$H_n = Hash(\ B_n,\ H_{n-1}\ ) = Hash(\ B_n,\ Hash\ (B_{n-1},\ H_{n-2})) \tag{3.6}$$

마찬가지로 식 3.6은 다음과 같이 쓸 수 있다.

$$H_n = Hash(\ B_n,\ Hash(\ \dots\ (\ Hash(\ B_0,\ NULL\ ))\dots\dots)) \tag{3.7}$$

결국 현재 블록의 해시 값이란, 제네시스 블록의 해시 값으로부터 계속해 이어져 연결된 값으로서 이를 통해 다음 두 가지 성질이 만족된다.

1. H_m이 변경되면, $\forall k$, $k >= m$에 대해 H_k 값도 변경된다.
2. H_m은 H_{m-1} 값을 확정하기 전에 미리 계산할 수 없다.

이제 공격자가 특정 블록 m의 기록을 변경한 후 해시 값을 다시 계산해 블록체인에 저장하려고 시도하는 경우를 생각해보자. 이 경우 $\forall k$, $k >= m$에 대해 H_k 해시 값을 모두 다시 계산해야만 한다. 이 모든 해시 값을 계산하기 위해서는 앞서 설명했던 해시 퍼즐을 전부 다시 풀어야 하는 작업 증명 과정을 거쳐야 한다. 그리고 마지막 관문이 하나 남아 있다. 앞서 '탈중앙화 합의 규칙'을 기억하는가? 작업 증명을 거쳐 해시 값을 모두 계산 했다고 하더라도 공격자가 블록을 다시 만드는 사이, 다른 노드도 블록을 생산하고 있다 는 사실을 잊지 말자. 따라서 공격자는 이전 블록을 다시 계산하는 것에 그치지 않고, 새 롭게 만든 블록체인 데이터가 네트워크에서 가장 무거운 체인이 되도록 해야만 한다. 그 렇지 않다면 그 모든 작업은 수포로 돌아간다. 탈중앙화 합의에 의해 퇴출될 것이기 때 문이다. 따라서 연쇄 해시와 작업 증명 그리고 탈중앙화 합의라는 세 가지 속성이 합쳐 지면, 한 번 기록된 것을 변경하는 것이 지극히 힘든 저장 방식을 구현할 수 있게 되며, 이처럼 계산량이 너무 많아 엄두도 내지 못하게 하는 방식을 '엄두도 못낼 비용prohibitively expensive'이라 표현한다.

TIP

기록의 불변성을 얻기 위해서는 연쇄 해시, 작업 증명 그리고 가장 무거운 블록체인을 선 택하는 탈중앙화 합의라는 세 가지가 모두 결합돼야 한다. 이 중 하나라도 빠지면, 기록의 불변성은 급격히 무너진다. 특히 이 중 작업 증명이 빠지면, 기록의 불변성은 순식간에 사 라진다. 작업 증명이 빠진 시스템에서의 해시 함수는 변경을 감지만 할 수 있을 뿐, 이를 재빨리 다시 계산하는 것을 막지는 못한다. 따라서 작업 증명을 사용하지 않고 해시 함수 만 적용한 시스템은 비가역성을 가졌다고 보기 어렵다. 이것이 바로 지분 증명을 사용하 는 시스템이나 프라이빗, 컨소시엄 블록체인이 비가역성을 갖지 못하는 이유다.

3.2.2 지분 증명

리더 선출 방법에 지분 증명을 사용하려는 기본 배경은 '시스템에 대한 기여도가 높은 사 람'을 리더로 선출하자는 것이다. 가장 간단한 방법은 현재 보유하고 있는 암호 화폐의 수량이 가장 많은 노드를 리더로 선출하는 것이다. 이 때문에 리더 선출을 위해 해시 퍼 즐을 해결하는 등 에너지를 소모하는 작업은 더 이상 필요 없다. 그러나 보유한 암호 화 폐의 수량에 따라 리더를 선출하면, 선출된 노드가 지속적으로 더 많은 암호 화폐를 축적하고 영구히 리더가 돼 시스템을 독점하는 극단적 상황이 쉽게 발생한다. 이런 문제점을 해결하기 위해 보유 수량과 함께 투표 방식을 다양한 형태로 혼합하는 것이 보통이다. 지분 증명은 그 방식에 따라 보통 다음과 같은 두 가지로 분류하기도 한다.

- **체인-기반의 지분 증명**

  사전에 정해진 소수의 집단이 블록을 만들고 검증한다. 정해진 소수의 집단 중 보유 암호 화폐 수량 등을 고려한 종합 점수가 시스템이 정한 최저 임계치를 넘는 노드들에게 블록 생성권이 주어진다. 임계치를 넘은 노드가 여러 개가 되면 블록이 동시에 생성될 수 있으며, 이 경우 합의는 가장 무거운 체인을 선택하는 비트코인의 탈중앙화 합의 규칙을 그대로 따른다. 모든 보상금은 오로지 선택된 블록을 생성한 노드에만 주어진다. 이 방식은 '잃을 게 없는 딜레마^{nothing-at-stake} ^{dilemma}'에 의한 이중 공격 등의 위험에 노출될 수 있는데, '3.2.2.1 잃을 것이 없는 딜레마'에서 자세히 설명한다.

- **BFT-기반의 지분 증명**

  BFT^{Byzantine Fault Tolerance}-기반의 지분 증명 방식은 사전에 정해진 소수의 노드 중 랜덤으로 선출된 리더가 블록을 생성하고, 나머지 노드는 투표 방식으로 검증해 블록의 최종 승인을 결정하는데, 이더리움이 준비하고 있는 지분 증명 방식인 캐스퍼도 이와 동일한 방법을 사용한다. BFT-기반 지분 증명에서는 비트코인의 가장 무거운 체인과 같은 합의 규칙은 존재하지 않는다. 한편, 이 방식은 정해진 한계를 넘어 지속적으로 거짓 블록을 생성하는 악의적 노드가 발견됐을 경우, 이를 징벌하기도 한다. 만약 대다수 노드에 의해 악의적인 노드로 지목되면, 그 노드가 보유한 모든 암호 화폐를 폐기해버리는 극단적 방법인 슬래시 규칙^{slashing rule}을 적용하기도 한다. 이 방식에 BFT라는 이름이 붙은 이유는 블록 승인 방식이 1980년대와 1990년대에 발표된 분산 네트워크 합의 규칙인 BFT와 PBFT를 따라 하기 때문이다.

일각에서는 BFT-기반의 지분 증명이 작업 증명이나 체인-기반 지분 증명보다 뛰어나다는 논리를 펴기 위해 작업 증명이나 체인-기반 지분 증명은 자원의 가용성에 중점을 두고 더 많은 자원이 투입된 체인을 선택하는 반면, BFT-기반의 지분 증명은 다수결 방식을 사용하므로 가용성보다 전체적인 일관성에 더 중점을 둬 보다 합리적인 방식이라 주장하기도 한다. 이더리움의 캐스퍼는 한 발 더 나아가 자신들은 가용성과 일관성의 장점 모두를 고려한 하이브리드 방식을 도입할 것이라 한껏 목청을 세우기도 한다. 그러나 이는 신뢰가 필요 없는 작업 증명 방식에 대한 몰이해에서 비롯된 잘못된 견해다. BFT-기반 지분 증명은 다수결에 참여한 소수의 노드를 전적으로 신뢰해야만 작동하는 방식으로, 신뢰가 필요 없는 네트워크에서 작동하는 작업 증명 방식과는 완전히 다르다. 지분 증명은 작업 증명과 달리 신뢰할 수 없는 네트워크에서는 작동하지 않는다. 서로 비교하는 것 자체가 무의미하다.

TIP

지분 증명 방식은 사전에 신원이 알려진 소수의 검증 집단을 전제로 한다는 점에서, 그 분류와 상관없이 모두 흡사하며, 누구나 검증에 참여하는 익명의 블록체인 환경과는 거리가 멀다. 이 때문에 지분 증명 방식을 도입하는 순간 더 이상 블록체인이라 볼 수 없다. 지분 증명 방식은 '신뢰받는 제삼자가 필요 없는 익명 시스템'이 아니라 사전에 정의된 소수의 검증 집단을 전적으로 신뢰해야만 작동하는 기명의 중앙화 시스템인 것이다.

한편, 체인 기반의 지분 증명 방식은 '잃을 것이 없는 딜레마'의 위험성에 노출돼 있다. 앞서 '2.3.3.2 서로 다른 진실의 통일 - 탈중앙화의 합의' 메모에서 둘 이상의 블록이 한 노드에 동시에 전달된 경우, 채굴업자는 그중 향후 생존 가능성이 높은 하나만을 따르는 전략을 취했는데, 이는 블록 생성에 많은 자원이 소모되는 작업 증명 방식하에서는 최선의 선택이었다. 그러나 지분 증명의 경우 블록 생성에 에너지가 소모되지 않으므로 최선의 전략이 완전히 달라진다. 이제 이로 인해 생기는 '잃을 것이 없는 딜레마'에 대해 살펴보자.

3.2.2.1 잃을 것이 없는 딜레마

'2.3.3.2 서로 다른 진실의 통일 – 탈중앙화 합의'에서는 비대칭 네트워크의 성질로 인해, 서로 다른 2개의 진실이 충돌할 수 있으며, 이 경우 '가장 무거운 체인' 규칙을 통해 한쪽을 퇴출시키고 통일되는 모습을 봤다. 이때 2개의 블록이 동시에 전달되면, 각 노드는 둘 중 더 무거운 체인에 속할 가능성이 높은 하나만을 선택했다. 이는 작업 증명에 소요되는 막대한 에너지로 인해 둘 다 감당할 수 없기 때문이기도 하다. 이 때문에 시스템에 n개의 블록이 동시에 생성되더라도 각 채굴자는 그중 단 하나만을 선택할 것이므로 각 블록을 추종한 채굴자의 비율을 모두 합치면 그 값은 항상 1이 된다. 그러나 지분 증명에서는 얘기가 완전히 달라진다. 그림 3-18을 보자.

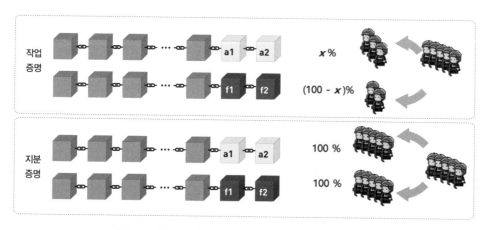

그림 3-18 체인 충돌 시 채굴자의 최선의 전략(작업 증명 대 지분 증명)

그림 3-18은 블록 2개가 동시에 생성된 경우, 채굴업자의 최선의 선택을 보여준다. 그림 3-18의 위쪽은 작업 증명 방식으로, 채굴업자는 둘 중 하나의 체인만 선택하고 각각 x%와 (100-x)%로 나뉘는 것을 보여준다. 이는 두 체인을 모두 선택하기에는 에너지가 너무 많이 소모되기 때문이다. 그러나 그림 3-18의 아래쪽의 지분 증명 방식은 두 체인을 중복해 선택할 수 있다. 블록 생성에 에너지가 소모되지 않기 때문이다. 따라서 모든 채굴

업자는 두 체인을 중복 선택하고 양쪽 모두 블록을 생성해, 어느 쪽 체인이 가장 무거운 것이 되든 항상 보상금을 받게 된다. 이를 좀 더 형식적으로 정리하면 다음과 같다.

동시에 생성된 n개의 블록을 각각 B_i, i = 1, 2, 3, ..., n이라 하고 M_k를 동시에 생성된 블록 중 B_k를 선택한 채굴업자라고 하자. 또 $P(M_k)$를 전체 채굴업자 중 M_k의 비율이라고 하면, 작업 증명에서는 통상 다음의 식이 성립한다.

$$\sum_{k=1}^{n} P(M_k) = 1 \qquad (3.8)$$

그러나 지분 증명의 경우 블록 생성에 에너지가 소모되지 않으므로 채굴업자의 최선의 전략은 충돌이 일어난 모든 체인에 대해 그 다음 블록을 생성하는 것이다. 이 경우, 어느 체인이 최종적으로 제일 무거워지든 항상 보상을 받으므로 가장 합리적인 전략이 된다. 이 때문에 통상 채굴업자는 여러 블록을 중복적으로 선택하므로 그 비율을 모두 합한 값은 1을 초과한다.

$$\sum_{k=1}^{n} P(M_k) > 1 \qquad (3.9)$$

심지어 모든 채굴업자가 충돌이 일어난 n개의 블록 전부를 선택하면 다음과 같은 극단적인 경우도 발생할 것이다.

$$\sum_{k=1}^{n} P(M_k) = n \qquad (3.10)$$

이제, 전체 n개의 노드 중 나쁜 마음을 품은 소수 x개의 채굴업자가 막강한 해시 파워를 동원하지 않고도 이 상황을 악용해 이중 사용을 시도하는 방법을 살펴보자. 설명의 편의상 n = 2인 경우를 가정하자. 즉, 동시에 생성된 블록이 2개이므로 충돌이 일어난 체인은 단 2개다. 이때 충돌이 생긴 두 블록 중 각각 B_1이 속하는 체인을 C_1이라 하고 B_2가 속하는 체인을 C_2라 하자.

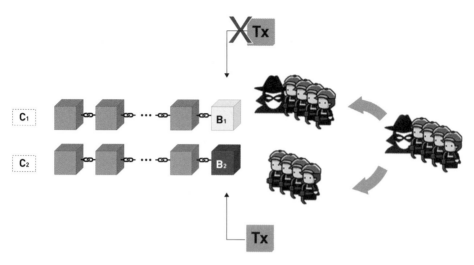

그림 3-19 악의적 노드의 이중 사용 시도

그림 3-19에서 악의적 채굴업자는 B_2에만 이중 사용을 시도하려는 자신의 트랜잭션을 기록하고, B_1에는 이 트랜잭션을 제외한 후 B_2가 확인되길 기다린다. 시간이 흐르면 시스템에는 그의 트랜잭션을 기록하지 않은 체인인 C_1과 그의 트랜잭션이 담긴 C_2가 충돌된 상태로 공존하게 된다. 이제 소수의 악의적 채굴업자의 공격이 시작된다. 그들은 의도적으로 C_1 체인만 선택하고 C_2 체인은 따르지 않는다. 이 때문에 여전히 m개의 모든 채굴자가 선택하는 C_1과 x개만큼의 채굴업자가 따르지 않는 C_2 사이에 힘의 균형이 깨지며, 다음과 같은 식이 성립한다.

$$P(M_1) = 1 > P(M_2) = 1 - \frac{x}{m}, \ x > 0 \qquad (3.11)$$

결과적으로 더 많은 채굴업자가 몰린 C_1 체인은 C_2보다 더 무거워질 가능성이 높아지므로 B_2가 퇴출됨과 동시에 트랜잭션도 무효가 돼 이중 사용에 성공하는 발판이 마련된다.

이처럼 블록을 생성하는 데 에너지가 소모되지 않아, 무분별한 충돌을 통해 소수의 해시 파워만으로도 시스템을 남용하는 현상을 '잃을 것이 없는 딜레마'라고 한다. 그러나 이런 공격이 만연할 가능성은 그리 높지 않다. 지분 증명의 블록 생성 속도는 비트코인보다 훨씬 빠르므로 경우에 따라 모든 블록을 선택하는 것이 반드시 최선의 전략이 아닐 수 있으며, 앞서 설명한 것처럼 이중 사용은 기본적으로 '오래 기다리면' 반드시 실패하기 때문이다. 그러나 '잃을 것이 없는 딜레마'가 시사하는 것은 작업 증명이 사라지면 소수의 노드만으로도 다양한 형태로 시스템을 교란할 수 있다는 것이며, 이는 당연한 귀결이다. 작업 증명의 기본 역할이 나쁜 짓을 하는 데 많은 에너지가 소모되게 해 이를 억제하는 것이므로 작업 증명이 사라지면 그 효과 역시 모두 사라지기 때문이다.

3.2.2.2 지분 증명의 안전성

지분 증명은 여러 변형을 통해 시스템의 지속적 독점을 막으려 애쓰고 있지만, 기본적인 두 구성 요소는 '시스템에 대한 기여도'와 '투표에 의한 다수결'이고, 시스템에 대한 기여도는 보유한 암호 화폐 수량에 전적으로 의존한다. 이 방식은 리더로 선출된 사람의 암호 화폐가 지속적으로 집적돼 손쉽게 시스템 전체를 장악하는 구조가 형성돼, 한 번 장악된 구도는 손쉽게 변경되기 힘든 구조를 형성한다.

리더 선발에 있어 작업 증명 대신 지분 증명 방식을 사용하는 근본적인 이유는 작업 증명 방식에 막대한 에너지가 소모되기 때문이다. 지분 방식은 에너지를 사용하지 않아도 되는 것을 가장 큰 장점으로 내세우지만 역설적으로 그 점이 바로 가장 큰 단점이기도 하다. 작업 증명의 기본 철학은 '나쁜 짓을 하려면 엄청난 비용이 들게 만들어 그 의도를 최대한 억제'하는 것이다. 인간이 늘 경제적인 합리성을 추구한다면 이보다 더 좋은 방식을 찾기 힘들 정도의 방법이기도 하다. 이 때문에 1993년 이 방식이 제안된 이후 지금까지 악의적 의도를 억제하기 위한 유용한 방법으로 지속적으로 사용되고 있는 것이다. 작업 증명에는 인간은 늘 경제적 합리성을 추구한다는 이론이 바탕이 되지만, 지분 증명은 그 안전성을 뒷받침해줄 이론적 근거가 없다. 특히 지분 증명에서는 악의적 행동을 하더라도 에너지가 소모되지 않으므로 여러 블록체인 데이터가 갈라져 경쟁할 경우 블록 생성자가 투표권을 무분별하게 행사해 탈중앙화 합의를 방해해도 자신은 잃을 게 별로 없다.

TIP

신뢰는 돈이다. 신뢰가 사라지면, 이를 보충하기 위한 막대한 비용이 소모된다. 작업 증명은 신뢰가 없는 네트워크를 운영하기 위해 어쩔 수 없이 지불해야 하는 대가다. 지분 증명에 에너지가 들지 않는 이유는 지분 증명에 의해 선출된 노드를 신뢰해야만 작동하기 때문이다. 그러나 신뢰를 바탕으로 한 네트워크를 구성하려면 굳이 중앙화 시스템을 버리고 블록체인을 사용할 이유가 없다. 이 때문에 지분 증명 블록체인은 그 목적이 불분명한 모호한 시스템인 셈이다.

Memo

지분 증명의 보다 극단적인 방식은 위임 지분 증명(Delegated POS, DPOS)이다. 이 방식은 지분 증명에 의한 리더 선출에만 그치지 않고, 생성된 블록의 검증에도 오직 선택된 소수만 참여시키는 배타적 방식이다. EOS의 경우 BP(Block Producer)라 불리는 21개의 선출된 노드가 배타적으로 모든 블록의 생성과 검증을 도맡아 한다. 이들의 투명성과 안정성을 담보할 수 있는 유일한 장치는 이들을 '신뢰'하는 것이다. DPOS는 선출된 노드를 절대적으로 신뢰해야만 작동하는 것이다. 스스로는 다수결이라는 투명한 방법을 사용한다고 주장하지만, 다수결 자체가 투표에 참여한 사람들의 공정성을 '신뢰해야만' 작동하는 시스템이다. EOS는 자신들을 BFT 기반의 DPOS 지분 증명이라고 거창하게 소개하지만, EOS를 한마디로 요약하면 '정체가 불분명한 21개의 노드를 신뢰해야 하는 중앙화된 시스템'이다. 한편 21개의 노드 선출 시 중국의 중개소인 후오비가 매수를 통해 투표를 조작했다는 의혹과 함께 그 증거도 제기된 상태다. 2017년 말 대한민국에서는 EOS의 하루 거래량이 비트코인의 10배인 2조 원에 육박했고, 이는 전 세계 거래량의 65%에 해당하는 수치였다. 당시 비트코인보다 알트코인이 더 많이 거래된 유일한 나라는 대한민국이었다. 상위 1% 주소가 전체 EOS의 85% 이상을 독점하고 있다는 것은 잘 알려진 사실이다.

지분 증명이 마치 작업 증명을 대체할 수 있는 획기적인 혁신인 것처럼 호도하는 사람들이 있다. 그들은 지분 증명이 에너지를 절감할 수 있고, DPOS를 통해 속도도 획기적으로 증가시킨다고 주장한다. 그러나 에너지 절감과 속도 향상은 중앙화 서버를 쓰면 극대화된다. 지분 증명 같이 탈중앙화도 아니며, 중앙화 시스템보다 더 비효율적이고, 안전성도 담보할 수 없는 시스템을 사용할 이유가 없다. 지분 증명은 작업 증명과는 완전히 다른 방식이며, 탈중앙화와도 거리가 멀다.

3.3 하드포크와 소프트포크

2009년 1월 3일 비트코인의 제네시스 블록이 생성된 이후 2018년 12월까지 모두 22번에 걸쳐 소프트웨어가 변경됐다. 비트코인은 여전히 베타 버전이며, 그 안전성은 아무도 보장하지 않는다. 그 사이 여러 보안상의 문제점도 발견됐으며, 개선 사항도 꾸준히 보고되고 있다. 탈중앙화 시스템의 가장 큰 단점이자 난제는 프로그램의 유지 및 보수다. 중앙화 시스템의 경우 정해진 시각에 특정 서버를 모두 업그레이드하면 변경 사항이 반영되고, 그 이후 접속한 모든 사람에게는 변경된 동일한 서비스가 제공된다. 모든 소프트웨어의 수정, 업그레이드는 일정 계획을 수립한 후 정해진 스케줄에 따라 수행할 수 있다. 그러나 수만 명 또한 수십만 명이 자발적으로 모인 블록체인 생태계에서 모든 참여자가 항상 자신의 소프트웨어를 최신 버전으로 갱신한다는 것은 현실적으로 불가능하며, 이를 정해진 일정에 따라 계획적으로 수행한다는 것 또한 불가능하다. 따라서 탈중앙화 소프트웨어에서의 수정 및 갱신은 중앙 집중 시스템과는 완전히 다른 방법과 과정을 거친다.

모든 노드가 동시에 업그레이드하는 것은 불가능하므로 상당 기간 동안 새로운 소프트웨어로 업그레이드한 노드와 그러지 않은 노드가 시스템상에 서로 혼재하게 됨으로써 새로 생긴 규칙과 이전의 규칙 사이에 충돌이 발생할 수 있다. 이런 충돌을 야기하는 규칙 변화는 크게 두 가지 경우로 나눌 수 있다.

- 과거에는 무효하던 규칙을 유효화하는 경우
- 과거에는 유효하던 규칙을 무효화하는 경우

설명의 편의를 위해 몇 가지 표기를 도입하자. 우선 영문 대문자 A, B는 특정 그룹을 의미한다. 즉, 노드들의 집합이다. 소문자 a, b는 이 각 그룹이 생산한 블록을 의미한다. a는 A 그룹이 생산한 블록을 의미하고, b는 B 그룹이 생산한 블록을 의미한다. 블록의 표기는 좀 더 세분화할 수 있는데 a와 a′ 그리고 b와 b′로 나눌 수 있다. ′ 표기가 없는 블록들(a와 b)은 모든 그룹이 유효하다고 인정하는 블록을 의미하고, ′ 표기가 붙은 블록들(a′와 b′)은 특정 그룹에만 인정되고 나머지 그룹에는 유효성을 인정받지 못하는 블록을 의미한다. 즉, a′는 A 그룹에는 인정받지만 B 그룹에서는 유효성을 인정받지 못하는 블록이고, b′는 B 그룹에는 유효성을 인정받지만 A 그룹에서는 유효성을 인정받지 못하는 블록이다. 한편 A 그룹은 아직도 소프트웨어를 업그레이드하지 않아 예전의 규칙을 따르는 집단이고, B 그룹은 이미 최신 소프트웨어로 업그레이드를 마쳐 최신 규칙을 따르는 집단이다. 이제 그림 3-20과 표 3-3을 보자.

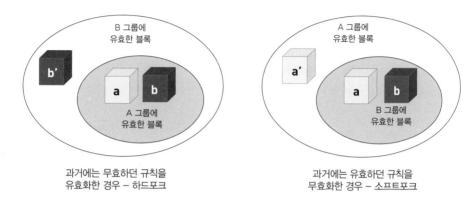

과거에는 무효하던 규칙을
유효화한 경우 – 하드포크

과거에는 유효하던 규칙을
무효화한 경우 – 소프트포크

그림 3-20 규칙을 변경할 경우에 발생하는 상황

표 3-3 블록 생성 그룹과 생산된 블록에 대해 분류한 표

블록	블록 생성자	만족하는 규칙
a	A(이전 규칙을 따르는 그룹)	A와 B 모두 만족
a′		A만 만족
b	B(새로운 규칙을 따르는 그룹)	A와 B 모두 만족
b′		B만 만족

그림 3-20과 표 3-3은 앞서 설명한 표기법을 그림과 표로 정리해놓았다. 그림 3-20을 보면 알 수 있지만, 규칙을 변경하는 방식에 따라 각 그룹이 인정하는 블록의 범위가 달라진다. 그림 3-20의 왼쪽은 과거에는 무효하던 규칙을 유효화하는 경우를 보여준다. 이 경우에는 최신 규칙을 따르는 집단이 훨씬 다양한 블록을 생산할 수 있다. 과거에 무효하던 블록까지 추가로 생산할 수 있으므로 당연한 결과다. 그림 3-20의 오른쪽은 과거에는 유효했지만 지금은 무효로 금지해 버린 경우다. 이 경우는 과거의 소프트웨어를 사용하는 집단이 생산하는 블록의 범위가 훨씬 넓다. 최신 소프트웨어 집단은 이제 무효화된 블

록은 더 이상 생산하지 않지만 이전 소프트웨어를 사용하는 그룹은 규칙이 무효화된 것을 모르고 여전히 생산할 것이기 때문이다.

이제 각 상황별로 어떤 일이 벌어질 수 있는지 천천히 살펴보자.

3.3.1 과거에는 무효하던 규칙을 유효화 – 하드포크

과거에 무효하던 규칙이 유효화되는 순간 B 그룹은 A 그룹에 비해 훨씬 더 다양한 블록을 생성할 수 있게 된다. 대표적으로 어느 날 블록의 용량을 2메가바이트까지 허용하도록 규칙을 변경한 경우를 생각하면 된다. 이 경우 A 그룹은 예전 규칙을 이용해 여전히 1메가바이트짜리 블록만 생성하겠지만, 새로운 규칙을 적용한 B 그룹은 1메가바이트는 물론 2메가바이트 블록까지 다양하게 생성할 것이다.

그 결과 B가 생산하는 블록 중 1메가바이트를 초과하는 블록은 A 입장에서는 유효하다고 인식하지 못하게 될 것이다. 그런 블록들이 바로 b′가 된다. 반면, A가 생성하는 모든 블록은 B의 완전 부분 집합이 되므로 모든 블록은 a가 되고, a′는 있을 수 없다.

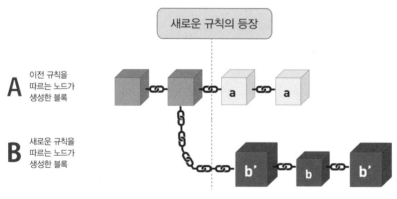

그림 3-21 하드포크의 경우

이때 만약 B 그룹이 만든 블록체인 데이터가 A 그룹보다 더 무거워지는 일이 발생하면 시스템에는 그림 3-21과 같은 2개의 서로 다른 블록체인 데이터가 생긴다. A 그룹이 자신들만의 규칙으로 생성하는 블록체인 데이터와 B 그룹이 생성하는 블록체인 데이터가 각각 따로 자라게 되는 것이다. 두 블록체인 데이터는 하나로 합쳐질 수 없다. A의 입장에서는 b'가 섞여 있는 B의 블록체인 데이터는 규칙을 위반한 것이므로 무효다. 반면, B의 입장에서는 A의 블록체인 데이터는 완벽히 유효하지만 B 그룹의 블록체인 데이터가 더 무겁기 때문에 탈중앙화 합의에 의해 자신들의 블록체인 데이터를 선택한다. 한편 A 그룹은 자신들 그룹 중 가장 무거운 블록체인 데이터를 따라가며 서로 독자적으로 성장한다. 결국 이 두 그룹의 블록체인 데이터는 모든 사람이 소프트웨어를 업데이트하기 전까지는 절대 통일될 수 없으며, 영원히 분리된 상태로 시스템에 남게 된다. 물론 나중에라도 A 그룹에 있는 모든 구성원이 새로운 소프트웨어로 업그레이드하면 이 문제는 해결된다. 업그레이드하는 순간 새로운 규칙에 의해 B 그룹에서 자라던 블록체인과 비교하게 될 것이고, 궁극적으로 더 무거운 B 그룹의 블록체인 데이터로 통일될 것이기 때문이다. 그러나 이런 일은 좀처럼 일어나지 않는다.

A의 모든 노드가 업그레이드하는 데는 현실적인 문제가 있다. A의 노드가 모두 B로 전환되면 그 순간 새로운 규칙 도입 이후 A 그룹이 생산한 모든 블록은 폐기되고, 새로운 블록을 받아들여야만 한다. 그렇게 되면 그동안 수령한 블록의 보상금도 모두 사라져 버린다. 그에 합당한(?) 보상이 주어지지 않는 한 모든 A가 B로 전환되는 것은 불가능하다. 따라서 이런 경우 통상 영원히 2개로 분리된 블록체인 데이터가 남게 되는데, 이를 '하드포크'라고 한다. 이처럼 과거에는 무효하던 규칙을 유효로 변경하는 변화가 일어나 모든 노드가 새로운 시스템으로 변경해야만 블록체인 데이터가 통일되는 경우를 하드포크라고 한다.

Memo

포크(fork)라는 용어는 음식을 찍어 먹는 포크의 모양이 여러 갈래로 갈라져 있는 모습에서 따온 용어로, IT에서는 여러 용도로 사용하고 있다. 하나의 프로세스를 또 다른 병렬 프로세스로 분기할 때도 포크한다고 하고, 하나의 소프트웨어를 그대로 복제한 후 그 기반 위에 새로운 프로그램을 만드는 소프트웨어 프로젝트의 경우에도 포크 소프트웨어라고 한다. 블록체인 데이터에서는 하나의 블록체인 데이터가 분기돼 갈라져 나온 모습을 묘사하기 위해 포크라는 용어를 사용했고, 영원히 분리되는 경우이므로 하드포크라는 용어를 사용한 것이다.

현재 블록당 1메가바이트로 제한돼 있는 블록의 용량 때문에 최대 약 3,000개의 트랜잭션만 동시 처리할 수 있는데, 이는 늘어나는 트랜잭션 수요를 따라잡기에 역부족이다. 따라서 비트코인 블록의 용량을 늘리자는 논의가 꾸준히 이뤄지고 있지만, 번번이 합의에 이르지 못하고, 블록의 용량은 아직도 1메가바이트 제한에 묶여 있다.

3.3.2 과거에는 유효하던 규칙을 무효화 – 소프트포크

이는 하드포크의 반대 경우다. 즉, 과거에는 유효했지만 지금은 무효화하는 경우다. 예를 들어 과거에 사용하던 규칙 중 뒤늦게 보안에 심각한 위협을 끼친다고 확인된 규칙이 발견되면 그 규칙을 무효화하는 경우가 있을 수 있다. 이 경우는 하드포크의 반대 경우로서 A는 B보다 훨씬 다양한 블록을 생산할 수 있다. A는 지금은 무효화된 규칙까지 여전히 사용하고 있을 것이기 때문이다. 이 중 a′는 B의 입장에서 유효하지 않은 블록이 된다. 새로운 규칙에 위배되기 때문이다. 반면 B가 생산하는 블록은 A의 완전 부분 집합이므로 b′는 있을 수 없다.

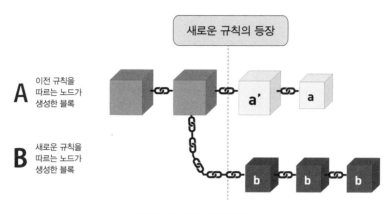

그림 3-22 소프트포크의 경우

그림 3-22는 소프트포크가 일어난 상황을 보여준다. 하드포크 때와 마찬가지로 두 갈래로 갈라져 서로 다른 블록체인 데이터가 자라게 되지만 상황이 조금 다르다. 모든 노드가 완전히 업그레이드해야만 블록체인이 통일되는 하드포크와 달리, 이 경우에는 B 그룹이 생산한 블록체인 데이터가 조금이라도 더 무거워지면 소프트웨어의 업그레이드와는 상관없이 무조건 새로운 규칙에 맞게 통일된다. 이는 A 그룹 입장에서도 B 그룹에서 생성한 모든 블록이 유효한 것으로 판단되므로 B의 블록체인 데이터가 조금이라도 무거워지는 순간, 즉시 탈중앙화 합의에 의해 B 블록체인 데이터로 통일할 것이기 때문이다.

이처럼 과거에는 유효하던 규칙이 무효화되는 변경이 일어났을 때 새로운 규칙을 따르는 노드가 이전 규칙을 따르는 노드에 비해 다수가 되는 순간, 모두 새 규칙을 따르게 되는 것을 소프트포크라 한다.

앞서 살펴본 것처럼 소프트포크는 새로운 규칙에 찬성하는 그룹이 더 많아져야 성공할 수 있다. 새로운 규칙에 찬성한 B 그룹이 블록을 앞서지 못하면 새로운 규칙은 자리 잡지 못하고 실패로 돌아간다. 이때 새로운 규칙을 반영할 수 있는 그룹은 두 가지로 세분할 수 있는데, 완전 노드 그룹 중 채굴까지 하는 그룹과 완전 노드이면서 채굴은 하지 않는 그룹으로 나눌 수 있다. 완전 노드 중 채굴에 참여하지 않는 그룹은 비록 블록을 만들지 않지만 블록과 트랜잭션의 검증에는 참여할 수 있으므로 블록체인 데이터의 검증에는 영향을 미칠 수 있다. 이때 채굴자들에 의존하지 않고 전체 완전 노드의 의견에만 의존해 소프트포크를 진행하려는 방식을 통상 사용자 활성화 소프트포크^{User Activated Soft Fork, UASF}라 부른다.

한편 시스템의 절대 해시 파워를 갖고 있는 채굴자들의 의견에 의존해 소프트포크를 진행하려는 방식을 채굴업자 활성화 소프트포크^{Miners Activated Soft Fork, MASF}라고 부른다. 통상 MASF로 진행한 소프트포크는 실패할 확률이 적고 신속하게 반영할 수 있지만, UASF로 진행한 소프트포크는 향후 채굴업자의 협조 여부에 따라 실패할 가능성도 배제할 수 없으며, 반영 속도도 느린 편이다. 그러나 MASF는 채굴업자들이 악용할 경우, 시스템에 악영향을 끼칠 수 있다. 경우에 따라 자신들에게만 유리한 규칙을 힘의 논리를 이용해 언제든 시스템이 전파할 위험성이 있기 때문이다.

지금까지 비트코인 코어는 여러 번 소프트포크를 사용했지만 단 한 번도 하드포크를 허용한 적은 없다. 하드포크의 필요성에 대해 지금도 많은 의견과 주장이 있지만 여전히 비트코인에는 하드포크가 허용되지 않는다. 반면, 다른 많은 알트코인은 수시로 하드포크를 실행했으며, 저마다의 다른 특색을 갖고 있다. 이 하드포크 문제는 비트코인의 영속성과도 연관된 심각한 주제다. 하드포크는 시스템의 유지보수 및 오류 수정을 위해 불가피한 측면도 분명히 있지만, 이더리움 재단 등과 같이 시스템 유지보수 단체가 자신들의 이익을 위해 이를 남용함으로써 탈중앙화를 심각하게 훼손하는 측면도 있다. 이런 관점에서는 비트코인은 탈중앙화 정신을 잘 지켜오고 있는 반면, 이더리움은 하드포크를 남용해 발중앙화를 심각하게 해친다는 비난을 받을 수 있다.

아이러니한 사실은 비트코인은 단 한 번도 하드포크를 허용하지 않았지만 실제로는 이미 여러 번의 하드포크가 있었다는 점이다. 대표적인 예로는 2017년 8월 1일 비트코인 캐시가 하드포크를 통해 비트코인에서 떨어져 나오면서 478559번 블록부터 블록 크기를 8메가바이트로 늘린 새로운 규칙을 적용한 것을 들 수 있다. 또 2017년 10월에는 491407번 블록부터 작업 증명 방식에 이퀴해시(equihash)라는 새로운 해시 퍼즐을 탑재한 비트코인 골드가 하드포크를 통해 탄생했다. 이 두 번의 하드포크는 공식적인 것은 아니지만 분명한 하드포크다. 사실상 일정 규모 이상의 사용자 그룹이 형성돼 그들만의 새로운 규칙을 담은 코어 소프트웨어를 사용하기 시작하면 하드포크를 막을 수 있는 방법은 없다. 다만 공식적인 하드포크가 아닐 뿐이다. 이 때문에 UASF에 빗대 이러한 하드포크를 UAHF(User Activated Hard Fork)라 부르기도 한다.

3.3.3 세그윗과 세그윗 2x

앞서 하드포크가 필요한 경우로 블록의 크기 제한을 예로 들었다. 과거에 허용되지 않던 1M를 초과하는 블록이 새로 허용돼야 하는 규칙 변화가 필요하므로 원칙적으로 하드포크가 필요하다. 그러나 하드포크를 하지 않고도 블록의 크기가 늘어난 것과 같은 효과를 얻을 수 있는 아이디어가 제안됐다. 즉, 소프트포크를 이용해 마치 블록의 용량을 늘린 하드포크와 같은 효과를 줄 수 있는 방법이 제안됐는데, 이를 '세그윗'이라 부른다. 세그윗은 목격자 분리Segregated Witness를 줄여 부르는 말이다. 여기서 목격자Winess란 부록에서 설명할 트랜잭션 스크립트에서 잠금 장치 부분을 해제시키는 해제 스크립트에 관련된 것이다. 그림 3-23을 보자.

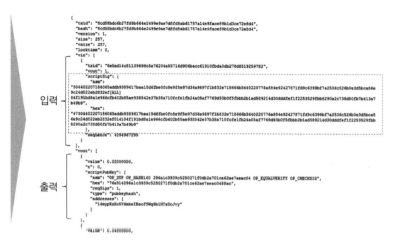

01000000018297251985
8d27dba0bd0f9161ccba
06d91657a50462a7c596
9613814cd15a6e010000
008a4730440220718606
5addb9389617baa15d6f
be0fc8e9f8a97d36a969
7f1b832e718666b56402
20776a884e92427871fd
9c6399bf7a2536c526b0
e3d5bca86e9c24d022eb
2832ef014104f191bd8a
1e966cfb402b85ae9385
42e37b38a710fcfe1fb2
4a05af7769d93b0f5fbb
b2b1ad589214d30dddfe
f1f2253529fbb8290a2c
738d80fb7b413a7b49b9
ffffffff0280841e0000
0000001976a914296a1c
3939c5250271f0db2a70
1ce62ae7aeac0488ac00
3e4900000000001976a9
14d2349b0232f9ce2c60
5b97695973103326e265
1c88ac00000000

입력

출력

그림 3-23 트랜잭션의 원시 데이터와 JSON 포맷으로 표시한 부분

그림 3-23의 점선 부분은 '2.3.5 트랜잭션'에서 설명했던 UTXO를 사용하기 위해 전자 서명하던 부분을 보여준다. 이 부분에는 전체 트랜잭션을 전자 서명한 값과 소유자의 공개키 값이 들어 있다는 것을 설명한 바 있다. 이 전자 서명과 공개키 값 부분은 전체 트랜잭션 용량의 65%에 이를 정도로 많은 공간을 차지한다. 세그윗은 입력에 있는 이 부분을 완전히 분리한 후 기존의 1메가바이트 블록 영역 밖의 새로운 데이터 구조 영역으로 옮긴다는 아이디어다. 이렇게 하면 서명 분리를 통해 생긴 빈 공간에는 더 많은 트랜잭션을 담을 수 있어 블록이 확장된 효과를 누릴 수 있고, 분리한 서명은 기존의 1메가바이트 블록 영역 밖으로 이동해 저장함으로써 블록이 1메가바이트를 넘을 수 없다는 기존의 규칙도 그대로 지킬 수 있는 일석이조의 효과를 얻게 된다. 세그윗은 기존의 바이트 단위 대신 가중치 유닛^{Weight Unit, WU}이라는 새로운 무게 단위를 도입했는데, 이때 기존의 1메가바이트 블록 영역은 1바이트를 4WU로 환산하고, 전자 서명을 분리해 새로 추가한 전자 서명의 영역은 1바이트를 1WU로 환산했고, 전체 영역은 400만 WU로 제한하는 것을 골자로 한다. 이 방식은 하드포크가 필요했던 사안을 데이터 위치 재배열이라는 아이디어를 통해 기존의 규칙을 지키면서도 용량이 늘어난 듯한 효과를 얻는 소프트포크로 진행했다. 세그윗은 2017년 8월 24일부터 실제로 적용됐다.[b]

152

세그윗은 원래 트랜잭션 아이디 변경을 통해 시스템을 악의적으로 공격하는 취약점을 막기 위한 보안 해결책으로 제안됐다. 이를 위해 전자 서명 부분을 분리하기로 한 것인데, 그에 따른 부수적인 효과로 블록의 크기가 확대된 이점도 얻을 수 있다는 점이 부각됐다. 그러나 세그윗은 용량 문제에 대한 임기응변적 대응일 뿐이라는 점에서 폭넓은 지지를 얻지는 못했다. 어쨌든 WU를 무게 단위로 하면, 서명 부분이 전체의 65%를 차지한다는 가정하에서 간단한 산수를 통해 기존의 1메가바이트가 1.95메가바이트 정도로 늘어난 효과를 볼 수 있음을 알 수 있다.

한편 세그윗과는 달리 하드포크를 무릅쓰고라도 하루빨리 블록의 용량을 확대하자는 주장을 세그윗 2X라고 한다. 원래 2017년 11월 16일을 기점으로 하드포크를 하자는 논의가 지속적으로 제기돼왔지만 충분한 공감대가 형성되지 못해 결국 무산되고 말았다. 세그윗 2X는 현재 1메가바이트로 제한돼 있는 블록의 용량을 하드포크를 통해 그 2배인 2메가바이트로 확대하자는 주장이다.

3.4 51% 공격

비트코인 시스템은 리더로 선출된 노드에 의해 지배된다. 따라서 리더는 편중됨이 없이 최대한 랜덤하고 다양하게 선출돼야 생태계의 안정성을 극대할 수 있다. 그러나 만약 어느 한 집단에서 지속적으로 리더가 선출되는 상황이 발생하면, 시스템의 무결성과 안정성은 심각한 타격을 입는다.

해시 퍼즐을 풀기 위해 동원할 수 있는 계산 능력을 통상 해시 파워^{Hash Power}라 부른다. 이는 '해시 퍼즐을 해결할 수 있는 힘'이라는 뜻이다. 한 집단이 월등한 하드웨어를 모두 합쳐 세력화한 후 블록 만들기 시합에서 높은 확률로 항상 이길 수 있는 해시 파워를 가진 상황을 가정해보자. 이 경우, 리더는 이 집단에서 지속적으로 선출될 것이고, 이를 통해 시스템의 대다수 블록은 이 세력이 생산한다. 이 경우, 이들은 블록 생산력을 악용해 자신들이 원하는 대로 트랜잭션을 임의로 구성함으로써 시스템을 공격할 수 있는데, 이러한 극단적인 상황을 상징적으로 '51% 공격'이라고 한다. 특정 세력이 해시 파워 결집을 통해 블록 생산권을 장악하면 이 세력이 작성한 블록체인의 무게가 항상 앞서 나갈 것이고 현재 가장 무거운 블록체인 데이터라 하더라도 5~6개 정도의 블록은 따라잡아 이전에 만들어진 블록을 모두 폐기시켜 버릴 수도 있다. 이 경우 이전의 블록 보상금은 모두 날아가고, 새로 블록을 만든 자들이 그 보상금을 약탈한다. 또한 자신들의 입맛에 맞는 트랜잭션만 처리할 수도 있다. 처리할 트랜잭션은 전적으로 채굴업자가 임의 선택할 수 있기 때문이다.

그러나 이런 51% 공격이 발생할 가능성은 충분하지만 실제로 일어날 가능성이 그리 높지 않은 이유가 몇 가지 있다. 첫째, 51% 공격을 위해서는 하드웨어 등의 자원에 막대한 투자를 해야 하는데 그 투자 규모에 비해 시스템을 장악한 후에 얻을 수 있는 실익이 정작 그리 크지 않다. 앞서 5~6개 정도의 블록을 따라잡아 이전의 보상금을 약탈한다고 했는데 해시 파워를 장악하더라도 이론적으로 6개 이상의 블록을 앞지르는 것은 거의 불가능하므로 약탈에 한계가 있는데다가 약탈할 시간에 차라리 새로운 블록을 생성해 새로운 보상금을 받는 것이 더 간단하고 효과적이기 때문이다. 또한 블록 자체는 모든 노드가 검증하기 때문에 정해진 규칙을 모두 지키면서도 할 수 있는 나쁜 짓(?)을 찾아야 한다. 따라서 타인의 비트코인을 뺏는 일 따위는 애초에 불가능하다. 규칙을 지키면서 할 수 있는 나쁜 짓 중 성공 확률이 가장 높은 것은 이중 사용의 시도다. 자신이 블록 독점권을 갖고 있으므로 늘 성공 가능성이 높은 나쁜 짓이다. 블록 독점권을 가졌다는 것은 트랜잭션 선택권을 가졌다는 것과 같은 의미기 때문이다. 그러나 이중 사용은 기본적으로 자신의 비트코인을 두 번 사용하려는 것이지, 남의 비트코인을 내 것으로 만드는 것은 아니다. 또한 이중 사용은 상대방이 오랫동안(예를 들어 6 확인 이상) 기다리면 무조건 실패한다. 따라서 블록 생산권을 독점하더라도 어떤 경우든 타인의 비트코인에 손을 댈 수는 없다. 둘째, 공격을 감행할 정도의 해시 파워를 가진 세력은 대부분 대형 채굴업자들로서, 기존에 채굴한 암호 화폐를 가장 많이 보유하고 있는 큰손들이기 때문이다. 이들의 이익이 극대화되는 방법은 기존에 채굴해둔 암호 화폐의 가치가 최대한 상승하는 것인데, 자신들이 시스템을 공격해 가치를 떨어뜨릴 하등의 이유가 없다. 이 때문에 가능한 시스템을 최대한 안정적으로 유지함으로써 자신들이 보유한 암호 화폐의 가치를 더 높이려 하기 때문에 공격을 감행하지 않는다.

TIP

'2.3.1.2 단순 지급 검증 노드'에서 채굴 단가가 보상금보다 더 높지만 채굴업자들이 여전히 채굴을 지속하는 이유에 대한 질문이 기억나는가? 그 정답은 '자신들이 이미 보유한 암호 화폐 가치를 최대한 유지하기 위한 것'이다. 이들은 이미 보유하고 있는 암호 화폐를 시장에 모두 던져 버리기 전에는 손해를 감수하고 채굴을 계속할 것이다. 자신이 보유한 암호 화폐를 전부 던지는 시기는 현재의 손실 수준이 결정적인 영향을 미칠 것이다. 현재의 난이도와 기하급수적 난이도 상승을 감안했을 때 비트코인이 안정적으로 채굴되려면 1만 달러 이상을 유지해야 하며, 그 시세는 지속적으로 상승해야 한다. 그러나 내재 가치가 0인 암호 화폐를 선동이나 시세 조종만으로 가치를 지속적으로 끌어올리는 것은 불가능하다. 현재 3,000 ~ 4,000달러에 불과한 비트코인 시세를 고려하면, 채굴업자가 더 이상 버틸 수 없는 한계점이 얼마 남지 않았음을 짐작할 수 있다. 채굴업자들이 보유한 수량을 모두 내다 던지면 그 시세는 즉시 0이 될 것이다. 채굴업자들은 이미 보유 비트코인을 전부 시장에 내던지고 있음을 추정할 수 있는 조짐이 있는데, 이는 '6.8.2 시스템의 독점'에서 그래프를 통해 설명한다.

한편, 블록 생산권을 독점한 세력이 이를 시스템의 규칙 장악에 악용하기 시작하면 문제는 훨씬 심각해진다. 시스템의 블록 생산권을 장악하면 소프트나 하드포크를 감행하거나 거부할 수 있는 막강한 권력을 사용할 수 있다. 또한 실익과 상관없이 블록 독점권을 갖는 순간, 시스템을 엉망으로 만들 방법은 무수히 많다. 예컨대 자기가 만든 블록에는 오직 하나의 트랜잭션만 담거나 아예 트랜잭션을 담지 않아 타인의 거래를 방해하는 것이다. 그 경우 하루 30만 개 이상 만들어지는 트랜잭션은 어디에도 기록될 수 없어 거래

자체가 불가능해지는 상황이 초래될 수 있다. 그후 트랜잭션 수수료를 과도하게 책정하고 이 수수료를 지급한 트랜잭션만 처리하도록 시스템을 장악할 수 있다.

실제로 비트코인 시스템은 이미 51% 공격을 당할 수 있을 만큼 특정 세력에 의해 완전히 장악당한 상태다. 단지 아직은 공격하지 않는 것이 더 경제적이므로 가만히 있는 것뿐이다. 한편, 이렇게 블록 생산권을 장악한 세력이 등장하면 그동안 뚜렷한 목표가 없던 해커에게 완벽한 타깃을 만들어준다. 그 결과 그 세력의 의도와 상관없이 해커의 공격을 통해 시스템이 장악당할 수 있는 중앙화 시스템으로 변질된다. 즉, 세력이 생긴 순간, 이미 탈중앙화 시스템이 아니라 중앙화 시스템이 돼 버린 것이다. 그런 관점에서 비트코인 시스템은 더 이상 탈중앙화 시스템이 아니라 채굴권을 장악한 일부 세력이 운영하는 중앙화 시스템인 셈이다.

Memo

사피르슈타인(Ayelet Sapirshtein)과 그 동료들은 2015년에 비트코인의 공격과 관련한 논문을 통해 이기적 채굴(selfish mining)이나 이클립스 등의 공격법을 동원하면 다양한 종류의 새로운 공격을 시스템에 감행할 수 있으며, 이를 통해 25%의 해시 파워만 장악하면 시스템을 무력화할 수 있다고 주장했다.^Q 현재는 비트코인 시스템의 안전성을 상징하는 해시 파워의 장악도를 51%가 아니라 25%인 것으로 인정하고 있다. 이기적 채굴 공격법이란, 채굴에 성공한 노드가 검증을 위해 블록을 바로 브로드캐스팅해야 하는 규칙을 따르지 않고, 계속 추가 블록 만들기에 돌입한 후 여러 개의 블록을 한꺼번에 브로드캐스팅하는 공격을 말한다. 한편, 이클립스 공격이란 의도적으로 피어에게 거짓 정보를 흘려 각 노드가 검증에서 제역할을 수행하지 못하도록 방해하는 공격을 의미한다.

3.5 비잔틴 장군 문제와 블록체인

분산 시스템은 여러 서버에서 일을 나눠함으로써, 작업의 효율을 꾀한다. 그러나 일이 여러 서버에서 나뉘어 진행되다 보니, 늘 주기적으로 서로 결괏값을 주고받으며, 항상 같은 상태를 유지해야 한다. 이 때문에 분산 시스템을 연구하는 사람들은 여러 곳에 분산된 서버가 항상 동일한 상태를 유지할 수 있는 방법을 지속적으로 연구해왔다. 이 과제가 쉽지 않은 이유는 모든 장비는 고장의 가능성이 있으며, 그 고장의 유형은 매우 다양해 예측 불가능하다는 데 있다. 기계 자체가 오작동을 할 수도 있고, 기계는 정상이지만 통신망이 단절되거나 잘못된 신호를 전송할 수도 있다. 따라서 다양한 오류 상황을 극복하고 항상 동일한 상태를 유지하게 만드는 방법을 찾는 일은 상당히 어려운 것이다.

분산된 서버들의 상태를 일치시키는 방법은 네트워크의 모형을 어떻게 가정하는지에 따라 그 난이도가 크게 달라진다. 가장 간단한 모델은 '고장–중단fail-stop' 모델이며, 가장 힘든 궁극의 모델은 블록체인 환경과 같은 비잔틴 장군 모델이다. 각각의 모델에서의 연구 과제는 네트워크를 구성하는 전체 N개의 노드 중 m개의 노드가 고장 났을 때 여전히 서로의 상태를 일치시킬 수 있을 것인지를 알아내는 것과 상태 일치가 가능한 최대 m 값이 무엇인지, 그때의 일치시키는 알고리즘은 어떤 것이 최적인지를 찾아내는 것이다.

3.5.1 고장–중단 모델

고장–중단 모델은 가장 간단한 네트워크 모델이다. 이 모델에서 네트워크를 구성하고 있는 각 노드가 가질 수 있는 상태는 오직 두 가지로 정의되는데, 하나는 '정상적으로 작동'하는 것이고, 다른 하나는 '고장으로 인해 멈추는 것'이다. 이 모델에서의 합의는 매우 간단한데, 단순히 고장 난 노드를 네트워크에서 제거해나가면 된다. 단 하나의 노드라도 정상적으로 작동하면 언제든 합의에 이르게 된다.

이 모델은 가정이 너무 간단한 만큼 별로 실용적이지 못하다. 고장 상태라는 것은 단순히 작동을 멈추는 것뿐 아니라 잘못된 신호를 계속해 보내는 것 등 매우 다양하게 나타나기 때문이다. 또한 노드는 정상이더라도 통신 장애 때문에 순간적으로 잘못된 신호를 보낼 수도 있다. 따라서 현실의 네트워크 환경은 이보다 훨씬 혹독하며, 고장-중단 모델은 설명의 편의를 위한 이론상의 환경일 뿐이다.

3.5.2 비잔틴 장군 모델

고장-중단 모델에서 추가 상태를 계속 포함시키면 네트워크 환경은 점점 더 복잡해진다. 노드가 단순히 고장난 채 멈추는 것이 아니라 비정상적인 신호를 보낸다거나, 통신 장애가 발생하는 등의 다양한 환경을 가정할 수 있다. 또한 네트워크가 여러 조각으로 단절된 채 별개로 작동하고 있을 수도 있고, 신호를 보냈지만 네트워크 전파 속도가 느려 아직 전송받지 못한 상황일 수도 있다. 이때, 네트워크에서 발생하는 오류에 대해 아무런 가정도 하지 않고, 모든 가능성을 고려한 극단적인 상황을 설정하면 바로 비잔틴 장군 모델이 된다. 레슬리 램포트[L. Lamport] 등은 1982년 '비잔틴 장군'의 비유를 통해 이러한 네트워크 상황을 다음과 같이 쉽게 설명했다.

> "여러 비잔틴의 장군들이 적진을 공격하다 강한 저항에 부딪혀 여러 지역으로 나뉘어 적을 포위하고 주둔하게 됐다. 흩어진 각 부대의 장군들이 서로 연락하기 위해서는 전령을 통해야만 한다. 각 장군들은 동시에 공격하든, 퇴각을 하든 합치된 행동을 할 때만 승산이 있고, 서로 다른 행동을 하면 치명적인 패배에 처한다. 문제는 각 부대의 장군 중에 배신자가 섞여 있다는 것이다. 이들 배신자는 중간에서 메시지를 왜곡할 수 있다."

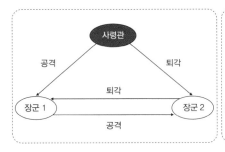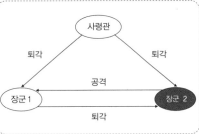

그림 3-24 전령을 통한 장군들 간의 통신 – 짙은 색 노드는 스파이

그림 3-24는 통신상에서 일어날 수 있는 가장 간단한 몇 가지 경우를 보여준다. 그림에서 짙은 색으로 표시된 노드는 스파이, 사령관은 최초 명령을 내린 장군을 의미한다. 누가 어떤 식으로 메시지를 왜곡하느냐에 따라 각 장군들은 다른 정보를 전달받게 될 것이므로, 서로 하나의 통일된 메시지로 합의할 수 있는 방법을 찾아야 한다. 이때 전령이 메시지를 전달할 때 구두로 전달하는지, 장군이 서명한 편지를 전달하는지에 따라 모델의 복잡도는 크게 달라진다. 구두로 된 메시지는 중간 전달자가 언제든지 손쉽게 조작할 수 있으므로 누가 스파이인지 찾는 것이 무척 힘들어진다. 만약 모든 전달은 서명한 편지를 통해 이뤄지며, 이 서명은 위조나 변조할 수 없다는 조건을 추가하면 문제는 한결 쉬워진다. 이런 조건에서 견딜 수 있는 최대 고장 노드 개수 m은 N/3라는 것이 증명돼 있으며, 이는 전체 노드 중 최소한 2/3 이상은 정상적으로 작동하고 있어야 합의를 이룰 수 있다는 의미가 된다.

비잔틴 장군 문제 중 데이터가 어느 노드에서 출발한 것인지, 중간에 조작된 것인지 등에 대한 어떠한 정보도 얻을 수 없는 경우는 가장 난이도가 높은 네트워크 환경이다. 데이터가 어디서 왔는지 알 수 있다면, 거짓된 정보라는 것을 확인하는 순간 그 노드를 네트워크에서 배제시키면 되지만, 거짓 정보를 계속 받더라도 누가 보낸 것인지 특정할 수 없다면, 네트워크에는 지속적으로 거짓 정보가 돌아다니게 된다. 이런 환경 속에서는 악의적인 노드가 단 하나만 존재해도 합의를 이룰 수 없다는 것이 증명돼 있다.[N]

블록체인의 환경은 기본적으로 비잔틴 장군 모델과 같다. 네트워크의 각 노드의 정체에 대해 알 수 없으며 모든 노드가 잠재적인 스파이가 될 수 있다. 이러한 극단적 모델에서 합의할 수 있는 방법을 찾고자 시도한 것이 바로 블록체인이다. 다만, 비트코인 블록체인에서는 모든 트랜잭션을 송신자의 개인키를 이용해 전자 서명하는 방법으로 위조를 방지하고 있기 때문에 비잔틴 장군 모델 중 전령들이 서명한 편지를 전달하는 모델에 더 가깝다.

Memo

화학 공장에서는 정해진 온도에 맞춰 혼합물을 섞어 제품을 생산한다. 만약 온도 측정이 잘못되면 전체 혼합물을 못 쓰게 돼 많은 손실이 발생한다. 이 경우 온도계를 하나만 쓰는 것은 매우 위험한 발상이다. 온도계가 고장 날 수 있기 때문이다. 따라서 중복해서 온도를 측정할 필요가 있다.

n개의 온도계를 설치한 후 측정한 값이 서로 상이하다면 과연 어느 온도계의 값을 따라야 할까? 5개의 온도계 중 4개는 모두 같고, 나머지 하나만 다르면 일치된 4개의 값을 따르는 게 상식에 부합할 것 이다. 물론 4개가 모두 고장 나고 값이 다른 나머지 한 개가 정확한 값일 가능성도 있다. 그러나 확률적으로 4개가 모두 고장 나고 또 같은 값을 가리킬 가능성은 희박하므로 4개의 값을 따르는 게 더 이성적일 것이다. 이런 경우는 온도계를 중복 구매한 것이 정당화될 수 있다. 여러 개의 온도계를 중복 구매한 낭비보다 안정성을 높이는 것이 더 중요하기 때문이다. 이 처럼 비잔틴 장군 문제는 중복을 통해 안정성을 높이기 위한 방법으로 생각하면 된다.

TIP

램포트는 원래 알바니아 장군으로 묘사했는데, 소위 문화 도용(Cultural appropriation)에 관한 논란의 소지가 있다고 판단해, 이름을 비잔틴 장군으로 바꿨다고 한다.[0]

3.6 블록체인과 보안

이 절에서는 비트코인 시스템과 블록체인의 안전성에 대해 알아본다. 많은 사람이 비트코인과 관련된 안전성을 얘기할 때 용어와 개념을 혼동하고 있다. 이 때문에 비트코인이나 블록체인과는 전혀 관련 없는 외부 환경인 중개소의 안전성을 블록체인의 안전성과 착각하는 사람도 있다. 여기서는 비트코인 시스템과 그 주변 환경에 대해 대상과 범위를 명확히 정의한 후 각 대상별로 그 보안 및 안전성에 대해 자세히 살펴본다.

3.6.1 블록체인을 둘러싼 보안 환경

그림 3-25는 블록체인과 그 환경을 네 가지로 구분해 보여준다.

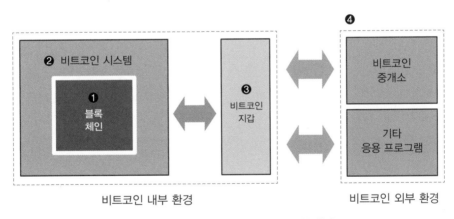

그림 3-25 블록체인과 블록체인을 둘러싸고 있는 환경

❶은 가장 핵심 부분인 블록체인이다. 블록체인은 탈중앙화 원장을 구성하는 기본 개념의 집합을 의미하며, 특정 응용 분야에 국한되지 않는다. 이 영역은 탈중앙화 합의 개념이 종합된 일반적인 플랫폼을 의미한다. ❷는 암호 화폐라는 응용 분야에 블록체인을 이용한 것으로서 비트코인 시스템이라는 세계 최초의 블록체인 기반 암호 화폐를 구현한

응용 프로그램 및 그 구현 방식을 통칭한다. 즉, 비트코인은 블록체인 개념을 암호 화폐라는 특정 응용에 특화시켜 정의한 것이다. 따라서 블록체인 기본 개념과는 다른 별개의 보안 문제가 존재하게 되고, 이 두 영역은 구분된다.

❸은 비트코인 지갑이다. ❸은 ❶, ❷와 달리 블록체인의 기본 개념이나 암호 화폐라는 응용 분야와 직접적으로 상관없는 응용 프로그램이다. 비트코인 지갑은 사용자의 거래상 편의를 위해 만들어진 소프트웨어다. 따라서 비트코인과 별개의 영역으로서 일반 응용 프로그램이 가질 수 있는 기본적인 안전 문제를 모두 갖고 있다. 또 이 영역은 소프트웨어 자체의 결함 문제와 함께 지갑 사용자의 부주의에 따른 안전 문제도 포함돼 있다. 따라서 비트코인 지갑은 ❶, ❷와는 완전히 구분되는 새로운 위험 요소를 갖고 있다. 그러나 사실상 비트코인 지갑 없이는 비트코인을 거래할 수 없으므로 ❶, ❷, ❸은 비트코인을 사용하기 위한 최소 필요 구성 요소가 되고, 이 셋을 합쳐 비트코인 내부 환경이라 할 수 있다.

❹는 비트코인 외부 환경 요소다. 이는 비트코인 및 블록체인과 상관이 없고, 이 부분이 없더라도 비트코인의 사용에 있어 아무런 제약이 없다. ❹는 대부분 비트코인 거래의 편의를 위해 추가로 생긴 기능들로 비트코인 중개소 등의 서비스나 응용 프로그램이다. 그러므로 ❹에서 발생하는 보안 문제는 비트코인 시스템이나 블록체인과는 완전히 구분된다.

여기서 그 경계상 모호한 지점이 하나 존재하는데, 이는 바로 비트코인 지갑과 비트코인 외부 환경 프로그램 간의 명확한 경계에 관한 것이다. 비트코인 지갑을 독립적으로 설치하고 사용하는 사람들도 있지만 대부분은 중개소가 만든 지갑을 사용한다. 이 경우 ❸과 ❹가 명백히 분리되지 않고 경우에 따라 ❸이 ❹에 포함돼 있기도 해 경계가 모호해진다. 이 점은 각 대상의 안전성을 세부적으로 논할 때 다시 살펴보기로 하고, 이 절에서는 편의상 각 대상은 서로 완전히 분리된 프로그램으로 구성됐다고 가정하자. 표 3-4는 앞서 설명한 개념들을 표로 정리한 것이다.

표 3-4 비트코인과 블록체인을 둘러싼 환경과 범위

대상 구분	설명	대표적인 예	비고
블록체인 자체의 안전성	탈중앙화 원장 기술 자체의 안전성(내재적 안전성)	블록체인	비트코인 내부 환경
블록체인의 응용인 비트코인 시스템의 안전성	최초의 블록체인 기반 암호 화폐라는 블록체인의 특정 응용 분야로서의 안전성(응용적 안전성)	비트코인 시스템	
비트코인을 사용하기 위한 지갑 프로그램	기반 기술과 상관없이 사용자 환경 프로그램이 갖고 있는 안전성 및 사용자의 보안 의식(개별적 안전성)	비트코인 지갑	
비트코인 외부의 편의 프로그램들	비트코인 시스템과 상관없이 사용의 편의성을 위해 생겨난 개별 서비스나 프로그램(외재적 안전성)	중개소	비트코인 외부 환경

그림 3-26은 지금까지 설명한 각 대상의 영역 구분과 보안에 관한 개념도다. 여러 번 되풀이해 각 대상의 영역을 설명하는 이유는 각 영역의 확실한 구분을 하지 않고는 보안 관련 문제점에 대해 정확히 이해할 수 없기 때문이다. 자, 이제 대상에 대한 구분도 명확히 했고 개념까지 정리했으므로 각 대상별 안전성에 대해 자세히 살펴보자.

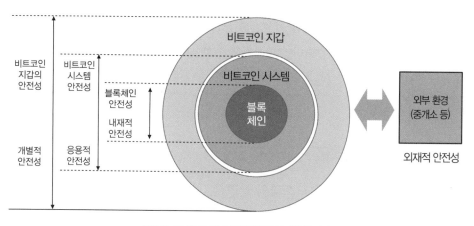

그림 3-26 비트코인과 블록체인을 둘러싼 안전성

3.6.2 블록체인 – 내재적 안전성

블록체인의 안전성은 개념의 안전성을 의미하는 것으로, 블록체인을 이용해 구현된 모든 응용 프로그램이 공통으로 갖게 되는 내재적 안전성 부분이다. 블록체인은 여러 해킹 방법 중 시스템의 중단이나 위·변조 공격에 대해서만은 안전한 것으로 평가할 수 있다. 이는 데이터의 분산과 중앙 통제의 부재라는 기본 성질에서 비롯된다. 해커가 취할 수 있는 최선의 전략은 최대의 자료와 통제권을 가진 서버를 집중 공격하는 것인데, 블록체인에서는 공격으로 삼을 대상이 뚜렷하지 않다. 개별 노드 하나만 무력화시키더라도 전체 시스템에 미치는 영향이 거의 없다. 그러나 블록체인은 서비스 중단이나 위·변조 공격을 제외한 나머지 해킹 공격으로부터는 거의 무방비 상태다. 특히 정보 보호 기능은 아예 없다. 기본적으로 브로드캐스팅을 통해 모든 정보가 노출되기 때문이다. 따라서 블록체인에는 여러 해킹 공격 방법 중 안전한 부분과 매우 취약한 부분이 극단적으로 상존하고 있다. 이 때문에 블록체인을 보안 도구로 착각해서는 안 된다. 블록체인은 '분산'과 '연쇄 해시'라는 보편적인 보안 관련 성질을 사용하고 있을 뿐, 그 연쇄 해시 등이 블록체인을 의미하는 것은 아니다. 이 점은 '6.3 블록체인은 보안 도구가 아니다'에서 다시 자세히 알아본다.

한편, 채굴 독점 등을 통해 이미 블록체인은 중앙화 시스템에 가까울 정도로 특정 노드가 중앙 서버 역할을 하고 있는데 이는 탈중앙화의 기본 성질을 크게 훼손하고 있어 해커의 뚜렷한 목표가 하나씩 생기는 것과 같다.

3.6.3 비트코인 시스템 – 응용적 안정성

3.6.3.1 코어 소프트웨어 시스템의 안전성

비트코인 시스템은 블록체인을 암호 화폐라는 특정 분야에 구현한 응용 프로그램이다. 따라서 블록체인을 블록체인의 내재적 안전성을 그대로 물려받지만 새롭게 내린 정의에 따라 부가적인 안전 문제가 추가로 발생할 수 있다. 이 부가적인 문제는 블록체인의 내재적 안전성과는 상관없으며, 특정 응용 프로그램에만 국한된다. 이는 타 응용 분야에서 정의를 달리하면 문제가 완전히 해결될 수도 있고, 오히려 심화될 수도 있다는 의미가 된다. 따라서 이 부분의 안전성을 '응용적 안전성'이라 한다.

모든 소프트웨어는 완벽할 수 없다. 항상 설계상의 문제가 있으며, 구현상의 버그가 존재한다. 따라서 지속적인 유지보수와 기능 추가는 필수적이다. 암호 화폐를 유지보수하고 있는 개발자들은 실력의 편차가 매우 심한 자발적 프로그래머의 모임이다. 이들이 만들고 유지보수하고 있는 프로그램 코드의 무결성과 안전성은 그 누구도 담보할 수 없다. 비트코인 위키[3]에는 지금까지 발견된 비트코인의 약 40여 가지의 치명적 결함에 대해 나열돼 있다. 이 중에는 만약 해커가 결함을 수정하기 전 먼저 공격을 감행했더라면 비트코인 네트워크 전체가 무너졌을 정도의 심각한 문제도 상당수 포함돼 있고, 이러한 문제점은 지금까지도 끊임없이 보고되고 있다. 블록체인의 안정성은 기본적으로 소프트웨어가 완벽히 설계됐고, 정상적으로 작동한다는 가정하에서 가능한 것이다. 소프트웨어에 결함이 있다면 언제든지 모든 기능이 마비될 수 있다. '3.3 하드포크와 소프트포크'에서 설명한 것처럼 소프트웨어의 유지보수를 일사분란하게 진행할 수 있는 중앙화 서버와 달리 탈중앙화 시스템의 유지보수는 오로지 참여자의 자발성에 의존하고 있다. 이 때문에 문제를 발견하고 수정하기까지의 시간은 극도로 길어진다.

---

3   https://en.bitcoin.it

소프트웨어의 결함이 발견된 후 이를 수정하기 전까지의 무방비 상태를 이용하는 공격을 제로-데이 공격(zero-day attack)이라고 한다. 2005년 12월 28일 마이크로소프트 그래픽 엔진의 WMF 파일 문제점이 노출됐을 때는 이를 공격하는 악성 파일이 채 24시간이 지나기도 전에 등장하기도 했다. 통상 결함이 발견되고, 그에 대한 패치가 완성돼 배포될 때까지는 수개월이 소요된다. 그 사이 해커가 해당 취약점을 인지하고 공격을 감행하면 무방비 상태가 되는 것이다.

한편 비트코인과 이더리움은 비영리 단체이므로 그 운영이 독립적이고 투명할 것이라 착각할 수 있지만 사실은 그렇지 못하다. 비트코인 개발자의 뒤에는 대규모 자금을 지원하는 비트코인 재단이 있으며, 비트코인 재단의 뒤에는 중개소와 채굴업자들을 비롯해 암호 화폐에 이권을 가진 자들이 직·간접적으로 관여하고 있다. 이더리움은 이더리움 재단이 직접적으로 개발 및 유지보수하고 있으며 수많은 중개소와 채굴업자가 관계하고 있다. 비트코인과 이더리움의 기능 개선을 위한 하드포크, 소프트포크는 전적으로 이들이 결정한다. 결코 독립적이 아니며 구조적으로 이들의 이권이 반영되지 않을 수 없다. 개발자들은 그저 결정된 대로 코딩만 할 뿐이다. 암호 화폐가 독립적이고 안전하게 보관되고 있다고 착각하고 있었다면 이제 그 환상을 깨도록 하자.

3.6.3.2 기본 설계의 안전성

비트코인은 블록체인을 암호 화폐에 응용한 세계 최초의 사례다. 따라서 아무리 설계에 만전을 기했다 하더라도 생각지 못했던 문제가 발생하기 마련이다. 비트코인 시스템이 사용하는 비트코인 블록체인은 비트코인에만 특화된 여러 성질을 가진다. 탈중앙화 합의 알고리즘과 트랜잭션 처리 방식, 블록 생성 난이도 조절, 해시 퍼즐, 트랜잭션 퍼즐 등 비트코인 시스템을 둘러싼 모든 생태계는 대부분 비트코인에만 특화된 것이다. 다른 종류의 암호 화폐는 같은 블록체인 개념을 갖지만 서로 다른 알고리즘과 난이도 조절 방식 등을 정의해 새롭게 탄생했다. 특히 이후에 나온 여러 암호 화폐들은 비트코인에서 보고된 여러 설계상의 문제점을 나름대로 개선하며 진화하고 있다.

기본적으로 비트코인은 블록체인의 기본 개념을 그대로 구현한 것이므로 해킹 등의 위협 으로부터는 안전하지만 비트코인만의 응용적 특징으로 인해 여러 부가 위협 요소가 감지 되고 있다. 이 중 다음 두 가지 측면에 대해 알아보자.

- 해시 퍼즐과 난이도 조절의 결함
- 인센티브 공학적 결함

3.6.3.2.1 해시 퍼즐과 난이도 조절의 결함

그림 3-27은 비트코인 채굴을 독점하고 있는 상위 10개의 2017년 채굴업체 점유율 그 래프다.

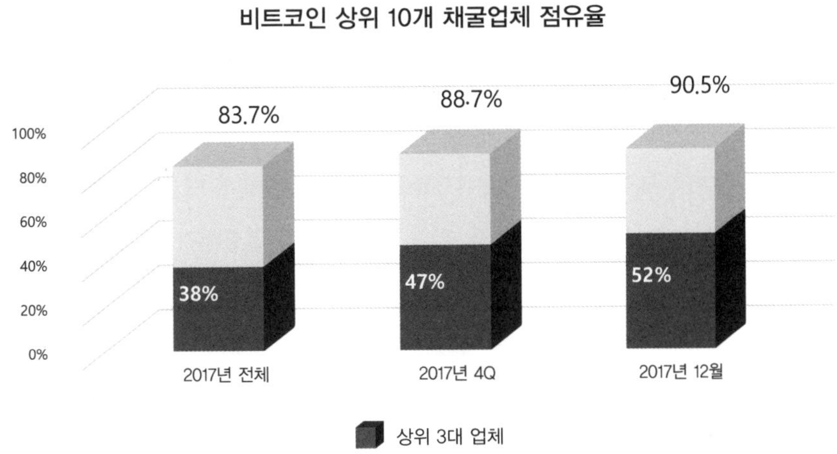

비트코인 상위 10개 채굴업체 점유율

그림 3-27 2017년 상위 10개 채굴업체의 블록 생성(출처: 각 업체 홈페이지 자료)

2017년 12월을 기점으로 상위 10대 채굴업체의 점유율은 90%를 넘어섰고, 아래쪽 짙은 색깔의 막대로 표시된 상위 3대 업체의 점유율은 무려 52%에 육박한다. 이는 2017년 전체 평균과 비교하면 빠르게 증가한 수치며, 채굴의 독점은 심각하게 가속화되고 있다. 이들 상위 10개 업체가 지난 1년간 채굴한 블록은 전체 블록의 83.7%에 해당하는 4만 6,933개이고, 이를 통해 얻은 비트코인은 무려 67만 6,874BTC다. 이를 당시 시세인 1BTC당 2,000만 원으로 환산하면 무려 13조 5,375억 원에 이른다. 13조는 2017년 우리나라 국내 은행의 당기 순익을 모두 합친 것[4]보다 더 많다. 전체의 과반을 차지하는 상위 3대 업체는 모두 중국업체이며, 나머지 10대 채굴업체들도 대부분 중국업체가 직접 운영하거나 간접적으로 참여하고 있다. 사실상 중국이 전 세계 비트코인 채굴을 완전히 상악하고 있는 것이다. 비트코인 지갑을 설치한 사람은 이미 1,500만 명을 넘어선 것으로 파악되고 있는데, 이들 모두는 단 10개 업체에 전체 트랜잭션을 의존하고 있는 셈이다. 채굴 업체는 수수료를 받고 트랜잭션을 중계해주는 기존의 은행을 완벽히 닮았다. 99.9999%의 이용자들은 0.0001%의 채굴업체들이 자신의 트랜잭션을 제때에 처리해주기만을 전적으로 의지하고 있다.

이러한 채굴 편중의 주범은 해시 퍼즐과 난이도 조절 설계의 결함이다. 비트코인의 난이도 조절은 무어의 법칙에 따른 하드웨어 발달을 대비한 것이었으며, 설계대로라면 2021년 4월 말 기준의 난이도는 제네시스 블록보다 293배 정도만 상승해야 한다. 그러나 실제 난이도는 그보다 681억 배나 더 높은 약 20조 배다. 이는 해시 퍼즐이 전용 기계(ASIC)를 동원한 자원의 독점을 효과적으로 막지 못한 설계상의 결함이다. 20조 배나 상승한 난이도를 감당할 수 있는 채굴업체는 이제 없다. 더 이상 채산성에 의한 손실을 감당할 수 없기 때문이다. 이더리움이 했던 것처럼 하드포크를 통해 난이도를 인위적으로 일시에 대거 내리는 방법도 있을 수 있지만, 이때는 대혼란이 야기되는 것은 물론 하드웨어 자원의 잉여에 의해 가파르게 다시 지금의 20조 배까지 난이도가 급상승할 것이므로 근본적 치유법이 되지는 못한다. 현재로서는 이 결함을 치료할 방법이 없다. 비트코인은 치

---

4 금융연구원은 '2017년 금융 동향과 2018 전망 세미나'에서 2017년 국내 은행 당기 순이익을 12조 9000억 원으로 추산했다.

료약이 개발되지 못한 채 시한부 삶을 살고 있는 셈이다.

Memo

이더리움의 사정도 크게 다르지 않다. 이더리움의 채굴 독점은 더욱 심각하다. 그동안 이더리움은 전횡에 가깝게 하드포크를 무분별하게 사용해 탈중앙화를 해쳐왔으며, 지금은 작업 증명을 버리고 지분 증명으로 전환하려고 준비 중이다. 지분 증명으로 전환하는 순간 해시 퍼즐로 인한 골치는 사라진다. 그러나 그 순간 탈중앙화도 같이 사라진다.

3.6.3.2.2 인센티브 공학적 결함

블록체인과 일반적 소프트웨어의 가장 큰 차이는 운영의 지속성을 위한 적절한 인센티브의 설계의 필요성이다. 소프트웨어는 통상 편리한 사용 도구로서의 기능에 집중하지만, 블록체인은 도구가 아니라 운영의 안정성을 위한 인센티브 공학이 훨씬 더 중요하다. 블록체인은 누군가 끊임없이 노동력을 제공해야만 무결성을 유지할 수 있다. 이 때문에 노동력을 계속 유인할 수 있는 인센티브의 설계가 무엇보다 정교해야 한다. 안정된 인센티브 공학의 완성 없이는 블록체인이 완성될 수 없다. 이런 관점에서 비트코인을 비롯한 모든 블록체인의 인센티브 공학은 많은 문제점을 안고 있다. 블록체인에서 가장 중요한 요소가 가장 엉성하게 설계된 셈이다. 이는 크게 두 가지 측면에서 그 결함을 지적할 수 있다.

첫째, 모든 인센티브가 오로지 채굴업자에게만 주어진다. 블록체인 무결성의 핵심은 모든 노드가 검증에 참여하는 것이다. 이를 위해 비트코인은 200기가바이트 이상, 이더리움은 무려 1.5테라바이트를 낭비해야 한다. 게다가 정적인 기록만을 수행하는 비트코인과 달리 이더리움은 스마트 컨트랙트가 호출될 때마다 모든 노드가 동일하게 EVM[5]을 실

---

5 EVM은 '4.1.3 계약 계정과 EVM'에서 자세히 설명한다.

행한 후 상태를 일치시켜야 한다. 수만 개의 노드가 자신의 에너지를 소비하며, 무결성 검증에 참여하지만, 인센티브는 단 한푼도 없다. 따라서 검증에 참여할 동인이 없다. 검증에 소요되는 자원은 기하급수적으로 과도해지는 반면, 인센티브는 전무하다. 반면, 채굴업자는 트랜잭션이 지불하는 비용인 개스[6]를 모두 독식하는 등 시스템의 모든 인센티브를 차지한다. 이렇게 설계한 배경은 채굴은 심장과 같기 때문에 그만두는 순간 블록체인이 완전히 멈추기 때문이다.

채굴은 시스템의 무결성과는 관련이 없다. 단지 기록을 수행할 뿐이고, 그 기록을 믿을 수 없으므로 전 노드의 검증을 통해 무결성을 확보하는 것이 블록체인이다. 검증에 참여하고 있는 노드의 개수는 빠르게 줄어들고 있는데, 이더리움의 경우 2017년에 비해 1/3 수준으로 줄어들었다. 2021년 4월 현재 비트코인과 이더리움은 모두 겨우 1만 여 개 미만의 노드만 검증에 참여하고 있다.

둘째, 인센티브가 암호 화폐로 설계돼 있다. 암호 화폐의 내재 가치는 0이므로 인센티브 역할을 할 수 있는 유일한 통로는 중개소 등을 통해 형성된 거품을 등에 업고 명목 화폐로 환전하는 것이다. 내재 가치가 0인 암호 화폐에 가치를 부여할 수 있는 유일한 방법은 누군가 법정 통화를 지불하도록 만드는 것이다. 법정 통화를 지불한 자는 또 다시 더 높은 가격에 되팔아야 손해를 보지 않는다. 이러한 사슬은 마치 끝없이 이어질 것처럼 보이지만, 피라미드가 그렇듯 곧 끝이 드러날 수밖에 없다. 세상의 자원은 무한대가 아니기 때문이다. 이렇게 형성된 가치는 그 변동성이 심한 것은 물론이며 그 끝이 드러나기 전에 정부의 규제 등의 외적 요인으로 인해 언제든지 그 가치가 다시 0이 될 수 있다. 따라서 암호 화폐를 발행해 인센티브를 제공한다는 아이디어는 안정성과 가치를 보장해줄 수 없는 방식으로서 애초에 정교하게 설계된 것이 아니라 실험실에서나 생각할 수 있는 엉성한 발상에 가깝다. 암호 화폐와 블록체인은 서로 분리할 수 없다는 주장은 블록체인의 원리와 인센티브 공학을 이해하지 못한 자의 허언에 불과하다. 암호 화폐는 그저 가능한 수

---

6   개스는 '4.1.4 개스'에서 자세히 설명한다.

많은 인센티브 설계 방법 중 (그리 좋지 않은) 하나에 불과하다.

3.6.4 비트코인 지갑 – 개별적 안전성

비트코인 지갑은 편리한 비트코인 거래를 할 수 있게 도와주는 응용 프로그램이다. 비트코인 지갑은 비트코인 시스템과는 상관없이 여러 (경우에 따라 안전성이 확인되지 않은) 업체들이 저마다 경쟁하듯 PC 버전과 스마트폰 버전을 배포하고 있으며, 하드웨어 지갑도 등장하고 있다. 비트코인 지갑으로 인해 안전에 대한 두 가지 새로운 형태의 위협이 발생할수 있다.

3.6.4.1 지갑 소프트웨어 자체의 문제

첫째, 지갑 소프트웨어 자체의 문제다. 시중에는 많은 소프트웨어 회사가 저마다의 비트코인 지갑을 배포하고 있는데 그 안전성이 담보돼 있지 않다. 강력한 보안을 탑재한 소프트웨어를 배포하는 회사도 있겠지만, 경우에 따라 여러 취약성을 가진 지갑을 배포하는 회사도 있을 수 있으며, 심지어 위장한 해커들이 지갑으로 꾸며 배포할 수도 있다. 이중 악의적으로 만들어진 지갑에 대한 실태는 파악조차 되지 않는다. 특히 겉으로는 잘 포장하고 내부로는 악성 코드를 포함하고 있는 경우에는 해당 지갑의 유해성을 발견하기도쉽지 않다. 이런 종류의 지갑은 이미 상당수 배포됐을지도 모른다.

이런 식으로 다양한 지갑을 사용해 비트코인 시스템을 이용하는 사용자들은 비트코인 시스템의 안전성과 무관하게 지갑 프로그램 자체가 가진 보안 취약성에 고스란히 노출돼있다. 이는 블록체인이 가진 내재적인 문제나 비트코인 시스템의 응용 문제가 아닌 특정 지갑 소프트웨어로 인해 발생하는 문제다. 해커들은 비트코인 지갑을 집중적으로 노린다. 상대적으로 취약하게 설계된 비트코인 지갑의 경우는 생각보다 손쉽게 공격할 수있다. 해킹에 대비해 얼마나 잘 설계돼 있는지는 지갑마다 다를 수 있다. 또 이들 소프트웨어는 거의 다 무료이므로 실제로 해킹 피해를 당하더라도 보상받을 가능성은 거의 없다. 지갑이 해킹당하는 순간 모든 비트코인은 해커의 것이 된다.

3.6.4.2 지갑 사용자의 문제

비트코인 지갑으로 인한 두 번째 안전 문제는 사용자의 부주의와 관련된 것이다. 지갑은 개인의 암호키를 생성하고 이는 비밀번호를 통해 관리한다. 그러나 비밀번호 관리를 소홀히 해 개인키가 타인에게 노출되는 상황이 초래되면 돌이킬 수 없는 피해가 초래된다. 익명의 참가자들로 구성된 탈중앙화 시스템에서는 피해를 복구할 수 있는 방법이 없다. 최근에는 보이스 피싱 범죄자들이 비트코인 사용자의 개인키를 노리거나 비트코인을 전송하게 만들어 편취하는 신종 수법까지 등장하고 있다.

비밀번호의 노출과 함께 또 다른 위험은 비밀번호를 잊어버리거나 지갑을 설치해둔 스마트폰 등의 장비가 훼손되는 경우다. 비밀번호를 잊어버리거나 장비를 훼손했을 경우에는 이를 복구할 수 있는 방법이 전혀 없다. 중앙 통제 시스템이 있는 은행을 이용하는 경우에는 은행에 방문하거나 전화를 걸어 자신의 신분을 인증한 후 비밀번호를 복구하면 되지만 탈중앙화 시스템에는 분실된 비밀번호를 복구해줄 수 있는 곳이나 방법은 존재하지 않는다. 따라서 주기적으로 데이터를 백업하고 비밀번호 힌트를 적극적으로 활용해 분실에 대비하는 등 자신의 개인키 보호에 무엇보다 신경 써야 한다. 앞서 이런 문제들을 해결하기 위해 하드웨어로 제작된 비트코인 지갑도 시중에 나와 있다고 소개한 바 있다.

앞서 설명한 비트코인 지갑의 두 가지 위험은 모두 개별적인 위험으로서 그 안전성이 깨졌을 때 피해는 어느 한 개인으로만 국한되고, 집단적 피해를 초래하지는 않는다. 따라서 이로 인한 위험은 개별적 위험성으로 분류된다. 경찰청 자료[7]에 따르면 2015년에서 2018년까지 무려 158건의 개인 지갑 해킹이 보고됐으며, 2018년에만 91건이 보고됐다.

---

7   행정안전위원회 조원진 의원실 자료 제공 – 경찰청

그러나 그중 검거된 사건은 단 6건에 불과했다.

TIP

비트코인 지갑의 종류로는 비트코인 코어에 내장돼 있는 지갑 프로그램부터 지갑 용도로만 개발된 프로그램, 비트코인 중개소와 연계된 지갑 프로그램 등 다양한 형태가 있다. 본문에서 설명한 지갑 프로그램은 이 중 개별적으로 지갑 용도로 제작된 프로그램에 대한 설명이 주가 된다. 이는 '2.3.1 완전 노드와 단순 지급 검증 노드' 중 단순 지급 검증 노드를 가정하고 설명한 것으로 이해하면 된다.

3.6.5 중개소 등 외부 환경 – 외재적 안전성

중개소는 암호 화폐를 매매하려는 사람들을 이어주는 브로커 역할을 한다. 이처럼 암호 화폐 사용을 위한 필수 요소가 아니라 단지 편의를 위한 서비스만 제공하는 모든 환경을 외부 환경으로 분류할 수 있다. 이 부분의 안전은 블록체인이나 비트코인 시스템과는 완전히 분리되며, 서비스 제공 업체별로 서로 다른 안전 문제가 존재한다. 중개소에는 이용자들의 개인 정보는 물론 암호 화폐까지 보관돼 있어 중개소의 안전성 문제는 생각보다 훨씬 심각할 수 있다. 앞서 설명한 개별 지갑의 위험 요소는 모두 개인적 피해에 국한되지만 중개소의 피해는 집단적일 수 있기 때문이다. 비트코인과 관련된 모든 법정 통화 흐름은 중개소와 시중 은행 간의 가상 계좌를 통해 발생한다. 즉, 모든 법정 통화의 흐름은 비트코인 시스템과 무관한 외부 세계에만 존재하는 것이다. 그림 3-28을 보자.

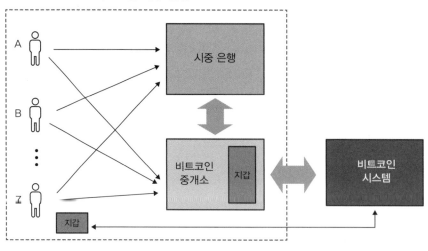

그림 3-28 중개소를 통한 비트코인 매매

그림 3-28은 중개소를 통한 전형적인 암호 화폐 매매 과정을 보여준다. 그림의 A, B, Z 는 비트코인 매매를 통해 시세 차익을 노린 거래를 하고 있다. 이 때문에 스스로는 암호 화폐를 사용한다고 착각할 수 있지만, 사실 A와 B는 단 한 번도 비트코인을 사용한 적이 없다. 중개소가 모두 대행하기 때문이다. 대부분 중개소는 사용자 편의를 위해 임의로 만 든 지갑을 이용해 거래를 대행한다. 결국 A, B는 비트코인 취득과 판매를 아무리 되풀이 해도 현금 흐름은 인터넷 뱅킹을 통한 시중 은행과 거래소 사이의 가상 계좌를 오가고 있 을 뿐, 단 한 번도 비트코인 시스템을 이용한 적이 없는 셈이다. 또 A와 B의 비트코인 지 갑은 중개소에 맡겨져 있거나 중개소 중앙 서버에 숫자로만 기록돼 있을 뿐, 아예 존재하 지도 않을 수도 있다. 한편 그림의 Z 는 비트코인 지갑을 별도로 설치해 필요한 경우 중 개소에 맡겨져 있는 비트코인을 자신의 비트코인 주소로 옮길 수 있다. 그러나 Z처럼 굳 이 비트코인을 옮기려고 하는 사람은 별로 없다. 중개소에 맡겨져 있는 비트코인을 자신 이 지정한 비트코인 주소로 옮기려면 별도로 수수료를 지불해야 하기 때문이다.[8] 결국 우

---

8 중개소에 있는 비트코인을 지정한 비트코인 주소로 가져오려면 0.002 ~ 0.003BTC의 수수료를 내야 한다.

습게도 현재 비트코인을 거래하는 대부분의 사람들은 단 한 번도 비트코인을 사용한 적이 없는 셈이다.

그림 3-28의 중개소가 사용하는 시스템이나 기술은 중개 거래 시스템이다. 이는 증권사 HTS를 흉내 낸 중앙 집중 시스템이며, 블록체인과는 무관하고 암호 화폐와도 상관없다. 중개소를 해킹한 후 다른 사람이 보유하고 있는 암호 화폐를 자신의 비트코인 주소로 옮겨오면 추적이 불가능하다. 중개소 거래 시스템은 고객의 인증 방법부터 거래의 안전성 부분이 업체별로 제각각이다. 또 예까지 들어가며 친절히 수수료를 안내하는 업체가 있는가 하면 아예 수수료 규정을 찾기 힘든 곳도 많다. 심지어 홈페이지에 달랑 그림 몇 개만 있는 중개소도 생겨나고 있다. 현재로서는 어떤 악의적 업체가 시세판을 조작해 이익을 편취해도 알 수 있는 방법이 없으며, 중개소를 악용한 금융 사기도 가능하다.

경찰청 자료[9]에 따르면, 2016년부터 2018년까지 3년간 국내 중개소는 7번의 해킹을 통해 1,121억 원을 도난당한 것으로 밝혀졌고, 2018년 한 해에만 713억 원을 도난당했다. 2014년, 전 세계 비트코인 거래량의 70%를 처리하던 마운틴 곡스(Mt. Gox)가 해킹당했고, 당시 피해액은 85만 비트코인이었다. 이는 당시 시세로 5,000억 원에 해당하는 금액이지만, 역대 최고 시세로 환산하면, 무려 23조나 되는 천문학적인 금액이다. 마운틴 곡스는 곧 파산했다. 당시 비트코인을 해킹한 자들은 2017년 광풍을 타고 여러 중개소에서 암호 화폐를 쏟아내며 유유히 법정 통화를 챙겼다. 해커의 목적은 암호 화폐를 비축하는 것이 아니라 당연히 더 높은 값에 법정 통화로 바꾸는 것이었다.

우리나라에는 2007년 1월 1일부터 시행된 전자 금융 거래법[10]이 있다. 이 법은 금융 회사나 전자 화폐의 발행, 관리 업무를 대행하는 전자 금융업자들이 지켜야 할 사항을 규정하고 있다. 동법에서부터 전자 금융 감독 규정에 이르기까지 전자 금융 거래의 방법은 물론, 전산 인력, 조직, 예산, 전산실 건물의 구조, 자료 보호, 정보 처리 시스템 보호, 해킹

---

9   행정안전위원회 조원진 의원실 자료 제공 – 경찰청
10   그동안 16번이나 개정됐으며, 최근 2년 사이에는 5번이나 개정이 있었다.

방지 등 모든 사항에 대해 빠짐없이 규정하고 있다. 그러나 암호 화폐 중개소는 통신 판매 사업자다. HTS와 동일한 기법으로 전자 금융 거래가 이뤄지고 하루 5 ~ 6조의 현금이 오가며 수십 조 원 가치의 암호 화폐가 보관돼 있지만 전자 금융 거래법을 따를 필요가 없는 것이다.

TIP

2018년 12월 국내 중개소가 해킹당해 4억 7,000만 원을 도난당한 박모씨가 중개소를 상대로 낸 손해 배상 청구 소송에서 국내 법원은 중개소의 배상 책임이 없다는 판결을 내렸다. 재판부는 관련 규정이 없으며, 가상 화폐는 투기 수단으로 이용되고, 전자 화폐에 해당되지 않아 전자 금융 거래법을 적용하면 안 된다는 설명을 덧붙였다.

그림 3-25에서 Z의 경우는 거래를 마친 후 암호 화폐를 자신의 지갑에서 지정한 비트코인 주소로 옮겨서 보관하면 보안 문제는 ❸번 영역인 비트코인 지갑의 문제로 바뀐다. 거래소는 말 그대로 중개 역할만 한 것이며 이 경우 중개소가 해킹당해도 Z의 피해는 크지 않다. 따라서 군이 전자 금융 거래법을 적용할 이유가 없다. 그러나 대부분은 A나 B처럼 암호 화폐가 거래소에 그대로 보관돼 있다. 이 경우 중개소는 중개와 함께 보관소 역할까지 겸한다. 중개소가 해킹당하면 보관된 수십 조 원 가치의 암호 화폐는 모두 사라질 수도 있다. 암호 화폐는 화폐가 아니므로 개인이 알아서 하라고 방치하기에는 그 규모가 너무 크다.

외부 환경은 늘 해커의 좋은 표적이 된다. 중개소만 해킹하면 거래 금액의 탈취는 물론 운 좋으면 수십 조 가치의 암호 화폐도 모조리 탈취할 수 있기 때문이다. 외부 환경이 안전하게 설계돼 있는지에 대한 적절한 규정이 하루빨리 마련돼야 한다. 이 부분의 안전성은 블록체인이나 비트코인 시스템의 안전성과는 관련이 없다. 따라서 외재적 안전성이 되는 것이다.

Memo

비트코인 지갑에는 비트코인이 들어 있지 않다. 비트코인은 오직 블록체인에서만 존재한다. 지갑 소프트웨어는 단지 블록체인에 있는 비트코인을 사용하는 데 필요한, 비트코인 주소, 암호키를 생성 및 보관하고, 트랜잭션을 블록체인에 제출하는 역할만 한다.

2018년, 대법원은 범죄에 연루된 피고인이 소지한 비트코인의 몰수를 인정한 판결(2018. 5. 30. 선고 2018도3619 판결)을 내린 바 있다. 비트코인 몰수를 위해서는 앞서 설명한 것처럼 피고인의 지갑이 아니라 블록체인에 보관된 피고인의 비트코인을 몰수해야 한다. 이를 위해서는 우선 피고인의 암호키가 보관돼 있는 지갑 소프트웨어의 비밀번호를 알아내야 한다. 이를 알아내는 방법은 피고인 스스로 자백하거나 해킹으로 피고인 지갑의 비밀번호를 알아내는 것밖에 없다. 해킹으로 암호키 자체를 생성하는 것은 불가능하다.

한편 지갑의 비밀번호를 알아내 암호키에 접근했다고 해서 바로 비트코인 압류가 이뤄지는 것은 아니다. 암호키는 얼마든지 복제할 수 있으므로 피고인이 자신의 암호키를 복제해 뒀거나, 타인에게 알려준 상태라면, 다수의 사람이 해당 비트코인에 접근할 수 있고 이를 처분할 수 있다. 따라서 암호키를 알아냈다는 것은 단지 해당 비트코인에 접근할 수 있는 여러 사람들 중 한 명이 된 것에 불과하다. 이를 완전히 몰수하려면 해당 비트코인을 피고인이 다시는 접근하지 못하는 다른 곳으로 옮겨야 한다. 예컨대 경찰이 새로운 비트코인 주소를 생성한 다음 피고인의 비트코인 암호키를 사용해 해당 비트코인을 새로 생성한 주소로 전송하면 된다. 일단 이렇게 이전된 비트코인은 경찰이 가진 암호키로만 접근할 수 있으므로 피고인이 가진 암호키는 무용지물이 된다.

4

이더리움 블록체인

2015년 7월 30일 이더리움이라는 이름을 가진 새로운 블록체인이 세상에 등장한다. 2013년 11월에 이더리움 백서가 발표된 지 약 20여 개월만에 세상에 모습을 드러낸 것이다. 이더리움과 함께 주목받은 인물은 비탈릭 부테린^{Vitalik Buterin}이라는 1994년생 러시아 청년이었다. 그는 몇 년간 비트코인 매거진이라는 잡지의 제작에 참여하면서 비트코인을 면밀히 분석했고, 이를 바탕으로 비트코인을 보다 개선해 새로운 블록체인을 발표하게 된 것이다. 이더리움이 주목받은 이유는 기존의 비트코인이 가진 여러 문제점을 개선해줄 것이라는 기대감도 있었지만, 그보다 블록체인에 범용성을 부여할 수 있는 소위 스마트 컨트랙트의 개념을 구체적으로 구현했다는 기대 때문이었다.

표 4-1 비트코인과 이더리움의 비교

	비트코인	이더리움
해시 함수	SHA-256	SHA-3
해시 퍼즐	계산 집중형(ASIC화가 쉬움)	메모리-하드 방식(ASIC화가 어려움)
거래 기록 보관	UTXO 단위	계정 단위
스마트 컨트랙트	부분적 지원(튜링-비완전)	지원(튜링-완전)
평균 채굴 시간	10분	15초
난이도 조절 주기	2016개 블록(약 2주)	매번(약 15초)
최초 작동일	2009-01-03	2015-07-30
작동 방식	작업 증명	작업 증명(현재 지분 증명으로 변경 준비 중)
블록 수(2018년 12월)	약 55만 개	약 700만 개
전체 용량(2018년 12월)	200기가 이상	1.2테라바이트 이상

표 4-1은 비트코인과 이더리움의 기본 속성 몇 가지를 비교하고 있다. 표 4-1을 보면 블록의 채굴 시간을 10분에서 15초로 단축시키는 등 여러 속성을 획기적으로 '개선'한 것으로 평가할 수도 있지만, 탈중앙화를 위한 플랫폼이라는 측면에서는 근본적인 문제점을 해결한 것이 없다는 시각도 있다. 이런 관점에서는 가장 큰 변화라고 해봐야 고작 부분적으로 지원되던 스마트 컨트랙트를 튜링-완전Turing-complete 언어로 대체한 것 말고는 속성 값 몇 개 튜닝한 정도라는 냉정한 평가도 가능하다.

이더리움이 등장하자 이를 블록체인 2.0이라는 명칭을 사용하면서 블록체인을 한 단계 진화시킨 대단한 업적이라고 한껏 추켜세우는 사람들도 등장했다. 이더리움이 비트코인을 개선하고, 스마트 컨트랙트를 튜링 완전 언어로 구현한 발전은 평가할 수 있지만, 인센티브 공학이 미흡하게 설계된 점과 작업 증명에 의한 비가역성에 전적으로 의존하는 방식은 비트코인을 그대로 복사한 것일 뿐, 변한 것이 별로 없다. 이더리움이 구현한 스마트 컨트랙트는 과연 닉 사보가 구상했던 스마트 컨트랙트 환경을 실현해줄 수 있을까? 4장에서는 이더리움을 자세히 살펴봄으로써, 그 실체를 보다 제대로 이해해보자.

4.1 이더리움과 계정

'2장 비트코인 블록체인 기본 원리'에서 비트코인은 UTXO의 형태로 여러 블록에 흩어져 보관돼 있다는 것을 알았다. 동일한 비트코인 주소로 출력된 UTXO라 하더라도 트랜잭션이 다르다면, UTXO는 서로 다른 블록에 흩어져 있고, 이를 사용하기 위해서는 모든 블록을 뒤져가며 UTXO를 한곳에 모아야 한다. 또한 해당 비트코인 주소가 가진 현재 잔액이 얼마인지에 대한 정보도 별도로 기록돼 있지 않다. 따라서 비트코인 지갑은 부지런히 블록을 오가며 그 값을 모두 뒤져봐야 한다.

이에 비해 이더리움은 계정이라는 개념을 도입한 후 계정 단위로 현재 잔액과 상태에 대한 정보가 한곳에 저장돼 있고 블록마다 흩어져 보관돼 있지 않다. 각 블록에서는 트랜잭션과 관련된 계정 주소들이 들어 있지만, 각 트랜잭션의 결과와 현재 상태는 블록에 저장돼 있지 않고 각 주소가 가리키는 곳에 별도의 데이터로 저장돼 있다. 이더리움의 계정은 20바이트로 구성된 주소며, 그 주소 자체가 래딕스 트리^{radix tree}의 형태[1]로 구성된 데이터 저장소를 가리키는 역할을 한다.

---

1   이 트리는 '4.2 이더리움 트리 구조'에서 자세히 설명한다.

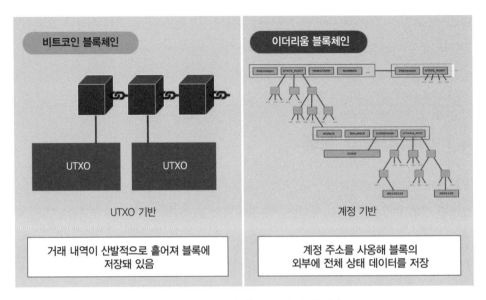

그림 4-1 비트코인과 이더리움의 구조를 비교한 개념도

그림 4-1은 비트코인과 이더리움의 데이터 구조를 비교하고 있다. 그림 4-1의 왼쪽 비트코인을 보면, 각각 UTXO는 여러 블록에 산재하며 블록에 직접 저장돼 있는 것을 볼 수 있다. 오른쪽에 있는 이더리움의 경우 블록에는 트랜잭션에 관련된 계정의 주소만 존재하고, 이 주소를 사용해 트리 구조를 따라가다 보면, 그 계정에 해당하는 전체 상태 데이터가 저장된 곳으로 탐색되는 모습을 보여주고 있다. 이 때문에 이더리움의 평균 블록 평균 크기는 여전히 20 ~ 30킬로바이트 정도에 불과하지만, 전체 상태 데이터의 총용량은 이미 1테라바이트를 훌쩍 넘어선 지 오래다.

현재 잔액을 알아보기 위해 모든 블록을 뒤져야 하는 비트코인과 달리 이더리움은 각 계정의 상태 데이터를 참조하면, 현재의 잔액을 비롯한 모든 트랜잭션의 히스토리까지 일목요연하게 찾아볼 수 있다. 한편, 비트코인 블록체인은 오로지 정적인 기록만 가능한 반면, 이더리움에서는 정적인 기록은 물론 동적인 프로그램까지 블록에 저장해두고 이를 호출할 수 있는 기능도 제공하고 있다. 이를 위해 이더리움은 두 가지 종류의 서로 다른 형태의 계정을 정의하고 있는데, 각각 EOA[Externally Owned Accont]와 계약 계정[Contract Account]이라고 한다. 이더리움에서 계약 계정을 없애면 기능적으로 비트코인 블록체인과 완전히 동일해진다고 볼 수 있다. 이제 이 두 가지 서로 다른 계정에 대해 알아보자.

4.1.2 EOA – 기본 거래 계정

EOA는 'Externally Owned Account'의 약자로 기본적으로는 비트코인 주소와 동일한 역할을 한다. 이 계정은 개인키를 사용해 통제하며, 이더리움 암호 화폐를 서로 주고받는 정적 거래를 위해 사용된다. 따라서 EOA에는 비트코인과 동일하게 정적인 기록만 가능하며, 프로그램 코드가 저장되지 않는다. 이더리움의 트랜잭션이란 하나의 EOA에서 다른 계정으로 보내는 메시지를 저장하고 있는 전자 서명된 데이터 패키지를 의미하며, 트랜잭션에는 다음과 같은 내용이 포함된다.

- 메시지를 받는 수령인
- 송신자가 수신자에게 메시지를 보낸 것이 맞다는 것을 검증할 수 있는 전자 서명
- value: 송신자가 수신자에게 보내고자 하는 금액
- GasLimit: 송신자가 이 트랜잭션의 실행을 위해 지불할 용의가 있는 최대 개스 비용
- GasPrice: 송신자가 개스당 지불하고자 하는 비용. 개스 한 단위는 계산 한 단위를 의미한다.

트랜잭션 내용을 비트코인식으로 비유하면, 각각 수령인의 비트코인 주소, 전자 서명, 보내는 금액 등으로 동일하다. 또 GasLimt와 GasPrice는[2] 비트코인의 수수료에 비유할 수 있으므로 기본적으로는 비트코인과 그 구성이 동일하다고 볼 수 있다.

---

2 '4.1.4 개스'에서 자세히 설명한다.

비트코인에서 트랜잭션을 처리하기 위해 채굴업자에게 수수료를 지불해야 하는 것처럼 이더리움에서도 트랜잭션을 전송하기 위해서는 채굴업자에게 개스라는 이름의 비용을 지불해야 한다. 비트코인의 수수료는 송신자가 직접 결정하지만, 트랜잭션에 사용되는 개스는 송신자가 정하는 것이 아니라 사전에 미리 정한 값으로 고정돼 있다. 그러나 1개 스당 얼마의 이더리움을 지불할 것인지는 송신자가 스스로 결정해야 하므로 최종적으로는 둘 다 송신자가 전체 수수료를 직접 결정하는 셈이다. 해당 트랜잭션에 소요되는 개스의 총량은 트랜잭션 수행에 필요한 연산의 복잡도에 비례해 증가한다. 트랜잭션을 전송하려면 개스 비용을 지불하도록 만든 주된 이유는 무분별한 트랜잭션의 남용을 막아 네트워크 자원을 보호하고자 함이다. 비용이 부과됨에 따라 꼭 필요한 트랜잭션만 요청하도록 유도하는 것으로 그 기본 철학은 나쁜 짓에 많은 비용이 들어 최대한 억제하고자 하는 작업 증명과 동일하다.

비트코인처럼 수수료를 직접 명시하는 대신 개스라는 새로운 단위를 도입한 이유는 그 철학의 차이와 함께, 구현 방식의 차이에 기인한다. EOA는 비트코인처럼 단순히 이더를 송금하는 기능도 있지만, 다음 절에서 설명할 계약 계정을 호출할 수 있는 기능도 있다. 단순히 정적인 기록이면, 기록 용량을 계산한 후 그에 비례한 수수료를 계산하는 것이 쉬울 수 있지만, 이더리움의 트랜잭션은 이보다 많이 복잡하다. 단순한 용량이 아니라 트랜잭션 내에서 얼마나 많은 연산이 호출되는지 그리고 얼마나 많은 데이터를 저장하는지에 따라 하나의 트랜잭션을 처리하는 데 소요되는 자원이 크게 달라진다. 이더리움에서 개스를 이용해 트랜잭션 비용을 처리하는 과정은 '4.1.4 개스'에서 자세히 알아본다.

한편, 이더리움 EOA 계정 주소의 생성은 비트코인 주소 생성 과정에 비하면 매우 간단하다. SHA-3 계열인 Keccak-256 해시 함수를 사용해 공개키를 해시한 후 생성된 32바이트 값 중 마지막 20바이트만 취하면 완성된다. 이 과정을 파이썬 문법을 사용한 유사 코드로 표현하면 다음과 같다.

Program 4.1: 이더리움 EOA 계정 주소의 생성

```
// 단계1: 개인키 생성 후 ECDSA 알고리즘을 사용해 공개키를 도출
// 이 과정은 비트코인과 동일하다.
PrivateKey = CreateRandomPrivateKey( )
PubKey = ECDSA (PrivateKey)

// 공개키의 해시 값을 Keccak-256 해시 함수를 사용해 구한다.
TempAccount = str ( hex(Keccak-256( PubKey ) ) )
// 해시 값 32바이트 중 마지막 20바이트만 구한 후 16진수 문자열로 표기
Account = '0x' + TempAccount[ len(TempAccount)-20: ]
```

비트코인의 주소도 공개키 해시 값을 이용하는 것은 동일하지만, 헤더와 체크섬 그리고 base 58로 인코딩하는 추가 단계가 들어가서 이더리움에 비해 다소 복잡한 편이다. 비트코인 주소의 생성 방법은 부록에 자세히 설명돼 있다.

4.1.3 계약 계정과 EVM

계약 계정contract account은 EOA와 달리 프로그램 코드를 저장할 수 있다. EOA는 개인키로 통제되지만, 계약 계정은 EOA의 호출을 통해 활성화된다. EOA에 의해 실행된 계약 계정은 수행 도중 다른 계약 계정을 호출할 수도 있다. 이더리움의 각 블록에는 계약 계정과 EOA가 혼재돼 저장되는데, 계약 계정은 통상 정적인 금액 이체가 아닌 동적인 프로그램을 저장하기 위해 사용한다. 단순히 생각하면, 비트코인의 플랫폼을 그대로 복사한 후 비트코인의 UTXO가 저장될 공간에 프로그램도 대신 저장할 수 있다는 정도로 생각하면 이해가 쉽다.

계약 계정에 담겨 있는 프로그램 코드는 이더리움 가상 머신, 즉 EVM^{Ethereum Virtual Machine}을 통해 실행된다. 가상 머신이란 특정 컴퓨터의 하드웨어나 소프트웨어의 구조와 상관없이 독립된 실행 환경을 제공하기 위해 사용하는 기법이다. 즉, 인텔 CPU와 윈도우를

사용하든, iOS를 사용하든 동일한 가상 머신을 사용하면, 실행되는 하드웨어나 소프트웨어 환경과 무관하게 동일한 프로그램 언어와 실행 환경이 형성되도록 만들어주는 기법이다. 자바 가상 머신이 플랫폼과 상관없이 항상 동일한 실행 환경을 제공하는 것을 생각해보면 이해하기가 쉬울 것이다. 블록체인에 접속한 기기는 어떤 하드웨어와 OS를 사용하고 있을지 알 수 없으므로 이러한 이질적 구성의 네트워크에서 항상 동일한 실행 환경을 보장하기 위해 가상 머신을 사용하는 것이고, 이더리움에서 만든 가상 머신 실행 환경 이름을 EVM이라 부르는 것이다.

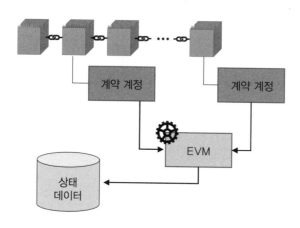

그림 4-2 EVM을 통한 계약 계정의 코드 실행 개념도

그림 4-2는 EVM을 통해 계약 계정의 코드를 실행하는 개념도를 보여주고 있다. 계약 계정의 코드가 호출되면, 로컬 컴퓨터의 EVM에 의해 코드가 해석되고 실행된다. EVM은 각 로컬마다 동일한 실행 환경을 구축해 로컬 컴퓨터의 하드웨어나 OS 등 소프트웨어 구성과 무관하게 항상 일정하고 같은 결과를 얻을 수 있도록 해준다. EVM을 통해 실행된 결괏값은 로컬에 있는 상태 데이터에 저장된다. 각 블록의 트랜잭션에는 이 상태 데이터로 직접 찾아갈 수 있는 계정 주소가 저장돼 있으므로 언제든지 바로 찾아갈 수 있다. 계약 계정의 코드에 대해서는 '4.4 이더리움과 스마트 컨트랙트'에서 자세히 알아본다.

TIP EVM은 샌드박스(sandbox) 형태로 실행된다. 샌드박스는 시스템의 보호를 위해 실행 프로그램에 별도의 메모리와 디스크 공간 등을 부여해 격리하는 방식이다. 이를 통해 악의적 프로그램이 실행되거나 프로그램의 심각한 오류가 발생하더라도 시스템의 다른 영역에는 영향을 미치지 못하도록 통제하는 보안 기법이다. 자바의 JVM 역시 샌드박스 형태로 실행된다.

4.1.4 개스

이더리움은 EVM에서 행해지는 모든 연산에 대해 필요 비용을 사전에 정해뒀다. 이 비용은 이더리움이 아닌 개스라는 새로운 단위를 사용해 책정했다. 스마트 컨트랙트는 통상 솔리더티^{Solidity}와 같은 고급 언어를 사용해 제작하며, 이 코드는 컴파일 과정을 통해 최소 연산 단위로 변환돼 이진 코드로 저장된다. 이 최소 연산 단위는 보통 프리미티브^{primitive}라고 한다. 따라서 트랜잭션은 프리미티브의 조합으로 이뤄져 있으며, 각 프리미티브는 그 실행에 필요한 개스가 사전에 책정돼 있다. 표 4-2를 보자.

표 4-2 프리미티브와 해당 개스 비용의 예

코드	명령어	개스 비용
0x00	STOP	0
0x01	ADD	3
0x02	MUL	5
0x03	SUB	3
0x04	DIV	5
0x05	SDIV	5
0x06	MOD	5
0x07	SMOD	5

코드	명령어	개스 비용
0x08	ADDMOD	8
0x09	MULMOD	8
0x10	LT	3
0x11	GT	3
0x12	SLT	3
0x13	SGT	3
0x14	EQ	3

표 4-2는 이더리움의 프리미티브와 그 실행을 위해 필요한 개스 비용 중 일부를 보여주고 있다. 표 4-2를 살펴보면 덧셈(ADD)에는 3개스, 곱셈(MUL) 프리미티브에는 5개스가 각각 책정돼 있는 것을 볼 수 있다. 솔리디티로 프로그래밍할 때는 이를 컴파일해 이진 코드로 분해하기 전에는 전체 트랜잭션이 모두 얼마의 개스를 사용할 것인지 정확히 예측하기가 힘들다.

한편 트랜잭션을 호출할 때는 개스를 지불해야 하는데, 이때는 반드시 '넉넉한' 개스 비용을 지불해야 한다. EOA가 스마트 컨트랙트를 호출할 때, 지불할 용의가 있는 최대 개스 비용은 앞서 '4.1.2 EOA-기본 거래 계정'에서 설명했던 GasLimit에 명시하는데, 이 비용이 실제 소요 비용보다 크면 트랜잭션은 성공적으로 수행된다. 수행 후 남은 비용이 있다면, 이는 초과로 지불한 개스 비용이 되는데, 트랜잭션 완료 후 모두 환불된다. 그러나 GasLimit에 실제 소요 비용보다 더 적은 비용을 명시하면 얘기는 크게 달라진다. GasLimt에 지불을 약속한 개스는 트랜잭션의 각 프리미티브가 실행될 때마다 정해진 개스만큼 계속 차감된다. 그러다가 아직 트랜잭션이 완료되지 않았음에도 모든 개스가 소진되면, 트랜잭션은 모두 취소된다. 예컨대 총 10만 개스가 필요한 작업에 GasLimt로 7만 개스를 지불하겠다고 명시했다면, 트랜잭션은 수행 도중 7만 개스를 모두 소진한 후 모든 작업을 취소하고 상태를 원상 복귀시킨다. 만약 트랜잭션이 도중에 취소되면, 사용된 7만 개스는 어떻게 처리하는 것이 좋을까? 트랜잭션이 취소되더라도 7만 개스의 환불은 일어나지 않는다. 트랜잭션 자체는 취소됐지만 트랜잭션이 취소되기 전까지의 중간 과정에서는 누군가 많은 에너지를 이미 소모했을 것이기 때문이다. 만약 취소한 트랜잭션에 환불해준다면, 큰 혼란이 생길 수 있다. 누군가 고의로 GasLimit에 필요 개스보다 더 작은 값을 명기한 후 반복적으로 호출하면, 시스템 전체에는 엄청난 과부하가 생길 수 있지만 이를 호출한 자는 손해볼 것이 없다. 환불될 것이기 때문이다. 따라서 시스템의 안정성을 위해서는 도중 취소된 트랜잭션에서 대해 이미 사용된 개스를 환불해주지 않는 것이 맞다.

TIP

'1.1.1 일의 분산 대 일의 중복'에서 이더리움과 AWS에서 덧셈에 소요되는 비용을 비교했던 것을 기억하는가? 표 4-2에서 이더리움의 ADD 프리미티브는 3개스로 책정돼 있으므로 100만 번 연산하려면 300만 개스를 지불해야 한다. 실제 비용은 1개스당 얼마를 지불하는지에 달려 있다.

4.1.4.1 개스라는 메타 단위

각 프리미티브를 실행하기 위한 필요 비용을 미리 책정해둘 때, 기존의 이더^{ether}나 웨이^{wei3}라는 단위를 사용하지 않고 굳이 개스라는 새로운 단위를 도입한 이유는 무엇일까? 가장 큰 이유는 암호 화폐의 급격한 변동성 때문이다. 덧셈을 하는 프리미티브에 개스라는 메타 단위를 사용하지 않고 직접적으로 웨이라는 단위를 사용해 비용을 미리 책정해둔 상황을 가정해보자. 이 경우, 2017년 12월 말에 덧셈을 이용한 사람은 2018년 12월에 이용한 사람에 비해 10배나 높은 가격을 지불했어야 한다. 그 사이 이더리움의 가격이 1/10으로 폭락했기 때문이다. 경우에 따라 시세가 하루에도 2배 이상 변동되기도 한다.

---

3 10^{18}wei = 1 ether임을 기억하자.

이렇듯 미리 정해두는 프리미티브 실행 비용을 급격한 변동성을 가진 암호 화폐로 책정해둔다면, 전체 사용 환경의 안정성을 심각하게 해칠 수 있다. 이 때문에 개스라는 메타 단위를 도입한 것이다. 개스라는 단위는 그 자체로는 '절대 가격absolute price'이 존재하지 않다가 사용하는 시점에서 '개스당 얼마를 지불할 것인지'를 정하면서 그 절대 가격이 형성된다. 개스라는 메타 단위를 통해 각 프리미티브는 '상대 가격relative price'은 정해져 있지만 그 절대 가격은 항상 실행 순간에 사용자에 의해 직접 결정되는 유연성을 갖게 된다. 트랜잭션에 사용된 총 절대 가격은 다음과 같이 계산할 수 있다.

$$총\ 절대\ 가격 = 트랜잭션에\ 사용된\ 개스 \times 개스당\ 비용$$

예를 들어, 10만 개스가 소요되는 트랜잭션의 비용을 지불하기 위해 개스당 30GWei를 지불하기로 했다면 지불 비용은 다음과 같다.

$$총\ 절대\ 가격 = 100,000 * 30GWei = 3,000,000GWei = 0.003\ Ether$$

이때 이더의 시세가 15만 원이라면, 0.003ether는 450원이 되는 셈이다.

TIP

ethgasstation.info에 따르면, 2018년 12월 현재 이더리움 트랜잭션의 50% 정도는 1개스당 평균 4 ~ 20GWei를 지불하고 있고, 1GWei 미만을 지불할 경우, 트랜잭션이 처리되는 평균 시간은 20분을 넘는 것으로 알려져 있다. 또 트랜잭션을 2분 미만에 처리하려면 10GWei 이상을 지불할 것을 추천하고 있다. 트랜잭션의 최소 비용이 2만 1,000개스로 정의돼 있으므로 이더리움의 최저 수수료는 1이더를 15만 원으로 환산하면 대략 32원인 셈이고, 이는 최저 수수료가 1000사토시인 비트코인을 400만 원 시세로 환산한 40원과 비슷한 수준이다. 그러나 최저 수수료만 지불한다면 그 트랜잭션은 영원히 처리되지 않을 수도 있다. 실제 수수료는 그 보다 몇 백 배 더 지불해야만 적절히 처리된다.

4.1.5 이더리움의 블록 구조

이 절에서는 이더리움의 블록 구조를 살펴보면서 비트코인 블록과 비교해보자. 블록이란 한꺼번에 처리하기 위해 논리적으로 정의한 데이터 단위라는 점을 다시 떠올려보자. 따라서 이더리움 블록 구조를 살펴본다는 의미는 이더리움에서 한꺼번에 처리하는 논리적 단위가 어떻게 구성됐는지 살펴본다는 의미가 된다. 이더리움 블록은 비트코인보다 훨씬 간단하다. 블록 헤더와 트랜잭션의 목록 그리고 이름도 생소한 엉클 블록의 목록이 내용의 전부다.[4] 비트코인의 경우 모든 데이터를 블록에 직접 저장하지만, 이더리움의 경우에는 데이터를 블록에 저장하지 않는다. 블록에는 데이터가 있는 곳을 찾아갈 수 있도록 계정 주소 등만 저장돼 있다. 하지만 이더리움의 블록 헤더는 비트코인에 비해 훨씬 복잡하다.

표 4-3 이더리움의 블록 헤더 구조

필드 이름	크기(바이트)	설명	해당 비트코인 헤더
ParentHash	32	이전 블록 해시 값	동일
ommersHash	32	탈중앙화 합의로 퇴출된 블록 해시 값	없음
Beneficiary	20	블록 보상금을 수령할 계정의 주소	동일
stateRoot	32	상태 데이터 해시 값	없음
transactionRoot	32	트랜잭션 데이터를 저장하고 있는 데이터 해시 값	없음
receiptsRoot	32	트랜잭션 실행 후 결과를 요약한 데이터 해시 값	없음

---

4   엉클 블록은 '4.1.5.1 엉클 블록'에서 자세히 알아본다.

필드 이름	크기(바이트)	설명	해당 비트코인 헤더
logsBloom	32	사건 발생 유무를 알려주는 32바이트 비트 스트림	없음
Difficulty	가변(≥ 1)	블록 생성 난이도	난이도 비트
Number	가변(≥ 1)	상위(조상, ancestor) 블록 개수	없음
gasLimit	가변(≥ 1)	블록에 담긴 트랜잭션들의 총 개스량	없음
gasUsed	가변(≥ 1)	사용된 개스 총량	없음
Timestamp	가변(≤ 02)	블록 생성 시각(유닉스 시각)	동일
extraData	가변(≤ 32)	임의의 데이터. 주로 채굴자가 자신의 이름을 적음	없음
mixHash	32	난스를 찾을 때 사용된 시드 값	없음
nonce	8	해시 퍼즐 정답	동일

표 4-3은 이더리움의 블록 헤더를 보여주고 있다. 표 4-3에서 보는 것처럼 이더리움의 블록 헤더는 모두 15개의 필드로 이뤄져 있고, 그 최소 크기는 500바이트를 훌쩍 넘어선다. 이는 6개의 필드를 가지며, 80바이트에 불과했던 비트코인보다 훨씬 큰 것이다. 그러나 필드는 많지만 전체적인 구성은 비트코인과 크게 다르지 않다. 상대되는 비트코인의 블록 헤더는 제일 오른쪽 열에 표시돼 있다. 이를 참조하고 설명 부분을 읽어보면 이더리움의 헤더를 별 어려움 없이 이해할 수 있을 것이다. 이제 블록 헤더의 각 부분 중 중요한 부분을 살펴보자.

4.1.5.1 엉클 블록

표 4-3의 두 번째 항목인 ommersHash는 비트코인 블록체인에 있는 인센티브 공학 중 일부를 수정한 것이다. 앞서 '2.3.3 비동기화 시스템에서의 탈중앙화 합의'에서는 두 노

드가 동시에 해시 퍼즐을 해결한 후 각자 개별적으로 동의 과정을 진행함에 따라 일시적으로 서로 다른 블록체인이 자라는 것을 봤다. 이때, 더 무거운 체인으로 강제로 통일 흡수되는 과정에서, 폐기된 블록을 생성한 노드는 모든 보상금을 다시 반환한다는 사실을 알았다. 비트코인보다 40배나 빨리 블록을 생성하는 이더리움에서는 이러한 충돌이 비트코인보다 훨씬 빈번하게 발생한다. 따라서 충돌이 일어날 때마다 블록을 폐기하고 보상금을 반환하는 작업을 되풀이하면 시스템의 효율도 크게 저하되고 빈번하게 빼앗기는 보상금으로 인해 채굴업자의 채굴 동인도 급격히 떨어질 것이다. 따라서 이더리움은 폐기 처분된 블록을 생산한 채굴업자의 보상금을 모두 환수하는 것이 아니라 일정 부분의 보상금을 지급하도록 인센티브 규칙을 변경했다. 이때 무게에서 밀려 경쟁에서 졌지만 폐기되지는 않고 살아 남아 일정 보상을 받는 블록을 엉클 블록^{uncle block}이라고 한다. ommersHash 필드는 이러한 엉클 블록의 해시 값을 저장하고 있다.

TIP 옴머(ommer)는 친척 중 삼촌과 고모를 구분하지 않고 중성으로 사용하는 단어다. 이더리움은 ommers라는 중성의 단어를 사용했지만, 사람들은 엉클(uncle)이라는 말을 더 선호해 대부분 엉클 블록으로 부른다.

엉클 블록은 블록체인 데이터와 블록체인의 무결성에는 전혀 기여하지 않는다. 그저 존재만 할 뿐이지만 보상금을 받는데, 그 보상금은 엉클 블록을 포함하고 있는 블록과의 높이 차에 의해 결정된다. 이는 이더리움 보조금의 최대 7/8 ~ 최소 1/4에 해당하는 금액이다.

'3.4 51% 공격'에서는 이기적 채굴을 통한 공격법을 소개한 적이 있다. 이더리움은 2017년 10월부터 탈중앙화 합의 시 가장 무거운 블록체인을 측정할 때, 엉클 블록의 무게까지 포함시켜 계산하도록 프로그램을 수정했다. 이는 이기적 채굴을 통해 길이만 최대한 키운 공격자로부터 정직한 채굴업자를 보호하기 위한 의도가 숨어 있다. 동일한 해시 파워를 가졌다면, 정직한 채굴업자는 이기적 채굴업자에 비해 불리하다. 매번, 블록 합의를 위한 시간을 사용해야 하기 때문이다. 따라서 정직한 채굴업자들이 생산한 블록체인의 길이가 오히려 짧을 확률이 더 높다. 그러나 매번 정직하게 브로드캐스팅하면 치열한 경쟁의 결과로 인해 수많은 엉클 블록이 생성될 것이다. 이에 비해 이기적인 채굴업자는 브로드캐스팅을 생략하므로 엉클 블록이 형성되지 않는다. 따라서 엉클 블록을 무게 측정 때 포함시키면, 정직한 채굴업자들이 보다 유리해지고, 이를 통해 이기적 채굴을 어느 정두 무력화시키는 효과를 얻을 수 있다.

한편, 최근의 연구에서는 적절한 이기적 채굴을 통해 의도적으로 엉클 블록만 생성하면 정상 블록을 생성하는 것보다 오히려 더 이득이 되는 경우가 발생할 수 있다는 것이 밝혀지기도 했다.

4.1.5.2 확장 머클트리 루트 데이터

'3.1.2 머클트리'에서 비트코인의 블록 헤더에는 32바이트의 머클트리 루트가 저장돼 있어서 블록 내 전체 트랜잭션의 요약 데이터를 갖고 있다는 것을 알았다. 이더리움도 동일한 방식으로 데이터를 저장하는데, 트랜잭션에 대한 요약 한 가지만 담겨 있는 비트코인과 달리 이더리움은 서로 다른 세 가지 값을 저장하고 있다. 이더리움의 모든 블록 헤더에는 다음 세 가지 객체에 대한 머클트리 데이터가 저장돼 있다.

- 상태State
- 트랜잭션Transaction
- 영수증Receipt

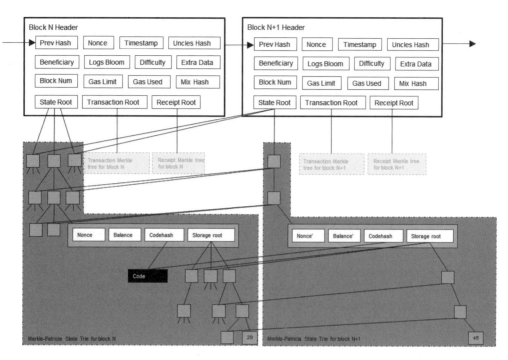

그림 4-4 머클트리 루트 트리 개념도(출처: https://ethereum.stackexchange.com/questions/268/ethereum-block-architecture)

그림 4-4는 세 가지 머클트리 루트의 개념도를 보여준다. 상단에 있는 블록에는 15개의 블록 헤더 필드가 표시돼 있고, 그중 맨 아래에 있는 3개가 머클트리 루트다. 또 이 트리는 해당 계정의 잔고^{balance}와 코드(code hash, 계약 계정일 경우) 등의 상태 값을 갖고 있는 데이터를 가리키고 있는 모습을 볼 수 있다.

표 4-3의 네 번째 항목인 stateRoot는 전체 상태 데이터 트리의 루트 해시 값을 저장하고 있다. 이더리움의 모든 블록에서는 stateRoot 값을 참조해 제네시스 블록부터 현재 블록까지 생성된 모든 계정에 대한 상태가 저장돼 있는 상태 데이터에 곧바로 접근할 수 있다. 이 값을 이용하면 계정의 현재 잔액이 얼마인지, 또 해당 계정이 현재 존재하는지 여부를 손쉽게 확인할 수 있다. 이를 위해 모두 네 가지 값이 저장되는데, [nonce,

balance, storageRoot, codeHash]이다. 각각의 자세한 의미는 머클 패트리샤 트리를 설명한 후 '4.2.1 확장 머클 패트리샤 트리'에서 살펴본다.

transactionRoot는 이름에서 그 짐작할 수 있는 것처럼 이 블록에 담겨 있는 모든 트랜잭션에 대한 해시 값을 갖고 있다. 이 데이터를 사용하면 트랜잭션이 특정 블록에 저장돼 있는지 여부를 손쉽게 알 수 있다.

영수증은 다소 생소한 이름이지만, 각 트랜잭션의 실행 결과를 요약한 자료가 저장된다. 이는 표 4-3의 여섯 번째 항목인 receiptRoot이다. 이 값을 이용하면 이 주소에서 특정 이벤트가 발생한 적이 있는지의 유무를 쉽게 알아낼 수 있다. 영수증에 요약되는 정보에는 해당 트랜잭션의 성공적 실행 유무를 알려주는 상태 값(0이면 실패, 1이면 성공)을 비롯해, 트랜잭션이 들어 있는 블록의 해시 값과 블록 번호, 트랜잭션 해시 값, 트랜잭션의 송신자와 수신자의 계정 주소, 사용된 개스량, 트랜잭션이 실행되면서 생성된 로그 데이터 등이 저장돼 있다. 트랜잭션 결과를 손쉽게 탐색하기 위해 영수증에는 브룸 필터가 있는데, 브룸 필터는 '4.1.5.4 로그 브룸'에서 알아본다.

4.1.5.3 블록의 개스 조절

블록의 열 번째 필드인 GasLimit는 블록에 담을 수 있는 트랜잭션의 최대 개스량을 지정한다. '4.1.4 개스'에서 살펴본 것처럼 각 트랜잭션에는 GasLimit가 지정되는데, 블록에 담겨 있는 모든 트랜잭션의 GasLimt를 합친 값은 블록의 GasLimit보다 작거나 같아야 한다. 따라서 블록에는 이 열 번째 필드에 명시된 GasLimt를 넘지 않는 범위 내에서 최대한 트랜잭션을 담을 수 있다. 블록의 GasLimit는 채굴업자가 동적으로 조절할 수 있다. 채굴업자는 직전 블록의 GasLimit의 1/1024(= 약 0.1%)의 범위 내에서 GasLimit를 증가시키거나 감소시킬 수 있다. 그러나 대체로 채굴업자들은 GasLimit를 조정하지 않고 그대로 사용하는 경향이 강하며, 2018년 12월 기준으로 블록의 GasLimit는 800만 개스다.

비트코인은 블록의 크기를 1메가바이트로 제한해, 블록의 크기가 과도하게 커지는 것을 직접 통제하고 있지만, 이더리움의 경우에는 개스라는 메타 단위를 이용해 블록에 담기는 트랜잭션의 용량을 간접적으로 제어하고 있는 셈이다. 그러나 비트코인처럼 용량을 예측할 수 없기 때문에 현재의 이더리움 블록체인 데이터는 토큰을 발행하려는 스마트 컨트랙트가 범람하며, 그 전체 상태 데이터의 용량은 기하급수적으로 늘어나고 있다.

4.1.5.4 로그 브룸

표 4-3에는 생소한 이름의 logsbloom이라는 필드가 보인다. 이 필드는 트랜잭션 영수증에 관계된 것인데, 이를 이해하려면 먼저 브룸 필터^{bloom filter}에 대해 알아야 한다.

브룸 필터는 집합 내 특정 원소의 존재 유무를 빠르고 효과적으로 알아내기 위해 설계된 데이터 구조다. 브룸 필터의 주요 특징 중 하나는 집합의 원소가 존재하는지에 대해 확률적으로만 알 수 있다는 것이다. 즉, 특정 원소가 '절대 존재하지 않는다'와 '존재할 수도 있다'는 두 가지 상태를 알아내는 데는 효과적이지만, 특정 원소가 '확실히 존재한다'는 것은 알 수 없다. 이러한 성질은 해시 충돌이 허용되는 해시 함수를 연상하면 쉽게 이해할 수 있다. 그림 4-5를 보자.

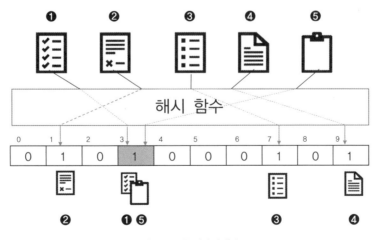

그림 4-5 브룸 필터의 개념도

그림 4-5는 가장 단순한 브룸 필터 중 하나를 보여준다. 그림의 상단에 있는 5개의 문서는 해시 함수를 통과하면서 비어 있는 10개의 슬롯 중 하나로 매핑된다. 매핑이 일어나지 않아 비어 있는 슬롯은 0, 무엇이든 매핑이 된 곳은 1로 설정된다. 이제 매핑이 끝난 상태의 10개의 슬롯은 연속된 비트로 사용해 표현하면 0101000101로 나타낼 수 있을 것이다. 여기서 주목해야 할 점은 ❶번과 ❺번 문서가 동일한 위치인 3번 슬롯으로 매핑됐다는 것이다.[5]

이제 입력 문서들이 무엇인지 전혀 모르는 상태에서 해시 뒤의 마지막 상태인 두 슬롯 s1 = 0100000101과 s2 = 0101000101의 값만 알고 있는 상황을 가정해보자. 우리는 입력 문서가 몇 개인지, 어떤 값으로 이뤄져 있는지에 대해서는 전혀 모르지만, 그 입력값들이 해시 함수를 통해 만들어낸 슬롯 할당의 최종 값은 알고 있다. 예에서의 최종 값 s1과 s2의 유일한 차이는 네 번째 비트로, s1의 네 번째 비트는 0인 반면 s2의 네 번째 비트는 1이다. 이제 두 상태 값 s1, s2 각각에 대해 '입력에 문서 ❶이 존재했는가?'라는 질문을 던져보자. s1의 경우 문서 ❶이 존재하지 않았다는 것은 확실히 알 수 있다. 만약 문서 ❶이 존재했다면, 3번 슬롯으로 해시돼 3번 슬롯에 해당하는 네 번째 비트가 1로 설정됐을 것이기 때문이다. 그러나 s2의 경우에는 네 번째 비트가 1로 설정돼 있기는 하지만 이것이 ❶번 문서로 인해 설정된 것인지, ❺번 문서로 인해 설정된 것인지는 알 수 없다. 따라서 ❶번 문서가 존재한다고 확신할 수는 없지만, '❶번 문서가 존재할 수도 있다'라는 추정은 할 수 있게 된다.

이렇듯 브룸 필터를 사용하면, 특정 문서의 존재 유무를 확률로나마 간단히 알아낼 수 있다. 이더리움의 logsbloom은 트랜잭션이 발생한 상황을 해시한 후 그 결과 상태를 비트의 시퀀스로 표현한 값이다. 이를 통해 특정 이벤트가 발생한 적이 있는지는 확실히 알 수 없지만, 일어난 적이 없다는 사실은 즉시 알아낼 수 있다. 그림 4-5에서는 설명의 편의를 위해 해시 함수가 하나의 슬롯으로만 매핑됐지만, 통상 하나의 값이 다수의 슬롯(비

---

5   이것이 바로 해시 충돌이다.

트)으로 매핑되기도 한다. logsbloom은 이 블록에 들어 있는 모든 트랜잭션 영수증의 브룸 필터를 OR해 256비트 길이의 비트 스트림으로 만든 값을 저장하고 있다.

4.1.5.5 제로 지식 증명

이더리움에서 브룸 필터와 영수증 루트를 사용한 것은 제로-지식-증명^{zero-knowledge proof}과 연계돼 있다. 통상 어떤 사실을 입증하기 위해서는 그를 입증할 자료를 제공해야 한다 그러나 자료를 제공하는 순간, 항상 그 자료가 누출될 위험이 상존한다. 예를 들어, 인증을 위해 비밀번호를 입력하면 비밀번호가 노출될 위험이 생기게 되는 것과 같다.

이때 비밀번호를 직접 말하는 대신, 자신이 '비밀번호를 알고 있다는 사실'만 입증할 수 있다면 어떻게 될까? 그림 4-6을 보자.

그림 4-6 제로-지식-증명의 개념도

그림 4-6은 제로-지식-증명의 기본 개념을 보여준다. 입구와 출구가 반대편에 있는 통로가 있고, 그 중간에는 닫혀 있는 문이 하나 있는데, 비밀번호로 잠겨 있다. 만약 어떤 사람이 입구에 들어간 후 그 반대편 출구로 나오는 데 성공했다면, 그 사실 자체로 이 사람은 비밀번호를 알고 있음을 증명해준다. 비밀번호를 몰랐다면, 중간에 있는 문을 열지 못했을 것이고, 그렇다면 반대쪽 출구로 도착하지 못했을 것이기 때문이다. 이 과정에서 그 누구도 비밀번호를 직접 얘기하지 않았지만, 반대편 출구로 나왔다는 사실만으로 이 사람이 비밀번호를 알고 있다는 것을 입증할 수 있다. 따라서 비유하자면, 어떤 인증을 하거나 권리를 획득하기 위해 비밀번호 등을 직접 노출하지 않고, 단지 '비밀번호를 알고

있음'을 입증하는 것만으로 동일한 효과를 얻을 수 있는 방법을 연구하는 것이 제로–지식–증명이다. 앞서 브룸데이터의 경우도, 해시 값을 간접적으로 이용해 존재 유무만 알아내는 제로–지식–증명으로 볼 수 있다.

4.2 이더리움 트리 구조

비트코인과 달리 이더리움의 데이터는 블록에 저장돼 있지 않다. 이더리움은 트리(또는 Trie) 데이터 구조를 사용해 각 블록에서부터 블록 외부에 저장돼 있는 해당 데이터를 찾아가도록 설계돼 있다. 이렇게 별도로 저장된 상태 데이터 등은 특정한 데이터 구조를 갖고 있다. 각 블록에서 이 상태 데이터 등으로 접근할 수 있는 경로는 트리 형태로 구성돼 있는데, 이는 래딕스^{radix} 트리를 변형한 확장 머클 페트리샤$^{merkle\ patricia}$ 트리 형태로 이뤄져 있다. 이 절에서는 이더리움에서 사용하고 있는 머클 페트리샤 트리에 대해 간단히 알아보자.

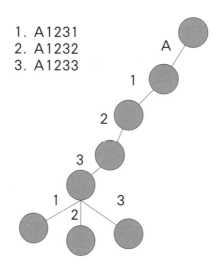

그림 4-7 트리를 사용한 키워드 저장

200

그림 4-7은 A1231, A1232, A1233라는 세 가지 키워드를 저장하기 위해 트리 구조를 사용해 저장하는 모습을 보여준다. 이 트리는 각 노드의 위치 자체가 저장된 키워드의 일부이며, 모든 잎 노드의 위치는 전체 키워드 자체라는 특징을 갖고 있다. 또 한 노드의 모든 자식 노드들은 공통된 접두어prefix를 갖는 특성을 지닌다. 이런 식으로 잎 노드에서 전체 키워드가 완성되는 구조를 가진 트리를 보통 래딕스 트리radix tree 또는 접두어 트리prefix-tree라고 한다.

한편, 그림 4-7을 자세히 관찰해보면 뭔가 많은 낭비 요소가 있음을 발견할 수 있다. 3개의 키워드는 모두 15글자이지만, 키워드들 간에는 서로 공통된 글자가 많다는 것을 관찰할 수 있다. 이렇게 많은 중복이 있는데도 이를 표시하기 위해 무려 8개의 노드를 사용한 것은 무엇인가 낭비적인 요소가 있다는 직관을 가질 수 있다. 래딕스 트리가 가진 성질을 그대로 가지면서도 보다 효율적으로 저장할 수 있는 방법은 없을까? 그림 4-7을 저장할 당시, 만약 그림 4-8처럼 저장했다면 많은 중복을 피할 수 있었을 것이다.

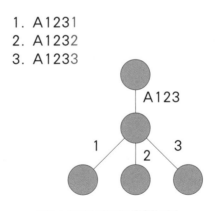

그림 4-8 공통 접두사를 활용한 저장

그림 4-8은 그림 4-7의 저장 방식에서 공통된 접두사만을 최대한 따로 분리시킴으로써 필요한 노드의 개수를 획기적으로 줄인 것을 보여주고 있다. 그림 4-7에서는 무려 8개의 노드가 필요했던 것에 비해, 이 방식은 단 5개의 노드만 사용했다. 이렇듯 공통 접두어를

최대한 활용해, 트리를 구성하면 일반 래딕스트리를 보다 효율적으로 바꿀 수 있다. 이더리움은 래딕스 트리를 변형한 머클 패트리샤 트리 구조를 사용해 상태 데이터를 저장하고 있는데, 어떤 방식으로 저장하고 있는지 다음 절에서 자세히 살펴보자.

TIP

그래프의 꼭짓점을 '노드'라고 한다. 지금까지 네트워크를 그래프식으로 표현했기 때문에 노드는 하나의 서버 또는 접속한 컴퓨터를 의미했지만, 여기서는 데이터 구조를 그래프로 표현한 것이기 때문에 꼭짓점인 노드가 컴퓨터를 의미하는 것이 아니라 하나의 컴퓨터 내에서 자료를 저장하는 데이터 구조상에서의 한 꼭짓점을 나타낸다.

4.2.1 확장 머클 패트리샤 트리

이더리움은 래딕스 트리를 최적화하기 위해 다음과 같은 세 가지 서로 다른 노드를 정의해 사용한다.

- 브랜치branch 노드 [i0, i2, ..., i15, value]
- 확장extension 노드 [encoded_Prefix, value]
- 잎leaf 노드 [encoded_Prefix, value]

여기서 encoded_Prefix는 앞 절에서 설명한 것처럼, 전체 경로상의 공통된 접두어를 기록하는 곳이다. value는 노드의 종류에 따라 서로 다른 값을 저장하고 있다. 이제 각각 노드를 하나씩 살펴보자.

먼저, 브랜치 노드는 17개의 아이템을 갖고 있는데, 경로상 각 글자의 16진수 표기인 0 ~ F에 해당하는 인덱스인 i0 ~ i15가 있고, 값을 담을 수 있는 value 필드를 갖고 있다.

확장 노드는 말단(잎)이 아닌 노드로서 value 필드에는 다른 노드의 해시 값을 갖고 있어서 필요 시 데이터베이스에서 해당 노드를 바로 탐색할 수 있다. 머클 패트리샤 트리에서는 각 노드를 해당하는 해시 값을 사용해 참조하는데, 이를 통해 높은 보안성을 유지하고 있는 셈이다. 마지막으로 잎 노드는 말단 노드로서, 이곳에는 저장하고자 하는 데이터 값을 value에 보관한다.

한편, 앞의 노드 종류를 자세히 살펴보면, 확장 노드와 잎 노드의 형태가 동일하다는 것을 알 수 있고, 그 때문에 서로 구분되지 않는다는 것을 관찰할 수 있다. 따라서 encoded _Prefix의 일부를 활용해 서로 구분해야 한다. 사실 encoded_Prefix는 확장 노드와 잎 노드를 구분해줄 encoded 값과 공통 접두어인 Prefix가 합쳐진 것이다. encoded 값은 니블 하나를 식별자로 사용해 0 ~ 3의 값에 특별한 의미를 부여했는데, 각각의 정의는 표 4-4에서와 같은 의미를 가진다.

표 4-4 식별자와 그 의미

식별자(encoded)	노드 형태	경로 길이
0x0	확장 노드	짝수 길이
0x1	확장 노드	홀수 길이
0x2	잎 노드	짝수 길이
0x3	잎 노드	홀수 길이

여기서 경로 길이가 짝수일 때와 홀수일 때를 구분해야 하는데, encoded_Prefix의 제일 앞 니블을 식별자(encoded_)로 사용했으므로 원래 짝수 경로를 가졌던 경우에는 encoded_Prefix의 전체 길이가 홀수 개의 니블이 돼버린다. 이 경우 마지막 경로 글자는 니블이 하나만 남으므로 최소 저장 단위인 바이트가 되지 못한다. 따라서 경로가 짝수 길이일 경우에는 0을 하나 덧붙여 전체 경로가 항상 바이트 단위가 되도록 한다.

이더리움에서는 데이터가 머클 패트리샤 형태를 사용해 저장된다. 지금까지 데이터 구조에 대해 설명했으므로 이제는 실제로 어떤 경로를 사용해 각각 데이터가 저장되는지 살펴보자.

앞서 이더리움 블록 헤더에서 세 가지 다른 머클 트리 루트가 있다는 것을 보았는데, 각각 stateRoot, transactionRoot, receiptsRoot였다.

stateRoot는 상태 트리로서 전체 상태 데이터를 저장하고 있으며, 계속해서 갱신되는 데이터다. 이 머클 패트리샤 트리의 경로는 앞서 설명한 20바이트의 이더리움 계정 주소다. 이 주소를 이용해 상태 트리를 따라가면 해당 이더리움 계정에 속하는 [nonce, balance, storageRoot, codeHash] 값이 RLP^{Recursive Length Prefix} 방식으로 인코딩돼 저장돼 있다는 것을 알 수 있다.

TIP

RLP는 'Recursive Length Prefix'의 약자로, 임의의 이진 데이터를 인코딩하는 방식이다. 이 방식은 여러 레벨로 구성된 배열을 인코딩하는 데 적절하다. 예를 들어, ["사람", ["대한민국", "서울"], ["미국", "워싱턴"], [[ ]], "동물"] 식으로 임의의 레벨로 구성된 배열을 인코딩하는 방식이다. 인코딩 방법은 간단한 편인데, 이더리움 백서[6]를 참고하면 된다.

6　http://gavwood.com/paper.pdf

계정에 저장돼 있는 storageRoot는 블록 헤더에는 없던 것으로, 모든 컨트랙트 데이터가 실제 저장돼 있는 곳인데, 이는 또 다른 패트리샤 트리의 루트다. 각 계정은 자신만의 storageRoot를 가지며, 데이터를 계정마다 별도로 저장한다.

transactionRoot는 트랜잭션을 저장한 곳인데, 각 블록마다 별도로 하나씩 존재한다. 이곳의 경로는 트랜잭션 인덱스^{Transaction Index}를 RLP 방식으로 인코딩한 값이다. 여기서 트랜잭션 인덱스란, 단순히 블록 내에서 각 트랜잭션의 순서를 나타내는 숫자다. 데이터가 늘 갱신되는 상태 데이터와 달리 트랜잭션 데이터는 생성 시 그 구조에 맞춰 한 번 저장되면, 다시는 변경되지 않는다.

receiptsRoot에는 앞서 설명한 대로 트랜잭션의 로그 데이터나 송·수신자의 주소 등이 담겨 있는데, 이 역시 각 블록마다 별도로 하나씩 존재한다. 이 머클 패트리샤 트리로 가는 경로도 transactionRoot와 마찬가지로 트랜잭션 인덱스를 RLP 방식으로 인코딩해둔 값이다. 이 트리 역시 한 번 저장하고 나면 다시는 변경되지 않는다.

4.3 이더리움 해시 퍼즐

이더리움의 해시 퍼즐 개념은 비트코인과 동일하다. 그러나 몇 가지 기교를 통해 채굴의 독점을 방지하고자 했다. 이 절에서는 이더리움에서 구현한 해시 퍼즐에 대해 자세히 알아보자.

이더리움은 비트코인 해시 퍼즐의 골격을 그대로 가져왔지만 동시에 몇 가지 변화를 줬다. 첫째, SHA-256 대신, 2015년 NIST에서 발표한 SHA-3을 바탕으로 일부 변형한 방식을 사용한다. 둘째, 오로지 연산만 반복하며 정답을 찾아나가는 비트코인과 달리 매번 계산할 때마다 데이터셋에서 특정 값을 읽어 오기 위해 무려 64번이나 메모리에 접근하도록 변경했다. 메모리에서 특정 값을 반복적으로 읽어와야만 하는 방식은 의도적으로 연산 의존도를 '방해하기' 위함이다. 메모리에서 값을 읽는 속도는 연산 속도에 비해 현저히 느리므로 연산 속도만 극대화시키더라도 느린 메모리 접근 속도로 인한 병목 현상이 그 효과를 상쇄시켜 전체 해시 퍼즐 해결에 큰 영향을 미치지 못한다. 또한 ASIC를 통한 대량 병렬화를 위해서는 막대한 메모리 장비를 함께 사용해야 하므로 가격 대비 성능이 제한돼 효율이 감소한다. 이를 통해 대형 채굴업체의 ASIC 사용을 억제해 채굴 권력이 특정 세력에 독점되는 것을 막고자 했다. 이러한 형태로 구성된 해시 함수를 보통 '메모리-하드' 방식이라고 한다. 이더리움의 Ethash와 Z 캐시의 Equihash가 대표적인 예다.

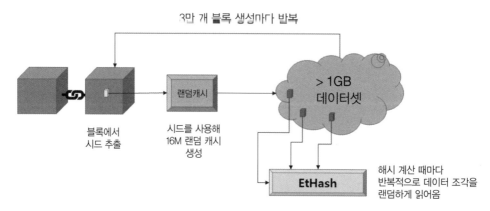

그림 4-10 해시 퍼즐을 위한 데이터셋의 생성

그림 4-10은 이더리움의 해시 퍼즐에 사용되는 데이터셋을 생성하는 과정을 보여준다. 최초에 블록 시드를 이용해 16메가바이트 크기의 랜덤 캐시를 형성한 후 이를 시드로 해 추가로 1기가바이트의 데이터셋을 구성하는 것으로 시작된다. 이 작업은 3만 개의 블록이 생성될 때마다(이더리움은 이 주기를 에폭[epoch]이라 부른다. 에폭은 전산학에서 '반복되는 특정 주기'를 일컫는 보편적 용어다.) 반복되며 랜덤 캐시와 데이터셋의 크기는 최초 16메가바이트와 1기가바이트에서 시작해 점차 증가하도록 설계돼 있다. 이렇게 생성된 데이터는 최초의 시드로부터 하나의 비원형 그래프처럼 모양이 형성되므로 DAG[Directed Acyclic Graph]라고 부르기도 한다. 각 에폭때마다 생성할 랜덤 캐시와 데이터셋의 크기는 사전에 미리 정

해져 코딩돼 있으며, 2018년 12월 기준 그 크기는 2기가바이트가 넘는다. 이 데이터셋을 생성하기 위해서는 그림 4-10의 제일 왼쪽에서 보는 것처럼 현재 블록의 번호를 활용해 시드를 추출한 후, 16메가바이트 이상의 랜덤 캐시를 생성하고, 이를 이용해 또 다시 1기가바이트 이상의 데이터셋을 생성하는 과정이 반복된다. 이후 해시 퍼즐을 계산할 때는 이 데이터셋에서 랜덤으로 특정 조각을 반복적으로 읽어오면서 연산을 수행한다. 해시 퍼즐의 기본 구조는 비트코인과 거의 동일하다. 주어진 목푯값보다 작거나 같은 값을 찾을 때까지 계속해 난스를 바꿔 가며 반복적으로 계산한다. 표 4-4에는 블록 번호와 에폭 그리고 미리 정의된 랜덤 캐시와 데이터셋(DAG)의 크기 중 일부를 나타낸 것이다.

표 4-4 에폭과 생성 데이터 크기

에폭	블록 번호	랜덤 캐시 크기	DAG 크기
1	30000	16MB	1G
128	3840000	32MB	2G
256	7680000	48MB	6G

TIP

SHA-3은 SHA 계열로 분류돼 있지만 그 내부는 Keccak를 따르고 있어, MD5 형식의 SHA-1이나 SHA-2와는 확연히 차이가 난다. 통상 MD5는 메시지를 일정 길이로 나눈 후 일련의 XOR, AND, OR, Add(mod 232) 그리고 로테이션(Rot) 연산을 복잡하게 조합해 해시 값을 산출하는 것이 핵심이다. 이에 비해 SHA-3이 기반을 둔 Keccak는 여러 계층 구조를 가진 소위 스펀지 구조(sponge construction)에 의해 연속된 XOR 연산으로 값을 변형한다. 하나의 계층을 통과할 때마다 랜덤화된 순열이 생성된다. 이 과정은 마치 각 계층이 물을 흡수한 후 다시 쥐어짜서 물을 도로 빼내는 과정을 반복하는 듯한 모습에 비유되곤 한다. 이 방식에 사용되는 연산은 And, Xor, Rot, Not이다. Not는 MD5 계열에서는 사용되지 않고, SHA-3에서만 사용되고 있다. Keccak에 대한 자세한 사항은 귀도 베르토니(Guido Bertoni)와 그 동료들이 작성한 문서인 https://keccak.team/files/Keccak-implementation-3.2.pdf를 참고하면 된다.

4.3.1 해시 퍼즐의 계산

이더리움에서 해시 퍼즐의 정답인 난스를 찾기 위해서는 하나의 해시를 계산할 때마다 믹스^{mix}라고 불리는 128바이트를 64회에 걸쳐 데이터셋에서 읽어와야 한다. 따라서 해시 계산에 있어 가장 큰 시간적 걸림돌은 해시의 계산이 아니라 메모리에서 믹스 데이터를 읽어오는 시간이다.

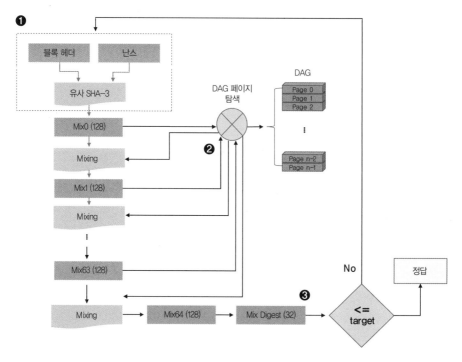

그림 4-11 이더리움의 해시 퍼즐

그림 4-11은 이더리움에서 해시 퍼즐을 계산하는 과정을 그림으로 표현한 것이다. 그림 4-11은 다소 복잡해 보이지만, 전체 골격은 비트코인 해시 퍼즐과 동일하다. 유일한 차이는 비트코인의 경우 단순히 난스만 증가시키면서 반복적으로 해시 함수를 계산했지만, 이더리움은 해시 퍼즐 계산을 위해 매번 64회에 걸쳐 데이터셋(DAG)에서 반복적으로 값

을 읽어온 후 이를 이용해 계산해야 한다는 것뿐이다. 그림 4–11에서 복잡한 부분은 모두 64회에 걸쳐 메모리에서 값을 읽어오는 것이며, 이 부분을 제외하면 비트코인 해시 퍼즐과 동일하고, 이는 그림 4–11의 ❶번 영역에 해당한다.

전체 과정을 살펴보면 우선 DAG의 특정 페이지에서 한 번에 128바이트씩 모두 8192 (= 128*64) 바이트를 읽어온 후(❷) 최종적으로 한 번의 해시 퍼즐을 계산(❸)하는 것을 알 수 있다. 여기서 ❷번 과정을 생략하면, 비트코인 해시 퍼즐과 같은 구조가 된다. ❷번 과정에서는 메모리에서 특정 값을 반복적으로 읽어오는데, 이 때문에 전체 연산 속도에 의도적으로 병목 현상을 초래하게 한다. 결국 아무리 연산 능력을 극대화하더라도 그 계산 속도는 메모리 접근 속도를 넘어설 수 없게 된다.

TIP

이더리움 블록의 헤더에 있는 mixHash와 nonce 값을 제외한 모든 데이터를 비트로 나타낸 값을 BH라 표기하고, ||를 두 비트 스트림을 연결하는 연산이라고 하면, 이더리움 해시 퍼즐의 정답이 주어진 조건을 만족하는지 확인하는 과정은 다음과 같다.

$$\text{Keccak256 (Keccak512 (BH } || \text{ nonce) } || \text{ mixHash)} <= \text{Target}$$

Memo

초당 200기가바이트의 대역을 가진 메모리의 경우, 8킬로바이트를 읽어 하나의 연산을 한다면, 초당 25메가바이트 정도의 해시가 최대치가 된다.[7] 따라서 ASIC를 통해 이를 극대화하려면, 연산 속도뿐 아니라 엄청난 메모리를 사용해 병렬 처리해야 하는데, 하드웨어나 전력을 감안할 때 효율적인 시스템을 구성하기가 쉽지 않다. 그러나 아이러니하게도 현재 채굴의 독점은 비트코인보다 이더리움이 훨씬 심각하다. 비트코인은 상위 3개 업체가 과반수를 조금 더 독점하고 있지만, 이더리움의 경우 무려 65%를 독점하고 있다. 이더리움이 사용한 메모리–하드 방식도 채굴의 독점을 효과적으로 막지는 못한 셈이다.

---

7 앞서 25메가 해시로 현재 비트코인 해시 퍼즐을 계산하려면 6,000만 년이 소요됐다는 것을 기억하자.

4.3.2 이더리움의 난이도 조절

비트코인과 마찬가지로 이더리움도 반복적으로 해시 퍼즐의 난이도를 조절한다. 앞서 살펴본 것처럼 비트코인은 2,016개의 블록이 생성될 때마다 난이도를 조절하지만 이더리움은 새로운 블록이 생성될 때마다 매번 난이도를 조절한다. 비트코인이 1,209,600초마다 조절하는 반면, 이더리움은 15초마다 조절하는 셈이므로 난이도 조절은 비트코인에 비해 무려 80,640배나 더 많이 하고 있는 셈이다. 비트코인의 목표는 블록의 평균 생성 속도를 10분으로 맞추는 것이지만 이더리움의 목표는 평균 15초에 맞추는 것이다.

이더리움의 난이도 조절은 관련 소스 코드를 들여다보면 명확하게 알 수 있다. 다음 식은 이더리움의 소스 코드에 있는 난이도 부분으로, 2018년 12월 현재 사용하고 있는 방식이다.

```
block_diff = parent_diff + parent_diff // 2048 *
    max(1 - (block_timestamp - parent_timestamp) // 10, -99) +
    int(2**((block.number // 100000) - 2))
```

식에서 //는 '정수 나눗셈'을 의미하는데, 이는 나눗셈의 결과 중 몫만 취하고 소수점은 모두 버리는 연산이다. 예를 들어 3//3, 4//3 , 5//3은 1로 계산되고 6//3, 7//3, 8//3은 2로 계산되며, 9//3,10//3,11//3은 3이 된다. 앞의 식은 다소 복잡해 보이지만, 이를 자세히 들여다보면 '+' 연산으로 연결된 세 가지 부분으로 이뤄져 있음을 알 수 있다.

블록의 난이도 = 부모 블록의 난이도 + 난이도 동적 조절 + 10만 개 블록마다 난이도 조정

이 중 '난이도 동적 조절 부분'이 다소 복잡해 보이는데, 이 부분을 쉽게 설명하면 현재 블록이 생성되는 데 소요된 시간을 측정한 후 부모 블록의 난이도로부터 최대 1/2048만큼 (= 약 0.05%) 상향되거나 99/2048만큼(= 약 4.83%) 하향 조절한다는 것이 골자다. 난이도 동적 조절 부분은 다음과 같은 두 단계로 이뤄져 있으며, 두 번째 단계는 블록이 실제로 생성된 시간에 따라 모두 세 가지의 서로 다른 경우의 수가 가능하다.

단계 1) 매번 블록이 생성될 때마다 이전 블록을 생성하는 데 소요된 시각과 현재 블록이 생성된 시각의 차이 τ를 초단위로 계산한다.

τ = block_timestamp(= 현재 블록 생성 시각) −parent_timestamp(= 이전 블록 생성 시각)

단계 2) τ의 값에 따라 다음 세 가지 중 하나를 수행한다.

2-1) τ < 10 이면, 난이도는 상향 조정되며, 조정되는 크기는 parent_diff // 2048 * 1이다.

2-2) 10 <= τ 〈 20 이면, 난이도는 변화되지 않는다.

2-3) τ >=20이면, 난이도는 하향 조정되며, 조정되는 크기는 τ에 비례하며, 최솟값은 parent_diff // 2048*(−1)이고, 최댓값은 parent_diff // 2048 *(−99)이다.

한편, 난이도 수식의 제일 마지막 부분은 블록 생성 속도에 따른 난이도의 변화 추이와 상관없이 항상 10만 개의 블록이 생성될 때마다 고정적으로 2배씩 기하급수적으로 난이도를 증가시키는 역할을 한다. 10만 개의 블록이 만들어지는 시각은 대략 17 ~ 18일이 소요된다.

```
int(2**((block.number // 100000) - 2))
```

이 마지막 부분은 보통 난이도 폭탄difficulty bomb이라 불린다. 이 폭탄이 터지면 더 이상 채굴을 하지 못할 정도로 난이도가 급상승하기 때문이다. 이는 인위적으로 난이도를 기하급수적으로 올리는 역할을 하는데, 2018년 12월 현재 이 값은 이미 2^{66}에 육박하며 이제 곧 그 누구도 채굴하지 못하는 난이도에 이르게 된다. 이러한 난이도 폭탄을 심어둔 이유는 소위 캐스퍼casper라 부르는 지분 증명으로 자연스럽게 옮겨가기 위해서다. 지분 증명으로 전환할 때 채굴업자들이 반대해 작업 증명을 계속 고집할 경우 하드포크를 통해 서로 갈라설 위험이 있으므로 난이도 폭탄을 통해 작업 증명 자체를 완전히 무력화시킬 계획인 것이다. 이를 통해 모두 지분 증명으로 자연스럽게 따라올 것이라 기대하는 것이다. 이 책이 출판된 시점에는 난이도 폭탄이 이미 작동해 이더리움이 성공적으로 지분 증명으로 탈바꿈했거나 실패해 하드포크를 사용해 난이도 폭탄을 또 다시 연기했을 수도 있다. 사실 이미 같은 일이 발생한 적이 있다. 2017년 10월 16일 이더리움은 하드포크를 통해 437만 번 블록을 기점으로 보조금을 5이더에서 그 60% 수준인 3이더로 낮춘 후 난이도 역시 절반으로 인위적으로 낮췄다. 이는 난이도 폭탄을 통해 예정된 지분 증명으로의 전환을 수행하려던 계획이 뜻대로 이뤄지지 않자 하드포크를 통해 폭발 시간을 늦춘 것이다.

Memo

제네시스 블록의 탄생 이후 인위적 간섭을 단 한 번도 하지 않았던 비트코인과 달리 이더리움은 수시로 하드포크를 통해 새로운 변화나 기능을 접목하고 있다. 기능의 향상이나 안정화라는 명분을 붙이지만, 시각에 따라 이더리움 재단이 끊임없이 인위적인 영향을 행사하고 있는 것으로 해석할 수 있으며, 그 정점은 'The DAO 사건'이다. 이더리움은 독립적인 자율 운영이라는 취지가 무색하게 이더리움 재단에 의해 완전히 지배되고 있다. The DAO 사건은 비탈릭 부테린이 시스템 해시 파워의 90%가 넘는 채굴업자를 규합해 임의로 기록을 변경한 사건으로, 프로그램만으로는 절대 독립적 자율 운영을 성취할 수 없다는 것을 잘 보여줬다. 블록체인이라는 소프트웨어만으로 탈중앙화된 자율 플랫폼을 저절로 구축할 수 있다고 믿는 것은 순진하고 철없는 망상이다. 중요한 것은 시스템을 운영하는 사람이며, 소프트웨어가 아니다. The DAO 사건은 '6.1.4 The DAO 사건 – 탈중앙화의 민낯'에서 자세히 설명한다.

4.4 이더리움과 스마트 컨트랙트

이더리움의 스마트 컨트랙트는 블록체인의 범용성과 관련이 있다. 비트코인 블록체인은 서로 비트코인을 주고받은 내역에 대한 정적인 기록 외에는 그 어떠한 용도로도 사용할 수 없다. 이러한 한계를 극복하기 위해 이더리움은 정적인 기록 이외에 프로그램도 저장할 수 있도록 기능을 개선해 구현했는데, 이를 흔히 '스마트 컨트랙트'라고 한다. 이는 '2.3.7 스마트 컨트랙트'에서 소개했던 닉 사보의 개념을 구현해보고자 하는 시도였으며, 그에 따라 닉 사보가 사용했던 것과 동일한 용어를 그대로 사용한 것이기도 하다.

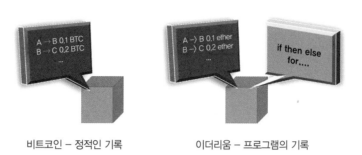

비트코인 – 정적인 기록   이더리움 – 프로그램의 기록

그림 4-12 비트코인과 이더리움의 비교

그림 4-12는 비트코인의 정적인 기록과 이더리움의 동적인 프로그램을 비교하고 있다. 그림 4-12의 오른쪽에 그려진 이더리움에는 비트코인과 같은 정적인 기록은 물론 프로그램 코드까지도 블록에 저장할 수 있다는 것을 알 수 있다. 프로그램은 여러 조건을 표현할 수 있으므로 이제 비로소 조건부 송금도 가능해진다는 의미가 된다. 예컨대, 특정 조건이 갖춰졌을 때 선택적으로 송금을 자동 실행할 수 있는 것이다. 좋은 예로서 각자 내기를 하고, 결과에 따라 판돈을 나눠 갖는 경우를 생각해보자. 이러한 조건부 송금은 비트코인으로는 구현할 수 없다. 비트코인에서는 오프라인에서 내기를 한 후 그 결과에 따라 수동으로 각자 비트코인을 송금하는 방법만이 가능하다. 만약, 내기 금액이 상당히 크다면 진 쪽에서 결과에 승복하지 않고 송금을 지연시키는 경우도 얼마든지 발생할 수 있다. 그러므로 내기 금액이 크다면 법률적 효력을 발휘해줄 수 있는 변호사나 법무사 등의 제삼자를 증인으로 대동해야 할 것이다.

그러나 이더리움에서는 내기의 조건을 프로그램화한 후 블록에 저장하는 것으로 이 모든 과정을 자동화할 수 있다. 이 내기를 위해 이제 제삼자가 개입할 필요는 없다. 내기에 참여할 사람들은 각자의 EOA를 사용해, 내기가 코딩돼 있는 스마트 프로그램을 블록에서 호출한다. 프로그램을 호출할 때 얼마를 내기에 걸 것인지 메시지를 통해 전달할 수 있다. 이후 실제 발생한 내기 결과에 따라 프로그램은 정해진 규칙에 의해 이더리움을 자동으로 송금한다. 비트코인과 달리 이 모든 과정은 제삼자가 개입할 필요 없이 자동으로 진행된다. 만약 정교한 코딩을 통해 많은 법률 계약을 코딩할 수만 있다면, 이제 여러 법률 계약의 집행을 제삼자의 개입 없이도 프로그램으로 자동으로 실행할 수 있게 되는 것이다.

이더리움에서 스마트 컨트랙트를 구현한 인물은 개빈 우드(Gavin Wood)다. 개빈 우드는 2014년 파이썬과 C의 구문을 혼합한 솔리더티(solidity)라는 언어를 제안했으며, 이는 이후 이더리움 개발 팀에 의해 이더리움 스마트 컨트랙트를 위한 EVM으로 구현됐다. 당시 EVM을 위해 모두 5개의 언어(Solidity, Serpent, LLC, Viper, Mutan)가 준비 중이었다. 이 중 Mutan은 도중에 제외됐으며, 현재는 솔리더티가 가장 보편적으로 사용되고 있다.

스마트 컨트랜트 작성   EVM 바이트 코드   블록에 저장

그림 4-13 스마트 컨트랙트를 블록에 저장하는 모습

그림 4-13은 솔리더티라는 언어를 사용해 스마트 컨트랙트를 작성한 후 이를 컴파일해 이진 바이트 코드로 변환하고 블록에 저장하는 모습을 보여준다. 이렇게 변환된 이진 코드는 '4.1.3. 계약 계정과 EVM'에서 설명한 것처럼 EVM을 통해 실행된다. 스마트 컨

트랙트는 지금은 탈중앙화 앱이라는 의미를 가진 디앱이라는 이름으로 더 많이 불리고 있다.

4.5 이더리움과 디앱

이더리움의 스마트 컨트랙트는 '블록체인의 범용화'라는 가능성을 실험해볼 수 있는 시작이었다. 이더리움은 애플이 iOS를 통해 플랫폼을 제공하고, 수많은 앱 개발자는 iOS용 프로그램을 만들어 무궁무진한 응용 프로그램의 생태계를 키워나가는 것처럼, 이더리움이 디앱을 위한 플랫폼 역할을 하고, 수많은 디앱 개발자가 가치 있고 다양한 프로그램을 제공해주길 기대했다.

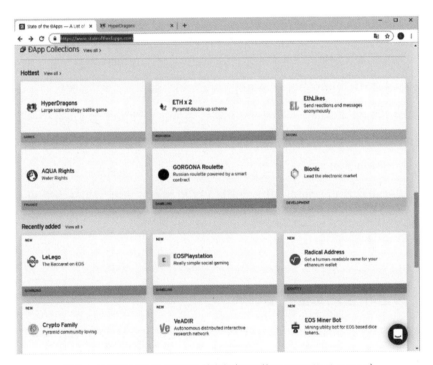

그림 4-14 디앱을 한곳에 전시해둔 웹사이트(https://www.stateofthedapps.com)

그림 4-14는 디앱을 한곳에 모아 일목요연하게 정렬해둔 웹사이트를 보여준다. 수많은 개발자가 이더리움이 제공한 개발 환경인 IDE^{Integrated Development Environment}를 이용해 저마다 디앱을 만들기 시작했다. 그렇다면, 지금까지 과연 어떤 가치 있는 프로그램들이 탄생했을까? 기대와는 달리 아직까지 단 하나의 가치 있는 프로그램도 등장하지 못했다. 가장 인기 있는 프로그램은 우스꽝스럽게도 가상의 고양이를 만들어 서로 사고파는 크립토키티인데, 이는 게임 속 고양이를 통해 토큰을 발행하는 프로그램 정도로 이해하면 된다. 고양이가 토큰 역할을 수행하므로 사실은 또 다른 암호 화폐를 고양이 모양으로 사고파는 것일 뿐이다.

가상의 고양이가 팔리니 가상의 돌을 만들어 팔고 급기야 가상의 공룡을 만들어 팔기도 한다. 이 모든 것은 그 자체로 토큰 역할을 한다. 이더리움은 스마트 컨트랙트를 이용해 손쉽게 토큰을 발행할 수 있도록 표준을 만들어 제공하는데, ERC-20을 필두로 ERC-721, ERC-998과 같이 새로운 표준을 계속해 만들고 있다. 2019년 11월 현재 22만 5천 개의 ERC-20 토큰과 2,800여 개의 ERC-721 토큰이 스마트 컨트랙트의 형태로 이더리움에 기생(寄生)하고 있으며, 이 중 상당수는 브로커들이 직접 만든 토큰으로서 자신들의 중개소에 등록시켜 일반인들에게 판매하고 있다. 이들은 프로그램 몇 줄로 급조된 토큰을 '디지털 자산'이라고 한껏 부추기면서 미래의 자산이 될 것이라 선동하며 구매를 종용한다. 그러나 앞서 설명한 것처럼 '디지털 자산'은 이미 가치를 가진 그 무엇을 디지털화한 것을 의미하며 가치 없는 어떤 것으로부터 새로운 가치를 창출한다는 의미가 아니다. 암호 화폐의 내재 가치는 0이다. 암호 화폐는 디지털 자산과 달리 '가치를 갖고 있지 않은 것'을 디지털화한 것이다. 그저 단순한 디지털 수치일 뿐이다.

4.5.1 디앱과 정보 노출의 딜레마

블록체인이 무결성을 지킬 수 있는 핵심은 '모두에 의한 검증'이다. 이 때문에 모든 데이터를 브로드캐스팅을 통해 공유하는 것이다. 디앱의 딜레마는 이러한 정보 공유에 있다.

모든 정보가 노출되기 때문에 '쓸모 있는' 프로그램을 만드는 것이 쉽지 않은 것이다. 일상생활에서 행해지는 대부분의 계약에는 '민감한' 정보가 들어갈 수밖에 없다. 그러나 디앱은 민감한 정보를 사용하는 순간 곧바로 모두에게 노출돼 버리는 딜레마가 생긴다. 이런 상태로는 누구나 원할 때 검증에 참여할 수 있는 확장성을 유지한 채 효용 있는 스마트 컨트랙트를 만드는 것은 사실상 불가능하다고 볼 수 있다.

이를 극복하기 위해 여러 가지 아이디어가 제시되고 있고, 그중 두 가지가 주목을 받고 있지만 과연 어떤 유용한 결과를 얻게 될지는 미지수다. 다음 절에서 이 두 가지 아이디어를 간략히 분석해보자.

4.5.1.1 인증 기반의 블록체인?

인증 기반의 블록체인은 신원 확인과 허가를 통해 정보 보호의 문제를 해결하자는 아이디어다. 이러한 아이디어의 중심에는 하이퍼레저 등의 프라이빗이나 컨소시엄 블록체인이 있다. 이 플랫폼은 기본적으로 인증을 담당하는 서버를 둬, 신분을 확인받고 허가받은 구성원들과 스마트 컨트랙트만 사용하도록 통제한다. 비밀을 공유해도 되는 사람들에게만 정보가 전달되므로 앞서 말한 정부 누출 문제는 사라진다. 이러한 인증에는 단계를 둬, 단계가 같은 구성원끼리 공유할 수 있는 정보에 차등을 두기도 한다. 하이퍼레저 패브릭의 경우 이를 위해 '채널'이라는 개념을 두고, 정보는 동일 채널 내에서만 공유하도록 통제하는 방식을 사용한다.

얼핏 듣기에는 괜찮은 아이디어인 것 같지만, 사실 여기에는 중요한 모순이 하나 숨어있다. 인증을 담당하는 특정 서버가 존재하고, 인증된 사람들로만 구성된 네트워크는 더이상 탈중앙화 시스템이 아니다. 따라서 더 이상 블록체인이 아니다. 이러한 시스템과 기존의 중앙화 시스템이나 분산 시스템과의 차이점은 찾아보기 힘들다. 과연 이런 시스템은 어떤 효용이 있는 것일까?

여기서 또 짚고 넘어가야 할 점은 '블록체인의 명확한 정의가 없다는 사실이 얼마나 많은 혼란을 부추길 수 있는가?' 하는 점이다. 많은 사람이 하이퍼레저 패브릭을 블록체인으로 알고 있지만, 나는 항상 하이퍼레저 패브릭은 블록체인이 아니라고 설명한다. 문제는 '하이퍼레저 패블릭은 블록체인이 맞는가?'에 대한 질문에 정답이 없다는 것이다. 이는 블록체인에 대한 명확한 정의가 없기 때문이다. 이에 대해서는 '5장 하이퍼레저와 블록체인'에서 하이퍼레저에 대해 더 자세히 알아보면서 다시 생각해보자.

4.5.1.2 하이브리드 시스템?

하이브리드의 아이디어는 여러 종류의 시스템을 조합해 문제를 해결하자는 것이다. 문제의 해결을 위한 조합에는 중앙화 서버와 블록체인의 조합은 물론, 분산과 블록체인, 퍼블릭과 하이퍼레저 등의 여러 가지 경우가 있지만, 사안에 따라 두 시스템의 조합이 아닌 셋 이상의 이질적 시스템을 조합할 수도 있다.

이런 구상의 배경이 되는 아이디어 중 하나는 개인 정보 등의 민감한 정보를 다뤄야 하는 사안들은 기본적으로 모두 중앙화 등 정보 보호가 완벽히 되는 시스템을 활용하고, 그 결과만 블록체인에 저장해 '기록의 비가역성'을 통해 투명성을 높이자는 것이다. 이 역시 얼핏 들으면 괜찮아 보이지만 여기에도 여러 가지 허점이 숨어 있다.

첫째, 대부분의 중요한 일은 중앙화 서버에서 발생하고 그 마지막 결과만 블록체인에 저장한다면, 군이 블록체인에 따로 저장해야 할 이유가 없다. 블록체인이 무결성을 갖는 이유는 모두가 '기록에 대한 검증'에 참여하기 때문이다. 그러나 중앙화 서버에서 모든 일을 처리하고 마지막 결과만 저장한다면, 결과의 '변경은 탐지'할 수 있지만, 정작 그 기록 자체의 검증은 불가능하다. 검증하지 못한 기록의 변경 탐지가 줄 수 있는 효용은 그리 크지 않다. 그렇다고 모두를 검증에 참여시키려면, 또 다시 정보가 노출되는 딜레마가 생긴다. 이를 위해 '4.1.5.5 제로 지식 증명' 등에서 소개한 제로-지식-증명 등의 아이디어가 나오지만, 그 적용 범위는 매우 제한적일 수밖에 없다.

둘째, 중앙화 서버에서 처리한 결과를 군이 블록체인에 옮겨 담아야 할 만큼, 투명성이 절박한 경우가 별로 없고, 이는 마치 팀원을 믿지 못해 다른 팀원에게 일을 중복해 시키고, 그 또한 믿지 못해 또 다른 팀원을 동원하는 어리석은 짓이다. 현명한 팀장은 일을 중복해 시키지 않고 '믿을 만한' 사람을 찾아 시킨다. 블록체인은 완전 익명을 전제로 한 시스템이다. 따라서 '믿을 만한' 팀원을 구할 방법이 없다. 그렇기 때문에 모두가 중복해 확인할 수밖에 없는 구조인 것이다. 이는 신뢰를 대신하기 위해 치러야 할 값비싼 대가이기도 하다. 그러나 신원을 확인할 수 있는 시스템에서는 '믿을 만한' 팀원을 충분히 구할 수 있으며, '믿으면' 된다. 그러다 일이 잘못되면 수습하면 된다. 그렇게 수습하는 데는 당연히 비용이 들겠지만, 평소에 일을 중복시키며 허비하는 비용보다 훨씬 적다. 믿고 맡기는 방법은 리스크를 대비하는 방법 중 수용^{assume}에 해당하는 방법이기도 한데, 이에 대해서는 '6.3.2 리스크와 보안'에서 자세히 알아본다.

셋째, 하이브리드 시스템으로 구성하려는 아이디어는 대부분 중앙화 서버에서 분산 저장 방식을 사용하면 동일한 안전성을 지닌 시스템을 구현할 수 있다. 결과에 대한 해시 값만 블록체인에 저장하는 아이디어는 중앙화 서버에서 그 결괏값에 대해서만 모두에게 열람권을 주는 것과 동일하다. 어차피 검증 자체에 관여하지 못하고 결과만 열람할 수 있으므로 군이 블록체인을 이용할 필요가 없으므로, 중앙화 시스템을 사용해 훨씬 효율적으로 구성할 수 있다. 해시 함수를 통해 기록 변경만 감지하는 시스템을 위해 중복에 의한 비효율을 감수하려는 것은 거의 모두 잘못된 선택일 가능성이 높다.

> 작업 증명이 동반되지 않고 단순히 해시 함수만 사용하면, 기록의 투명성에 그다지 기여하지 못한다. 특수 권한을 가진 내부자의 기록 변경 등에 대해서는 거의 무용지물이기 때문이다. 이 점은 '5.2 변종 블록체인과 내부자 위협'과 '6.3.2 해시 함수와 보안'에서 다시 알아본다.

TIP

4.6 샤딩과 지분 증명

이더리움 블록체인 데이터의 전체 용량은 2018년 12월 말을 기점으로 1.5테라바이트에 육박하며, 그 크기는 매일 기하급수적으로 불어나고 있다. 정적인 데이터를 담고 블록 크기를 1메가바이트로 제한한 비트코인과 달리, 이더리움은 데이터의 크기에 대한 이론적 제한이 없다. 이렇게 늘어난 데이터 용량은 시스템의 무결성을 정면으로 해친다. 데이터가 늘어나면 '모두의 검증'에 필요한 자원이 과도하게 늘어난다. 이더리움의 검증에 참여하려면 약 1.5테라바이트나 되는 저장 장치를 낭비해야 한다. 그러나 앞서 설명한 것처럼 검증에 대한 대가는 단 한푼도 주어지지 않는다. 한마디로 검증에 참여할 '동인'이 전혀 없는 것이다. 이는 검증에 참여한 완전 노드 수가 급격히 줄어들어 이더리움의 무결성을 심각하게 훼손하며, 이는 곧 이더리움의 생존과도 직결된다.

Memo

이더리움 네트워크에 접속하기 위한 필수 프로그램을 이더리움 클라이언트라고 한다. 클라이언트에는 다양한 언어를 지원하는 여러 가지 종류가 있다. 현재 가장 많이 사용되는 것은 이더리움 재단에서 제작 배부하는 go-ethereum과 cpp-ethereum인데, 각각 Go와 C++ 언어로 돼 있다. 한편, 패리티 테크놀로지(Parity Technology) 사는 Rust라는 언어를 사용해 개발한 패리티(Parity)라는 클라이언트를 제공하고 있는데, 불필요한 데이터를 제거해 필요 용량을 획기적으로 줄였다고 주장한다. 패리티를 사용하면 기존의 완전 노드는 아카이브(archive) 노드와 완전 노드로 세분화할 수 있는데, 이 중 아카이브 노드는 기존처럼 1.5테라바이트 이상이 필요하지만 완전 노드는 불필요한 데이터를 삭제를 통해 약 90기가바이트로 검증을 수행할 수 있다는 것이다. 그러나 다양한 모든 상황에서 완벽한 검증이 되는지는 아직 증명된 바가 없다. 블록체인 네트워크에서는 새로운 공격 방법이 계속 등장하고, 이들이 공격법은 보다 정교해지고 있다. 완전 노드로 이 모든 공격에서도 여전히 검증을 수행할 수 있을지는 미지수다(완전 노드를 위한 90기가바이트도 결코 작은 용량은 아니다). 한편, 이더리움에서 제공하는 go-ethereum과 cpp-ethereum는 모두 아카이브 노드로만 운영된다.

비탈릭 부테린은 샤딩이라는 기법을 통해 데이터가 기하급수적으로 불어나는 용량 문제에 대처하겠다고 밝힌 바 있다. 샤딩sharding은 대형 데이터베이스의 보관에서 보편적으로 사용하는 방법으로, 쉽게 설명하면 전체 데이터베이스를 개별 서버에 보관하는 대신 m개 조각으로 나눠 각 조각의 일부만을 m개 이상의 서버에서 분산 보관하고 있다가 필요할 때마다 한곳에 합쳐 전체의 완성본을 만드는 기술이다. 그림 4-15를 보자.

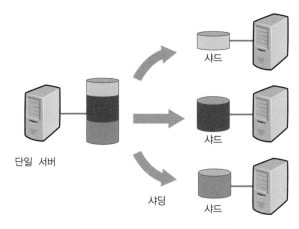

그림 4-15 데이터베이스 샤딩의 개념도

그림 4-15는 샤딩의 개념도를 보여주고 있다. 그림의 왼쪽은 전체 데이터를 개별 서버가 보관하고 있는 모습을 보여준다. 이를 샤딩하면 그림 4-15의 오른쪽처럼 여러 서버에서 조각난 데이터를 나눠 저장한다. 이때 각각의 데이터 조각을 샤드shard라고 한다. 샤드는 조각이나 파편을 의미하는 영단어인데, 데이터베이스를 조각 내 보관하는 모습과 매우 잘 어울리는 명칭이기도 하다.

얼핏 듣기에는 괜찮아 보이는 이 방법의 근본적인 문제는 탈중앙화된 시스템에서 구현하는 것이 불가능하다는 것이다. 샤딩을 위해서는 우선 m개의 조각으로 전체 블록체인 데이터를 분리한 후 각 조각을 최소 m개 이상의 서버에서 분산 보관해야 한다. 그러려면 각각의 조각을 분산해 기록하는 m개 이상의 서버들은 이제 365일, 24시간 항상 켜져 있어야 하며, 절대 멈춰서는 안 된다. 중앙 서버의 통제 없이 모든 노드가 자발적으로 참여하고 탈퇴하는 네트워크를 전제로 하는 블록체인에서 365일, 24시간 항상 켜져 있는 서버를 가정하는 것은 모순이다. 또한 m의 크기를 얼마로 결정할 것인지, 어떻게 조각낼 것인지, 각 조각을 어느 서버에 분산 보관할 것인지 통제하고 관리하는 서버가 필요하게 되므로 탈중앙화가 되지 못한다. 한마디로 요약하면, 블록체인에서 샤딩을 구현하겠다는 것은 모든 노드가 참여하는 검증 방식을 훼손하며, 특정 노드가 서버 역할을 하는 중앙화 시스템으로 변질된다는 것을 의미한다.

한편, 샤딩을 구현하기 위해서는 더 이상 작업 증명 방식을 사용하지 못한다. 작업 증명 방식에서는 리더가 완전 무작위로 선출되는데, 그 리더는 항상 전체 기록을 보관하고 있어야 하는데다 완전 랜덤 환경에서 15초에 한 번씩 생성되는 블록의 검증을 위해 조각난 샤드를 효율적으로 다시 이어붙여 검증을 수행한다는 것도 현실적으로 불가능하다. 따라서 이런 완전 랜덤 상태가 제거되고, 통제된 확실성이 가미돼야 한다. 이더리움은 이미 수년 전에 작업 증명을 버리고 지분 증명으로 전환하겠다고 밝혔으며, 새로운 방식에 캐스퍼^{casper}라는 별칭까지 붙여둔 상태다. 그러나 지분 증명으로 전환하려는 시도는 번번히 실패했고, 그 다음 목표는 2019년 초이며 이를 위해 난이도 폭탄까지 심어둔 상태다. 난이도 폭탄이 터지면, 더 이상 작업 증명은 불가능하다. 그 전에 지분 증명으로 전환하든, 다시 하드포크를 통해 난이도 폭탄의 시계를 연장하든 선택을 해야 한다. 중요한 사실은 이더리움이 지분 증명으로 전환하는 순간, 더 이상 탈중앙화 시스템은 아니라는 점이며, 이제 이더리움 프로그램을 디앱이라고 부를 명분도 약해진다는 점이다.

TIP

샤딩과 지분 증명을 이미 적용했다고 주장하는 많은 아류 블록체인들이 있다. 이들의 한결같은 특징은 '중앙화된 블록체인'이라는 것이다. 중앙화된 블록체인은 블록체인이 아니다. 중앙화된 블록체인의 다른 말은 '중앙화된 탈중앙화'라는 것이고, 이 두 단어는 양립할 수 없기 때문이다.

5

하이퍼레저와 블록체인

지금까지 비트코인과 이더리움에 대해 살펴봤다. 각각이 가진 작동 원리와 함께 여러 속성을 알아봤으며, 진정한 범용성과 효용을 갖기 위해 정보가 누출되는 문제 등 해결돼야할 여러 난제가 있다는 점도 함께 살펴봤다. 이러한 다양한 문제를 해결하기 위한 여러 시도들이 이어져 오다가 '퍼블릭 블록체인'과 '프라이빗 블록체인'이라는 용어가 등장하기 시작했고, 이제 블록체인을 다양한 종류로 구분하기 시작했다. 이와 함께 '인증받은 노드들로만 구성된 블록체인'이라는 개념도 등장하는데, 이는 '실명만 사용하는 익명'인 셈으로 앞서 말한 '중앙화된 탈중앙화'만큼 어울리지 않는 조합으로 들리기도 한다.

프라이빗 블록체인의 대표적인 형태는 하이퍼레저hypher ledger다. 하이퍼레저는 2015년 12월에 리눅스 재단에 의해 시작된 오픈 소스 블록체인 프로젝트를 통칭하는 이름이다. 하이퍼레저라는 이름하에 수많은 프로젝트가 병렬로 진행되고 있으며, 그중 일부는 많은 사용자층을 확보하면서 확장되고 있다. 전반적인 개발은 리눅스 재단이 주도하지만, 실질적인 스폰서인 IBM이 큰 영향을 미치고 있으며, 그 뒤에는 SAP와 인텔 등의 또 다른 거대 회사가 함께하고 있다.

하이퍼레저는 그 합의 방식과 구현 형태에 따라 크게 5개의 독립적이며, 서로 다른 실험적 프레임워크 프로젝트로 이뤄져 있는데, 그중 가장 활발하고 주목받는 프로젝트는 하이퍼레저 패브릭Fabric이다. 이와 함께 개발을 위한 여러 툴이 제공되는데, 컴포저composer, 첼로cello, 칼리퍼caliper, 익스프로어explorer, 퀼트quilt 등이 개발의 편의성을 위해 함께 제공되고 있다. 각각에 대한 자세한 내용은 공식 홈페이지(https://www.hyperledger.org/)에서 찾아볼 수 있다. 여기서는 최근에 주목을 받고 있는 하이퍼레저 패브릭 프레임워크의 기본 작동 원리를 살펴봄으로써 하이퍼레저의 실체에 대해 알아본다.

TIP

5개의 블록체인 프레임 워크는 각각 패브릭(Fabric), 소우투스(SawTooth), 아이로하(Iroha), 인디(Indy), 버로우(Burrow)다. 각각 서로 다른 합의 방식 및 트랜잭션 처리 방식을 갖고 있다. IBM은 패브릭 프레임워크의 개발을 주도하고 있고, 인텔은 소우투스 프레임워크의 개발을 이끌고 있다.

5.1 하이퍼레저 패브릭

하이퍼레저 패브릭(편의상 이하 패브릭이라고 한다)은 초기에 IBM이 주축이 돼 개발하던 코드였는데, 현재는 IBM이외에도 여러 다른 조직이 개발에 함께 참여하고 있는 매우 활성화된 프로젝트다. 국내외의 많은 기업 역시 패브릭에 기반을 둔 블록체인 프로젝트를 나름대로 진행하고 있다. 패브릭의 형태는 통상 프라이빗 블록체인 또는 컨소시엄 블록체인이라 불리는데, 이는 공개되고 개방된 형태의 네트워크가 아니라 MSPMembership Service

Provider라 불리는 인증 관리 시스템에 등록된 사용자만이 참여할 수 있기 때문이다. 따라서 처음부터 '탈중앙화'라는 키워드와는 거리가 먼 시스템이다. '탈중앙화'가 필요하다면 패브릭은 정답이 아니다.

패브릭 아키텍처는 중앙화 서버처럼 구성돼 있지만, 블록체인에 있는 '모두에 의한 검증'이라는 속성을 접목하기 위해 피어peer라는 그룹을 만들었다. 각 피어 그룹은 모든 트랜잭션을 직접 실행해보고 그 결과를 검증하는 역할을 수행한다. 또 각 피어는 블록체인 데이터를 직접 저장하고 상태를 기록하는 역할을 수행하기도 한다. 역할만 놓고 보면 블록체인에서 '채굴과 검증을 겸하는' 완전 노드 정도로 비유할 수 있다. 그러나 패브릭에는 리더 선출의 과정이 없고 작업 증명의 과정이 없다. 따라서 채굴도 존재하지 않는다. 그 대신 트랜잭션과 피어 사이에 정렬자orderer라는 서버가 존재해, 동시 다발로 제출되는 트랜잭션들을 감시하고 정렬하는 것은 물론, 마지막 검증을 마친 트랜잭션의 결과를 각 피어가 최종적으로 원장에 기록하도록 허가하는 역할도 수행한다. 다음 절에서 패브릭의 기본 작동 원리를 자세히 살펴보자.

TIP

피어의 검증에 의한 합의 방식과 정렬자에 의해 조정을 거치는 과정이 1999년에 발표된 PBFT 방식c과 유사하므로 이 방식을 PBFT 합의를 구현한 것이라 설명하기도 한다.

5.1.1 하이퍼레저 패브릭의 기본 작동 원리

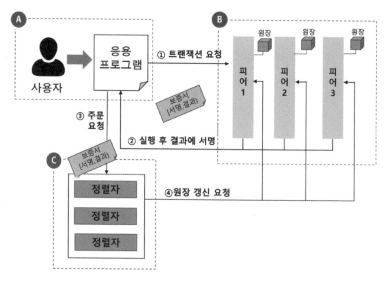

그림 5-1 하이퍼레저 패브릭의 기본 작동 원리

그림 5-1은 패브릭의 기본적인 작동 원리를 보여준다. 그림 5-1에서 보는 것처럼 패브릭의 작동은 크게 세 가지 그룹의 상호 작용에 의해 이뤄진다. 그림 왼쪽 상단의 A 그룹은 이용자로, 응용 프로그램을 통해 원하는 트랜잭션을 요청하는 역할을 한다. B 그룹은 A 그룹이 실행하려는 것을 검사하는 역할로, 검증을 위해 동일한 프로그램을 자신의 로컬에서 직접 수행해봄으로써 결과에 대해 확인하는 절차를 거치며, 나중에 정렬자의 지시에 따라 그 결괏값을 최종적으로 자신의 로컬 컴퓨터의 원장에 저장하는 역할도 수행한다. 이는 이더리움 블록체인에서 완전 노드가 하던 역할을 생각하면 된다. 마지막으로 C 그룹은 블록체인에는 없던 역할로, 완전 노드의 역할 중 '검증 후 동의'에서 '검증'과 '동의'를 분리했다고 생각하면 쉽다. 이더리움 블록체인의 완전 노드는 자신의 로컬 컴퓨터에서 스마트 컨트랙트를 중복해 실행한 후 그 결과에 대한 동의로서 직접 저장을 수행했지만 패브릭에서는 실행만 한 후 최종 동의 절차를 B 그룹이 직접 수행하지 않고 C 그룹

에게 맡긴다. 따라서 B가 동의하더라도 C 그룹의 허가를 받지 못하면 그 결과를 저장하지 않는다. 이것은 앞서 설명한 것처럼 블록체인의 완전 노드의 역할을 피어(B)와 정렬자(C)가 나눠 수행한다고 생각하면 이해하기 쉽다. 이제 각 단계별로 어떤 일이 발생하는지 살펴보면서 패브릭에 대해 보다 명확히 이해해보자.

[단계 1] 응용프로그램이 트랜잭션을 실행하려면 피어에게 요청해야 한다. 앞서 블록체인에서 트랜잭션 처리를 위해 요청서를 모든 노드에게 브로드캐스팅한 것을 연상하면 된다. 응용 프로그램의 요청은 모든 피어에게 전달된다.

[단계 2] 모든 피어는 요청받은 트랜잭션을 자신의 로컬에서 스스로 직접 실행해본 후 그 결괏값에 서명하고 응용 프로그램에게 되돌려준다. 이제 응용 프로그램은 결괏값의 정확성과 무결성에 대해 모든 피어의 반복된 수행을 거친 검증을 통해 보증서를 전달받은 셈이 된다. 이 과정은 이더리움에서 스마트 컨트랙트가 호출될 때 모든 완전 노드가 동일한 코드를 자신의 로컬에서 수행해보면서 그 결과를 검증하는 절차와 동일하다. 그러나 이더리움에서는 완전 노드가 검증을 마치는 즉시 스스로 '동의' 절차를 수행하면서 곧바로 자신의 로컬 컴퓨터에 결괏값을 저장했지만, 패브릭은 검증을 마친 피어가 자신의 로컬에 바로 저장하지 않고, 단지 검증을 마쳤다는 사실에 대해서만 직접 전자 서명한 후 [서명, 결괏값] 쌍을 응용 프로그램에게 되돌려준 후 정렬자의 최종 지시를 기다린다.

[단계 3] 응용 프로그램은 결과를 원장에 최종적으로 저장하기 위해 전달받은 [서명, 결괏값]을 정렬자에게 전송하며, 이 트랜잭션 처리를 완료해줄 것을 요청한다.

[단계 4] 정렬자의 역할은 비트코인이나 이더리움에는 없는 것이다. 정렬자는 요청받은 주문과 보증서를 확인한 후, 이상이 없는지를 확인한다. [서명, 결괏값]의 쌍을 확인해보면, 이 트랜잭션은 모든 피어가 직접 실행을 통해 확인했으며, 그 사이 위·변조되지 않았다는 것을 쉽게 확인할 수 있다. 이제 정렬자는 최종적으로 검증을 마친 후 모든 피어에게 이 결괏값을 저장해도 좋다는 지시를 내리면서 각 피어의 원장에 이 값을 반영해 갱신하도록 요청한다. 이 요청을 받은 피어(B 그룹)들은 이제 안심하고 각자의 원장에 이 결

괏값을 반영하며 갱신한다. 즉, 블록체인의 동의 절차는 완전 노드가 스스로 수행했지만, 패브릭에서는 최종 '동의' 결정을 '정렬자'로 불리는 노드(C 그룹)에서 수행하는 것이다. 정렬자는 하나의 서버로 구성할 수도 있지만, 다수의 서버로 구성할 수도 있다. 한편 정렬자는 그 이름에서 암시하듯 동시에 여러 개의 응용 프로그램으로부터 복수 개의 주문이 제출된 경우, 이를 순서대로 정렬하는 역할도 같이 수행한다.

5.1.2 패브릭 대 블록체인

패브릭의 작동 과정을 간단히 요약하면, 모든 응용 프로그램은 피어들로부터 보증서를 전달받아 결과의 무결성을 확인받고, 이 보증서를 정렬자에게 제출함으로써 최종 확인을 거친 후 피어들의 원장을 갱신하는 과정이라고 할 수 있다. 그림 5-1에 등장하는 3개의 그룹 A, B, C는 모두 MSP^Membership Service Provider라 불리는 인증 서버에 의해 신원을 확인받으며 관리된다.[1] 패브릭을 사용한 구현은 피어나 정렬자를 대부분 내부 서버가 담당하고 있으며, 외부의 참여는 없다. 한편, 정보의 보안을 위해 패브릭은 채널^channel이라는 별도의 개념을 도입돼 참여자를 구분하기도 하는데, 그림 5-1의 구성원 A, B, C가 모여 하나의 채널이 형성되고, 이런 모임이 복수 개가 되면 여러 개의 채널이 형성되는 것이다. 각각의 채널은 MSP의 관리에 따른 구성원으로 이뤄지며, 민감한 데이터는 통상 같은 채널 내의 특정 구성원들끼리만 공유한다. 또한 그림 5-1에서는 모든 피어가 동등하게 표현돼 있지만 보통 별도로 리더 피어를 선출해, 외부와의 통신은 이 리더 피어를 통해서만 이뤄진다. 이 경우 모든 피어가 트랜잭션을 실행한 후 각각 보증서를 개별적으로 발급하는 것이 아니라 모든 피어는 자신이 서명한 결과를 리더 피어에게만 전달만 하고, 최종 보증서의 전달은 리더 피어가 알아서 관리하는 식으로 운영할 수 있다.

---

1   설명의 편의상 그림에서 MSP는 생략했다.

이제 '과연 이러한 구조를 과연 블록체인이라고 부를 수 있을까?'라는 원론적인 문제를 함께 생각해보자. 패브릭은 몇 가지 측면에서 상식과는 다른 구조를 하고 있다. 블록체인이 극단적인 비효율을 무릅쓰고 모든 노드가 검증에 참여하는 이유는 익명의 네트워크에서 서로를 신뢰하지 못하기 때문이다. 그러나 패브릭은 MSP에 의해 모든 참여자를 인증하며 통제하고 있으며, 통상 이들 참여자는 모두 내부의 중앙 서버들로 구성된다. 따라서 패브릭의 구성 요소는 모두 신뢰에 기반을 둔 시스템이기 때문에 굳이 피어의 중복된 검증이라는 비효율을 감수할 이유가 많지 않다. 자동차에 비행기에서나 필요한 기압 조절 장치나 평형 유지 장치를 추가 구축할 필요가 없는 것에 비유할 수 있다.

TIP

이더리움이 인증 서버를 두고 모든 노드를 인증하며, 통제하는 상황을 상상해보자. 인증 기반의 이더리움이 있다면 그것을 블록체인이라고 부를 수 있을까? 블록체인의 명확한 정의가 없으므로 물론 정답은 없다. 그러나 더 이상 익명도 아니고 탈중앙화도 아닌 시스템을 블록체인이라 부르는 것에는 무리가 있어 보인다.

하이퍼레저 패브릭

- 인증 기반(C)
- 인증된 피어들에 따른 **반복된 검증**(?)
- 정렬자가 항상 최종 기록을 허가(C)
- 정렬자에 의해 동기화(C)

해시 함수를 이용한 위·변조 검증(X)

블록체인

- 익명 기반(B)
- 원하는 모두에 따른 반복된 검증(B)
- 기록을 위한 리더를 랜덤 선출(B)
- 비동기화 시스템(B)

해시 함수를 이용한 위·변조 검증(X)

그림 5-2 하이퍼레저 패브릭 대 블록체인

그림 5-2는 패브릭과 블록체인의 특성을 서로 비교하고 있다. 그림 5-2에서 (C)로 표기된 것은 중앙화 서버, (B)로 표기된 것은 블록체인의 특성을 의미한다. 많은 사람이 '해시

함수를 이용한 위·변조 검증'을 블록체인의 특성으로 오해하는데, 이는 잘못된 것이다. 해시 함수의 이용은 기록 변경 탐지를 위한 보편적인 방법일 뿐, 블록체인이나 중앙화 시스템 중 어디에도 귀속되지 않는 성질이다. 이 때문에 그림 5-2에서는 (×)로 표기했다. 그림 5-2에서 알 수 있듯이 패브릭에서는 블록체인의 특성을 찾아보기 힘들다. 그나마 비슷한 부분은 두 번째 특성인 '인증된 피어들에 의한 반복된 검증'이다. 중앙화 시스템에서는 '반복된 검증'을 통해 효율을 저하시키는 일이 없으므로 이에 대해서는 블록체인과 닮아 있는 것이 맞다. 그러나 '인증된 피어'들로만 검증하는 부분은 블록체인과는 거리가 멀다. 따라서 이에 대해서는 (?)로 표기해둔 것이다. 누구나 검증에 참여하는 것이 아니라 '미리 정해진' 소수만 검증에 참여하는 것이 어떤 의미를 갖는지는 각자 다르게 해석할 수 있지만, 누군가 패브릭으로 시스템을 구현하고자 계획하고 한다면, 소수의 반복된 검증을 위해 서버의 효율을 크게 떨어뜨릴 만큼 의미가 있는 것인지 명확히 검토해봐야 할 것이다.

TIP

블록체인의 큰 특징 중 하나는 내부자의 공격을 효과적으로 방어할 수 있다는 것이고, 그 비결은 작업 증명에 기반을 두고 있다. 해시 값만으로는 비가역적 무결성을 갖출 수 없다. 값이 변경돼도 순식간에 새로운 해시 값을 계산해 일관성을 갖추면 해결되기 때문이다.

한편, 블록체인이 통상 해커의 서비스 중단 공격에 강한 것과 달리, 정렬자나 피어 그룹 또는 MSP 중 어느 한곳이라도 해킹당하면 패브릭의 무결성은 즉시 훼손되고 데이터의 비밀 유지는 위협당한다. 시각에 따라 패브릭은 '불필요한 중복 연산을 통해 효율을 떨어뜨린 중앙화 서버'로 평가할 수도 있다. 내부자의 공격으로 인한 위협은 다음 절에서 자세히 살펴보자.

5.2 변종 블록체인과 내부자 위협

막강한 보안 도구로 무장한 현대의 서버들은 이제 외부의 공격이 아닌 내부자에 의한 위협에 더 심각하게 노출돼 있다. 내부자의 공격은 불만을 품은 직원의 악의적 공격으로부터 피싱 등에 속은 직원의 행위, 우발적 실수 등 그 유형도 다양하다. 그러나 미국 금융기관들에서 일어난 내부자 위협을 분석한 결과, 공격의 81%는 모두 돈을 얻기 위한 목적이었다는 연구 결과가 말해주듯이 대부분의 공격 행위는 경제적 목적이 가장 크다.[M]

블록체인이 보안 도구로 오해받는 이유 중 하나는 내부자의 위협으로부터 안전한 구조를 갖고 있기 때문이다. 탈중앙화의 특성상 '내부자'의 정의 자체가 불가능할 뿐 아니라 모든 사람이 동일하게 '작업 증명'이라는 어려운 과정을 통과해야만 문서를 변경할 수 있으므로 내부자와 외부인이 구분되지 않는다. 이 때문에 특별히 권한을 '더 많이' 갖는 노드가 존재할 수 없다. 이러한 특성은 누군가 '특권'을 행사해 문서를 쉽게 변경하려는 시도를 무력화시킨다. 그러나 탈중앙화와 작업 증명이 사라지면, 블록체인의 이러한 성질은 급격히 약화된다. 탈중앙화가 사라지면 상하 구조에 따라 더 많은 권한을 가진 '내부자'가 생성되고, 이 내부자는 '특권'을 이용해 문서를 변경할 수 있다. 작업 증명이 사라졌으므로 이 과정은 순식간에 일어날 수 있다. 흔히 해시 함수 자체를 해킹 방지로 오해하는데, 해시 값은 변경을 탐지만 할 뿐, 변경 자체를 방지하지 못한다. 그러므로 문서가 변경돼도 해시 값만 다시 계산하면 일관성을 유지할 수 있다.

하이퍼레저의 프로젝트의 기본 철학은 '도대체 왜 절대 익명의 개방형 네트워크가 필요한가?'에서 시작됐다. 블록체인을 상업적 목적으로 도입한다면, '절대 익명'이 아니라 신원을 확인할 수 있는 노드로 구성하는 환경이 더 자연스럽다는 생각이 배경이다. 얼핏 합리적인 생각처럼 들리지만, 시각에 따라 '인증하고 중앙 서버를 두는 순간 이미 탈중앙화가 아닌데, 굳이 왜 블록체인이라는 단어를 사용하는가?'라는 반문도 가능하다. 하이퍼레저는 모든 노드가 인증을 받아야만 하는 허가제로 속성을 바꿨고, 특정 역할을 하는 서버를 뒀으며 작업 증명도 없애 버렸다. 이 때문에 내부자가 탄생했고, 작업 증명의 위·변조 방지 기능이 크게 약화됐으며, 해커의 뚜렷한 목표가 되는 대상도 생겼다. 이는 지분 증명을 사용하는 다른 변종 블록체인도 모두 마찬가지다. 블록체인이 보안 도구로 오해되는 현상에 대해서는 '6.3 블로체인은 보안 도구가 아니다'에서 다시 살펴본다.

Memo

블록체인으로 '신뢰받는 제 3자 개입 없이' 거래할 수 있다는 주장의 배경에는 디앱과 스마트 컨트랙트가 있다. 그러나 이더리움 등에서 사용하는 스마트 컨트랙트는 닉 사보가 구상한 스마트 컨트랙트와 명칭만 같을 뿐 기능적으로는 큰 차이가 있다.

닉 사보는 '스스로 집행되는' 계약관계를 구상했지만 블록체인에 구현될 스크립트 언어로 복잡한 계약 관계를 표현한다는 것도, 상대방이 이를 보고 어떤 계약 관계인지 정확히 파악한다는 것도 사실상 불가능하다. 또한 앞서 설명한 대로 모든 정보가 노출되므로 계약 관계에 있어 어떠한 민감한 정보도 사용할 수가 없다. 때문에 향후에도 크립토 키티나 ERC-20 등의 단순하고 의미없는 토큰의 발행이나, 조잡한 수준의 초보적 프로그램 이외는 생성하기 힘들어 보인다.

6

블록체인 바로 알기

6.1 탈중앙화

탈중앙화를 빼고서는 블록체인을 논하기 힘들다. 블록체인이 탄생한 배경부터 블록체인이 주목받았던 가장 큰 이유에 이르기까지 그 중심에는 탈중앙화를 통해 독립적이고 자율적인 플랫폼을 구축할 수 있다는 기대가 있었기 때문이다.

탈중앙화라는 단어는 독립과 투명이라는 이미지와도 연결되며, 블록체인을 상징하는 단어인 것처럼 암호 화폐 커뮤니티를 중심으로 빠르게 퍼져나갔다. 탈중앙화는 블록체인의 네트워크 구조를 한 단어로 간명하게 표현해주는 단어기도 하지만, 그와 동시에 권력 기관의 간섭을 받지 않는 독립적이고 투명한 환경을 상징하는 단어로서도 인식되고 있다. 이 절에서는 탈중앙화라는 단어를 특히 사회·경제적 관점에서 살펴본다. 이는 우리의 관심사는 블록체인이라는 시스템이 어떤 컴퓨터 네트워크 구조를 가졌는지가 아니라 어떤 사회·경제적 효용을 가져다줄 수 있는지에 있기 때문이다.

6.1.1 중개인이 필요 없는 탈중앙화 플랫폼

많은 사람이 주목했던 블록체인의 효용 중 하나는 '제삼자의 개입'이 필요 없는 유통 혁명에 대한 환상이었다. 이를 통해 얻고자 한 가치는 불필요한 수수료를 모두 없애는 것이었다.

여기서 제삼자의 개입, 그러니까 중개인이 없는 거래와 직(접)거래라는 용어가 종종 동일한 것처럼 혼동되는데, 이는 완전히 구분되는 개념이다. 그림 6-1을 보자.

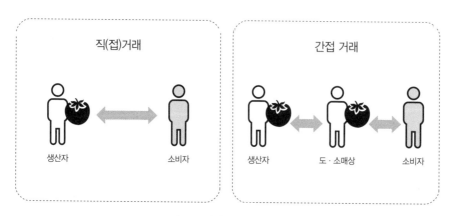

그림 6-1 직(접)거래 대 간접 거래

그림 6-1은 직(접)거래와 간접 거래의 차이를 보여주고 있다. 그림 6-1의 왼쪽에 보이는 직(접)거래에서는 생산자가 만든 물건을 소비자가 바로 구매하는 프로세스인 반면, 오른쪽의 간접 거래에서는 중간 상인이 생산자로부터 1차로 구매한 물품을 소비자가 간접적으로 거래하는 모습을 보여순다. 우리가 대형마트나 전통시장에서 물품을 구매할 때는 이러한 간접 거래를 하고 있으며, 이는 우리 상거래 행위의 거의 대부분을 차지하는 형태다.

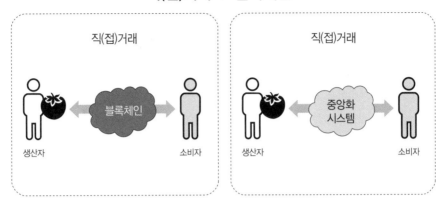

직(접)거래 ≠ 블록체인

직(접)거래

생산자 ⟷ 블록체인 ⟷ 소비자

직(접)거래

생산자 ⟷ 중앙화 시스템 ⟷ 소비자

그림 6-2 직(접)거래를 구현하는 여러 형태

한편, 그림 6-2는 직(접)거래를 구현할 수 있는 여러 가지 방법을 보여주고 있다. 중간 상인이 사라진 직(접)거래는 생산자의 물건을 소비자가 직접 사는 형태로 이베이나 아마존, 네이버, 홈쇼핑 등을 통해 물품을 거래하는 것을 생각하면 된다. 이 경우 아마존이나 홈쇼핑 등은 '중개인'의 역할을 하고 있지만 형태는 여전히 직(접)거래에 해당한다. 중개인은 단지 직(접)거래를 위한 플랫폼을 제공하고 있을 뿐, 중간 상인과는 완전히 다르다. 그러므로 직(접)거래를 위해 반드시 블록체인 시스템이 필요한 것은 아니다. 너무나 당연한 이 사실은 매우 중요한데, 상당수 사람들이 직(접)거래라는 단어와 블록체인을 무의식 중에 동일시하고 있기 때문이다. 블록체인은 직(접)거래를 구현할 수 있는 수많은 방법 중 하나에 불과하며, 직(접)거래를 위한 필수 조건이 아니다. 이 관점에서는 '중개인이 있는 직거래'와 '중개인이 없는 직거래'로 분류할 수 있다.

TIP

'1.2.1 블록체인을 잘못 이해한 사례'에서 소개한 마이크로 그리드가 좋은 사례다. 전력 직(접)거래는 마이크로 그리드로 인해 가능해진 것이고, 중앙화 서버를 통해서도 얼마든지 효율적으로 구현할 수 있으며, 오히려 블록체인을 사용하면 불필요한 간접 비용이 더 증가할 수도 있다. 그러나 전자과 교수들을 비롯한 많은 사람이 블록체인으로 인해 비로소 전력 직(접)거래가 가능해진 것으로 오해하고, 그 원리를 물어오곤 한다.

블록체인은 직(접)거래의 형태 중 '중개인'의 역할을 없앨 수 있는지에 대한 실험적 발상이며, 이는 닉 사보가 구상한 '디지털 환경을 통해 스스로 집행되는 계약', 즉 스마트 컨트랙트의 기본 개념이기도 하다. 이런 구상의 이면에는 중개인이 사라지면, 중개인에게 지불하던 수수료가 없어져 유통에 있어 일대 혁신이 일어날 수 있다는 생각이 자리 잡고 있다. 그러나 블록체인을 둘러싼 상상은 수수료의 절감에 그치지 않았고, 이제는 '독립'이라는 명분하에 국가가 가진 화폐의 발행권까지 부정하는 양상으로까지 번져나가고 있다. 지금부터는 과연 블록체인이라는 소프트웨어만으로 '투명하고, 독립적이며, 중개 수수료가 필요 없는' 이상적인 플랫폼을 구축하는 것이 가능한지 하나씩 살펴보자.

Memo

블록체인을 설명할 때 많이 등장하는 문구 중 하나는 '불필요한 수수료'의 제거다. 그러나 일상생활은 대부분 '필요한 수수료'로 채워져 있으며, '불필요한' 경우는 별로 없다. 공정한 경쟁을 통해 중개인의 수수료를 '합리화'하는 것과 중개인을 아예 없애는 것은 완전히 다르다. 사회·경제적 측면에서 모든 분야의 중개인을 없애려는 것은 합리적이지 못하다. 특정 분야에 중개인이 등장하고 그 위치를 유지하고 있는 이유는 그들의 역할이 꼭 필요해서고, 이는 시장의 필요성 때문이다.

6.1.2 탈중앙화의 비용

인류는 인위적으로 금을 만들기 위한 연금술에 수백 년을 투자했다. 이 과정 속에서 화학을 중심으로 관련 학문이 눈부시게 발전했지만, 수많은 사람이 연금술에 그토록 매달린 이유는 학문적 호기심 때문이 아니라 돈 때문이었다. 그렇다면 과연 인류는 끝내 연금술에 실패했을까?

미국의 화학자인 글렌 시보그는 원자 폭탄 계획에 깊이 관여한 과학자다. 그는 원자 번호 95에서 103에 이르는 초우라늄 원소를 만들어냈으며, 그 공로로 1951년 노벨 화학상을 수상하기도 했다. 1980년 글렌은 입자 가속기를 동원해 83개의 양성자를 가진 원자 번호 83번 비스무트에서 4개의 양성자를 제거하는 데 성공한다.

글렌 시보그

그림 6.3 비스무트를 금으로 바꾸는 과정(출처: 위키미디어)

이는 인류가 비스무트를 변형해 원자 번호 79번인 금을 만들어내는 데 성공한 것이며, 마침내 연금술에 성공한 쾌거를 이룬 것처럼 보이는 순간이었다. 그러나 입자 가속기까지 동원해 천문학적인 비용을 들인 그의 연금술로 제조된 금은 측정하기조차 어려울 정도의 소량인데다 방사능 범벅이었다. 당시 실험을 위해 사용한 입자 가속기의 시간당 사용료는 5,000달러에 육박했고, 극소량의 금을 만들기 위해 소요된 입자 가속기의 사용료만 해도 6만 달러를 넘어섰다. 훗날 글렌은 인터뷰에서 "이 방법으로 1온스의 금을 만들려면 아마 1,000조 달러 정도 소요될 것이다."라고 회고하기도 했다. 당시 금 1온스의 시세는 560달러였다. 이 실험은 학문적 호기심 관점에서는 연금술의 성공이라 주장할 수 있지만, 결코 연금술의 성공으로 평가할 수는 없다. 연금술의 목적은 단순히 '금을 만드는 것'이 아니라 '금보다 싼 비용으로 금을 만드는 것'이기 때문이다.

'탈중앙화'는 목적이 아니라 수단이다. 어떤 비용을 치르더라도 탈중앙화를 성취하려는 것이 아니라 '탈중앙화'라는 수단을 통해 여러 가지 목적을 달성하고자 함이다. 그중 '중개인을 배제하고 수수료를 없애는 유통의 혁명'도 주요 목적 중 하나다. 많은 사람이 블록체인을 이용한 탈중앙화가 저절로 이뤄진다고 착각하지만 사실 탈중앙화를 위해서는 엄청난 비용이 소모된다. 2017년을 예로 들어보자. 2017년 1년 동안 비트코인 채굴업자들은 약 1억 건의 트랜잭션을 처리하고, 당시 시세로 한화로 약 16조 원 정도의 보상금을 받았다.[1] 이는 최고 시세로 환산하면 22조 원에 육박한다. 채굴업자가 1년 동안 처리한 1억 건은 우리나라 금융 결제원 연간 처리량의 고작 0.9%이며, 이는 3일치 처리량에 불과하다. 2017년 국내 모든 은행의 총수익은 12조 8,000억 원에 불과했으며, 그중 모든 종류의 수수료를 합친 금액은 4조 원이다. 한편 같은 기간 중개소들은 약 10조 원이 넘는 수익을 올린 것으로 추정된다. 우리나라 금융 결제원의 0.9%에 해당하는 거래를 처리하기 위한 탈중앙화를 위해 최소 26조 원 정도의 비용을 지출한 셈이다.

Memo

26조 원은 직접 비용에 불과하다. 전 세계에서 채굴을 했지만 보상을 얻지 못한 사람들이 사용한 에너지와 완전 노드가 돼 검증에 참여한 수만 개의 노드가 사용한 에너지 비용을 계산하면 전체 금액은 천문학적으로 올라간다. 2017년, 우리나라 금융 결제원을 비트코인 블록체인으로 대체했다고 가정하면, 한해 운영비에 최소 3,000조 원 이상 소요됐을 것이며, 이는 우리나라 GDP의 두 배 가까이 되는 어마어마한 액수다. 물론, 이는 정교하지 않은 주먹구구식 어림셈으로 비교한 것이지만 탈중앙화라는 것이 어느 정도 비용을 소모하는지 짐작하기엔 충분할 것이다.

소프트웨어는 저절로 생겨나는 것이 아니다. 누군가 제작하고, 끊임없이 유지보수하며 오류를 수정하고, 애초에 생각하지 못했던 기능도 꾸준히 추가해야 한다. 이를 위한 사람의 에너지가 소모된다. 또한 소프트웨어를 구동하기 위해서는 막대한 기계의 에너지가 소모되며, 이를 유지할 수 있는 비용이 어디선가 끊임없이 공급돼야 한다. 그 비용은 수수료를 대신하는 비용이며, 탈중앙화를 유지하기 위해 치러야 할 대가다.

---

1   1BTC당 2,000만 원으로 환산

중재 vs. 중계

제3자가 적극적, 능동적으로 개입하는 중재 또는 중개(mediation)와 소극적, 수동적으로 가교 역할을 하는 중계(relay)는 완전히 다르다. 은행을 통해 계좌이체를 할 때 은행은 중재가 아닌 단순히 중계 역할을 하며, 대부분의 은행 수수료는 중재가 아니라 중계에서 발생한다. 블록체인은 중재인을 없앨 수 있지만, 중계인은 결코 없앨 수 없다. 네트워크는 각 노드의 중계를 통해 작동하기 때문이다. 또 블록체인의 중계에는 천문학적인 비용이 소모된다. 따라서 블록체인으로 거래 수수료를 낮출 수 있다는 주장은 애초에 불가능한 것인데, 우습게도 이 주장은 블록체인을 설명할 때 절대 빠지지 않는 것 중 하나며 가장 보편적으로 잘못 알려진 사실이기도 하다. 여전히 블록체인으로 수수료를 낮출 수 있다는 주장이 들리지만, 이는 수학적으로 불가능하다. 이런 주장이 나오는 이유는 반복과 중복에 기반한 블록체인의 기본 원리를 이해하지 못한 동시에 중개와 중계를 구분하지 못하기 때문이다. 중복을 하면 반드시 에너지가 더 들 수밖에 없다.

6.1.3 DAO와 탈중앙화의 허상

DAO^{Decentralized Autonomous Organization}는 '탈중앙화된 자율 조직' 정도로 해석할 수 있는데, 이는 어떠한 권력 기관도 개입되지 않는 독립적이고 투명한 환경을 상징하는 단어인 것처럼 암호 화폐 커뮤니티를 중심으로 빠르게 퍼져나갔다. 이러한 주장의 배경에는 블록체인이라는 프로그램을 사용하면 '탈중앙화된 자율 조직'을 구성할 수 있으며, 이를 통해 이상적인 세상을 만들 수 있다는 논리가 깔려 있다. 이 단어는 특히 이더리움 재단을 중심으로 한 세력들에 의해 적극적으로 홍보됐고, 블록체인을 통해 일체

애덤 스미스의 초상화
(출처: 위키피디아)

의 권력이 배제된 공간을 형성하고, 그 공간에서 구성원들이 자치적으로 모든 것을 결정하면 이상적이고 투명한 세상이 형성될 것처럼 호도하기 시작했다. 그러나 여기에는 논리적 비약이 있는데, 바로 '탈중앙화'라는 단어와 '독립적이고 투명한 세상'을 동의어처럼

취급한 것이다. 사실 이 둘 사이에는 어떠한 인과 관계도 존재하지 않는다.

1776년 영국의 경제학자이자 철학자인 애덤 스미스^Adam Smith는 그의 저서 『국부론』에서 '보이지 않는 손'을 다시 언급하며 자유방임적 시장 경제를 역설한다. 그는 자유 시장의 이상적 모형에서는 경쟁을 통해 생산과 소비가 균형을 맞춘다고 설명했다. 이 주장은 여러 학자의 맹신과 함께 잘못된 해석을 거치면서 주로 정부의 규제를 공격하는 기본 논거로 악용돼왔다. 이후 세계가 경제 공황과 여러 차례의 금융 위기를 겪으면서 '보이지 않는 손'은 오히려 비판의 대상으로 전락하기도 했다. 그러나 사실 '보이지 않는 손'은 문제가 없었다. 오히려 이를 잘못 해석해온 경제학자들의 잘못이 훨씬 크다. 정말 문제는 '보이지 않는 손'이 아니라 '통제되지 않은, 보이지 않는 손'이다. 완전 시장^perfect market은 가격에 모든 정보가 반영돼 완벽히 공정한 경쟁이 되는 이상적 환경으로 그 누구도 더 많은 정보를 가져서는 안 된다. 그러나 완전 시장은 존재할 수 없으므로 누군가 끊임없이 그와 가까운 환경을 조성해줘야 비로소 '보이지 않는 손'이 제대로 작동하게 된다. 세상에는 항상 더 많은 정보를 가진 '정보 기반 거래자^informed trader'가 반드시 존재한다. 현대 금융에서 이런 정보 불균형을 적절히 통제하지 못하면, 이를 악용한 세력에 의해 부의 불균형은 심화될 수밖에 없다. 금융 시장의 규제 철폐 근거를 '보이지 않는 손'에서 찾는 학자가 많지만, 이는 애덤 스미스를 잘못 이해한 것이다. 애덤 스미스는 금융 시장에 적절한 통제를 가해 보이지 않는 손이 제대로 작동할 수 있는 자율 경쟁을 조성해야 한다고 설명한 것으로 해석해야 하며, 통제 불능의 무정부적 혼란을 주장한 것이 아니다. 끊임없이 완전 시장에 가까운 환경을 제공해줘야 할 의무가 있는 자는 역설적으로 권력을 가진 '정부'다. 이는 애덤 스미스가 표현한 '정부의 최소한의 통제'의 진정한 의미기도 하다.

TIP

정보 불균형에 의한 시장 교란의 대표적인 사례는 매점매석이다. 더 많은 정보를 가진 자는 매점매석을 통해 가격 균형을 깨뜨린 후 그 차액을 노린다. 이러한 매점매석을 규제를 통해 적절히 통제하지 못하면, 시장은 극도로 혼란해질 수밖에 없다. 정보 기반 거래자의 최대 전략은 정보를 사용해 이익을 얻되, 사용된 정보가 반영돼 가격이 조정되는 과정을 일반인들이 눈치채지 못하도록 정보를 '적절히' 이용하는 것이다.

이제 '탈중앙화'라는 단어가 상징하는 사회가 과연 '더 나은 세상'을 의미하는 것인지 함께 생각해보자.

6.1.4 The DAO 사건 – 탈중앙화의 민낯

2016년, 이더리움 진영은 탈중앙화 자율 조직[DAO]의 모범적 사례를 통해 스마트 컨트랙트의 진정한 효용을 보여주고 싶었다. 비탈릭 부테린을 중심으로 한 이들은 The DAO라는 이름의 조직을 결성한 후 흥미로운 실험을 구상한다.

The DAO의 아이디어를 정리하면, 대략 다음과 같다.

1. 신생 기업 투자를 위해 이더리움을 가진 사람들을 대상으로 투자를 유치한다.
2. 이더리움을 투자한 사람들에게는 자체 발행한 토큰을 1:100의 비율로 지급한다.
3. 펀딩이 완료된 후 투자가 필요한 신생 기업들로부터 사업 계획서를 접수받는다.
4. The DAO에 투자한 사람들은 투표권 행사를 통해 어느 업체에 투자할 것인지 결정한다.
5. 선택된 업체는 이더리움으로 투자를 받고, 여기서 이익이 생기면 투자자들끼리 나눈다.

평범한 펀딩과 투자 활동으로 보이는 이 아이디어에는 기존의 방법과는 다른 핵심적인 차이가 있었는데, 바로 탈중앙화된 관리였다. 그들은 아이디어의 전 과정에 걸쳐 이사회를 비롯한 어떠한 조직도 구성하지 않기로 정하고, 오로지 이더리움 블록에 저장된 스마트 컨트랙트만을 사용해 전 과정을 진행하기로 했다. 그야말로 DAO의 정신에 걸맞은 발상인 것처럼 보였다. 이들은 자신들의 아이디어를 이더리움의 스마트 컨트랙트로 프로그램한 후 곧바로 실행에 옮겼다. 반응은 그야말로 폭발적이었다. 모금은 대단히 성공적이었고 무려 1,270만 이더가 모금됐는데, 이는 당시 전체 발행량의 14%에 이르는 막대한

양이었고, 모금 당시의 시세로는 대략 1억 5,000만 달러(1,650억 원)에 육박하는 것이며, 이더리움의 역대 최고 시세[2]로 환산하면 한화로 무려 20조 원에 육박하는 어마어마한 액수였다. 하지만 이 스마트 컨트랙트에는 엄청난 버그가 하나 숨어 있었는데, 그것은 바로 환불에 관련된 오류였다. 프로그램은 투자 모집 기간에 고객이 환불을 요청해오면 바로 환불해주도록 코딩돼 있었다. 문제는 환불 요청이 들어오면 환불 완료 플래그를 설정한 후 대금을 지불하지 않고, 먼저 대금을 환불하는 함수부터 호출하고 나서 환불 완료 플래그를 설정하도록 만들어진 데 있었다. 블록체인에서는 이런 값의 변경에 많은 시간이 소요된다.

```
function splitDAO(
     uint _proposalID,
     address _newCurator
) noEther onlyTokenholders returns (bool _success) {

     …

     Transfer( msg.sender, 0 , balances[msg.sender] ) ;
👉 withdrawRewardFor(msg.sender) ; //환불 집행

     totalSupply -= balances[msg.sender] ; // 환불 처리
     balances[msg.sender] = 0;
     paidOut[msg.sender] = 0;
     return true;
}
```

그림 6-4 스크립트의 실제 버그 부분

그림 6-4는 The DAO가 실제 사용했던 코드의 실제 부분을 보여주고 있다. 그림의 손가락 부분에 있는 깃처럼 프로그램은 먼서 환불을 집행하는 함수(withdrawRewardFor)를 호출한 후 환불 완료를 그 다음에 처리하도록 코딩돼 있다. 이 때문에 환불 처리 완료 전 동일한 요청이 또 들어오면 환불을 집행하는 함수가 반복적으로 호출될 수 있는 문제점을 안고 있었다.

---

2   이더리움의 역대 최고 시세는 1이더당 약 1,420.87달러였다. 2016년 당시의 시세는 10달러 정도였고, 2018년 12월 말 현재는 약 90달러 수준에 머물러 있다.

2016년 6월 17일, 해커는 투자금 환불을 반복적으로 요청하는 공격을 감행한다. 환불 플래그가 설정되기도 전에 또 다른 환불 요청이 들어오자 프로그램은 대금을 반복적으로 환불해줬고 그 결과, 무려 360만 이더리움, 전체 모금액의 28%나 되는 거액을 도난당하게 된다. 360만 이더리움은 당시 시세로 5,400만 달러(약 600억 원)에 육박했고 이더리움의 역대 최고 시세로 환산하면 한화로 무려 5조 6,000억 원에 해당하는 천문학적인 금액이다. 그러나 한 가닥 희망이 남아 있었는데 아직 도난당한 금액이 완전히 인출된 상태는 아니라는 점이었다. 프로그램은 펀딩에 관여된 모든 계정은 28일 동안 인출이 묶이도록 설정돼 있어서 다행이 피해를 입은 금액은 아직 해커의 다른 계정으로 인출되지 않은 상태였다. 그러나 시간이 지나면, 이 돈은 고스란히 해커의 은닉된 계정으로 옮겨가 다시는 찾지 못할 운명이었다. The DAO는 발칵 뒤집혔다. 사건 후 이들은 상반된 두 의견으로 극렬히 대립한다. 비탈릭 부테린이 주축이 된 쪽은 하드포크를 통해 해커에게 도난당한 투자금을 되찾으려 했다. 그러나 이는 한 번 기록한 것은 변경되지 않아야 한다는 블록체인의 기본 정신을 해치는 것은 물론, 어떠한 조직도 인위적으로 개입해서는 안 된다는 DAO의 근본 취지에도 정면으로 반하는 것이었다. 이사회도 조직하지 않고 독립성을 강조하던 The DAO가 오히려 앞장서서 인위적인 개입을 하는 모양새가 될 수 있었다.

한편, 반대파는 블록체인과 The DAO의 원래 취지에 따른 독립성을 강조하며, 해킹 피해는 블록체인의 문제가 아니라 자신들의 프로그램 실수인 점을 강조하며 모든 손실을 감수하더라도 기록을 변경해서는 안 된다고 격렬히 맞섰다. 그러나 이러한 대립은 싱겁게 결말이 났다. 비탈릭 부테린은 시스템 전체 해시 파워의 무려 90%가 넘는 채굴업자 집단의 지지를 등에 업고 1,920,000번 블록부터 주저 없이 하드포크를 감행해 도난당한 계정에 있던 이더리움을 원주인에게 돌려줬다. 그러나 이 하드포크의 결과로 이더리움은 서로 다른 두 블록체인으로 갈라서게 된다.

재미있게도 격렬히 반대해 원래의 이더리움을 지켰던 사람들은 더 이상 이더리움이라는 단어를 사용하지 못하게 됐다. 하드포크로 갈라져 나간 비탈릭 부테린이 이더리움 재단을 이끌고 있으므로 당연히 이더리움이라는 이름은 새로 갈라져 나간 비탈릭의 몫이었기 때문이다. 원래의 이더리움은 그 명칭을 빼앗기고 지금은 '이더리움 클래식'이라는 이름으로 남아 있다. 엄밀히 말하면 이더리움 클래식이 진정한 이더리움이며 지금의 이더리움은 가짜 이더리움이라고 주장할 수도 있다. 이 사건은 The DAO의 시작과 동시에 마지막이었다.

한편, 하드포크에는 중개소의 도움도 절실하다. 이더리움을 거래하는 중개소도 하드포크에 맞춰 지갑 프로그램을 수정해야 하기 때문이다. 당시 이더리움 거래량의 50% 이상을 차지하던 폴로닉스^Poloniex와 크라켄^Kraken도 적극 협조했으며, 이 덕분에 하드포크는 성공할 수 있었다.

Memo

이 사건은 많은 사람에게 블록체인에 대한 회의를 불러일으켰고, 누구의 간섭도 받지 않는 독립적인 환경이란 불가능하다는 것을 잘 보여줬다. 작업 증명 기반의 블록체인조차 채굴업자들만 규합하면 소수의 지배 권력이 언제든 자신들이 원하는 방향으로 내용을 바꾸고 영향을 미칠 수 있다는 것을 적나라하게 보여준 것이다. 소프트웨어는 반드시 누군가 관리해야 하며, 이에 참여한 사람들은 늘 자신들에게 유리하도록 영향력을 행사하려 든다. 이들은 그 누구의 간섭도 받지 않는 통제 불능의 조직이다. The DAO가 이더리움을 받으면서 1:100으로 지급했던 토큰은 원래 폴로닉스와 크라켄 등의 중개소에서 거래되고 있었지만, 하드포크 직후 모든 중개소에서 퇴출당했다.

TIP

The DAO가 기획한 아이디어는 중앙 집중 서버에서 구현하는 것이 오히려 더 효과적일 수 있다. 그들이 탈중앙화를 위해 이사회 등을 구성하지 않는 것은 소프트웨어가 아니라 자신들이 정한 규칙이며, 블록체인과는 무관하다. The DAO의 실험을 위해 블록체인이 도움을 준 것은 거의 없다. 그들은 오히려 더 느리고 더 비효율적이며, 더 불안정한 이더리움을 사용함으로써 불필요한 문제를 스스로 초래하며 예기치 않은 사고를 당한 것이다. 이 프로젝트에서 굳이 이더리움 블록체인을 사용해야 하는 유일한 이유는 투자자들의 익명성 보장뿐이었다.

6.1.5 탈중앙화의 동의어는 통제 불능

'탈중앙화'의 동의어는 '투명'이나 '정직' 또는 '자유'가 아니다. '탈중앙화'는 권력을 배제시 킨다고 떠들지만, 권력을 배제시킬 수 있는 소프트웨어라는 것은 망상에 불과하다. 권력 은 소프트웨어로 통제되는 것이 아니라 그를 사용하는 사람에 의해 통제되는 것이다. 어 떤 기교로 '현재의 권력'을 일시적으로 따돌릴 수는 있겠지만, 모든 권력을 영원히 배제할 수는 없다. 현재의 권력이 사라지면 그 자리에는 또 다른 권력이 등장하며, 이권이 많이 걸릴수록 그 속도는 빨라진다. 한편, 새로 등장한 권력이 이전보다 나을 가능성은 없다.

정부는 투표라는 수단에 의해 국민이 선출한 최고 권력 기구다. 정부는 권력으로 국민을 지배하지만, 국민은 투표라는 권력으로 정부를 견제한다. 정부의 큰 역할 중 하나는 잡다 한 다른 권력들을 적절히 통제하는 것이다. 국가 권력이 배제되면, 그 자리는 통제받지 않는 권력이 차지한다. 인간은 이기적인 동물이라는 가정하에서는 '통제받지 않는' 권력 이 선할 가능성은 없다. 그러므로 '탈중앙화'에 가장 근접한 동의어는 '통제 불능'이다.

블록체인은 사토시 나카모토의 순진한 이상처럼 권력 기관의 개입을 막아 더 투명해지는 세상을 구축하는 기반이 아니라 선출된 권력을 배제시키고 '통제 불가능'의 혼란을 구축 하는 플랫폼으로 악용될 수 있으며, 이 우려는 이미 암호 화폐를 통해 현실화됐다. 암호 화폐 광풍의 이면에는 절대 익명이라는 통제 불능의 보호막 뒤에 숨어 시세를 조종, 선동 하는 신흥 세력들이 있다. 이들은 이미 암호 화폐 시장을 장악하고 통제하며, 사람들을 마음껏 유린하고 있지만 '블록체인'과 '디지털 자산'이라는 단어 뒤에 숨어 아무런 제재 없 이 마음껏 부를 늘리고 있다. 거대한 부를 손에 쥔 이들은 이제 권력과 법조계까지 움직 이고 있다. 이들은 250년이 된 '보이지 않는 손'을 전면에 내세우며 규제 철폐를 외친다. 그러나 '보이지 않는 손'을 가장 잘 실현해줄 수 있는 것은 권력을 가진 '보이는 손'이다. '보이는 손'이 투명하게 개입할 때 '보이지 않는 손'이 제역할을 한다.

이더리움과 비트코인은 비영리 단체가 독립적으로 운영한다고 주장한다. 그러나 이 집단은 주로 암호 화폐 개발자, 채굴업자, 중개소들로 구성되며, 프로그램의 개발과 유지보수를 지배한다. 정부나 공공 기관과 달리, 이들을 감시할 수 있는 기구가 없으며 통제할 수 있는 수단도 없다. 이들은 다수결이라는 형식을 취하지만, 중개소에 돈을 넣고 암호 화폐를 사고파는 모두의 이익을 대변해 투표하는 것이 아니라 오로지 자신들의 이익만을 위해 투표한다. 블록체인이라는 프로그램으로 탈중앙화가 저절로 성취되는 것으로 착각하고 있었다면 한시바삐 깨어나는 것이 좋다. 비트코인이 탄생한 지 10여 년이 흐르는 사이 얼마나 많은 불필요한 새로운 권력이 생겨났는지 생각해보면 이해하기가 쉽다. 이제 기존의 권력을 배제시키겠다는 '탈중앙화'라는 허울 아래 어떠한 권력들이 새로 생겨났는지 살펴보자.

TIP

비트코인의 총 생산량은 2,100만 개로 한정돼 있으므로 미래에는 금이 될 것이라 주장한 사람들이 있다. 비트코인은 일개 소프트웨어에 불과하다. 내일이라도 당장 개발자들이 모여 프로그램 코드를 한 줄 고쳐 2,100만 개를 21억 개로 수정하면, 생산량이 100배로 늘어난다. 이 결정은 블록체인이 통제하는 것이 아니라 이를 유지, 관리하고 채굴하는 자들이 임의로 결정한다. 이들을 감시하거나 통제할 세력은 없다. 탈중앙화라는 명분을 통해 통제 불능 상태를 효과적으로 얻어냈기 때문이다.

비트코인의 제네시스 블록에는 단 1개의 거래 내역만 있지만, 이더리움의 제네시스 블록에는 무려 8,893개의 트랜잭션이 들어 있다. 비탈릭 부테린은 이를 통해 선채굴로 무려 7,200만 개나 되는 이더리움을 클릭 한 번으로 '그냥' 찍어댔고 모두 자신이나 기타 관계자의 호주머니로 들어갔다. 이 수량은 2021년 2월을 기점으로 계산해도 총 발행량의 63%에 해당한다. 비탈릭은 여전히 세계를 돌아다니며 이더리움은 독립적이고 탈중앙화라는 심각한 기만 행위를 하고 있는 셈이다.

6.1.5.1 거대 채굴업자들

채굴을 독점한 거대 세력들은 블록체인을 지배하는 최대 권력자다. 시스템의 생살 여탈권을 가졌기 때문이다. 채굴을 독점하면 원하는 트랜잭션만 선택적으로 처리할 수 있는 권력을 얻는다. 마음먹기에 따라 고의로 트랜잭션을 지연시켜 거래를 마비시킬 수도 있다. 또한 하드포크나 소프트포크의 성공은 전적으로 채굴업자에게 달려 있다. 그들은 우월적 지위를 악용해 새로운 규칙을 강제할 수도 있고, 마음에 들지 않는 규칙은 채굴 권력을 행사해 거부할 수 있다. 입법, 사법, 행정의 삼권을 모두 장악한 것과 비슷하다. 이들을 막을 수 있는 방법은 마땅치 않다. 최상위 채굴업자는 자신들이 스스로 전용 기계를 생산하고 다른 채굴업자에게 공급하기도 한다. 비트메인^{BitMain} 사[3]는 전 세계 비트코인 전용 기계 시장의 70%를 석권하고 있으며, 2018년 예상 수익은 10조 원을 넘는다.[4] 비트코인과 이더리움 사용자들은 불과 10여 개 안팎의 채굴업자들에게 모든 것을 의지하고 있는 셈이다. 탈중앙화가 아니라 0.0001%의 권력자들이 99.9999%를 지배하는 셈이다.

Memo

2017년 비트코인 채굴에 소비한 총 전력 에너지를 30TWh를 넘었고, 2018년에는 약 50TWh에 육박하는 것으로 알려져 있다.[F] 30TWh는 우리나라 6대 도시의 1년간 가정 전력을 모두 합친 것보다 더 많다.[A] 우리나라가 세계 7 ~ 8위권의 전력 생산 및 소비국임을 감안하면 실로 어마어마한 수치가 아닐 수 없다. 비트코인을 하나 채굴하는 데 드는 원가 추정은 나라별로 다른 전기 요금으로 인해 제각각인데, 한국은 1비트코인을 채굴하기 위해 필요한 전기 요금이 무려 3,000여 만 원에 육박하는 반면 베네주엘라의 경우 60여 만 원으로 그보다 50배나 싼 것으로 것으로 추정된다. 이처럼 많은 에너지가 소비되는 이유는 높아진 난이도를 감당하기 위해 투입되는 무지막지한 하드웨어 때문이다. 채굴업자들이 1비트코인을 채굴하기 위해 소비하는 평균 비용은 대략 8,000 ~ 10,000달러 선인 것으로 알려져 있다. 비트코인 시세가 그 이하가 되면 채굴할수록 손해를 본다는 의미기도 하다. 2018년 12월 현재 비트코인의 시세는 3,500달러 수준이다.

6.1.5.2 암호 화폐 재단

비트코인은 표면적으로는 bitcoin.org라는 도메인을 소유하고 있는 단체가 중립적으로 개발 및 유지보수를 담당하고 있는 것으로 보이지만, 이 단체의 운영비는 비트코인 재단과 팍스풀^{paxful}이라는 중개소가 지원하고 있다. 비트코인 재단은 2012년 11월 미국에서 설립된 비영리 단체인데, 설립 초부터 이사진들이 사기와 범죄 등에 계속 연루되면서 많

---

3   비트메인의 대표인 우지한은 조선족이라고 알려져 있다.

4   Frost & Sullivan, 2017

은 오명을 얻었다. 2014년 1월, 당시 비트코인 부의장이던 찰리 쉬렘^{Charlie Shrem}은 블랙마켓인 실크로드와 연루돼 체포됐으며, 2014년 당시 이사회 일원이던 마운틴 곡스의 사장 마크 카펠스^{Mark Karpeles}는 중개소 해킹에 따른 파산으로 물러났다. 당시 재단의 의장이던 피터 베세네스^{Peter Vessenes}는 카펠스와의 부적절한 비즈니스 거래로 구설수에 오르기도 했다.^D

2013년 10월 FBI는 실크로드(Silk Road)라는 이름의 온라인 웹사이트를 전격 폐쇄하고 '공포의 해적 로버트'라는 별명의 로스 윌리엄 울브리히트(Ross William Ulbricht)를 전격 체포했다. 그 잔당이 2013년 11월 실크로드 2.0을 개설했지만 이 또한 즉시 폐쇄했다. 이후 로스는 여덟 가지 죄목으로 기소됐고, 가석방 없는 종신형을 선고받았다. 이 사건이 특히 주목받은 이유는 인터넷 암시장으로 불린 실크로드가 마약 밀매 등에 법정통화 대신 비트코인을 이용한 것으로 드러났기 때문이다. 폐쇄 직전 이 사이트에는 1만여 개가 넘는 물건이 거래되고 있었고, 그중 70% 정도가 마약이었다. 이 사이트의 모든 거래는 비트코인으로 이뤄졌고, 실크로드는 이 비트코인에 대한 에스크로 서비스와 미국 달러로의 환금 서비스를 중개하면서 수수료를 받은 것으로 알려졌다.^Y

비트코인 재단은 재정 지원이라는 우회적인 방법으로 bitcoin.org에 영향력을 행사하지만, 비탈릭 부테린을 중심으로 한 이더리움 재단은 개발과 유지보수를 직접 한다. 이들 재단은 암호 화폐 발행 초기에 '선채굴' 등의 편법을 동원해 엄청나 알츠 화폐를 확보했으며, 이렇게 확보한 암호 화폐를 중개소를 통해 판매하면서 막대한 부를 누리고 있다.

이들은 커뮤니티 모임을 통해 새로운 기능을 넣기도 하고, 있던 기능을 없애기도 한다. 모든 결정은 이들 재단이나 커뮤니티 모임에서 자기들의 최선의 이익을 위해 결정된다. 중개소에서 암호 화폐를 매매하는 사람들은 이들의 의사결정에 따라 요동치는 암호 화폐 시세를 바라보며 모든 손실을 감수할 뿐 어떠한 영향력도, 압력도 행사할 수 없다.

이들이 새로운 기능을 탑재한 코어 소프트웨어를 배포하기 시작하면, 대부분 새로운 규칙을 따라가게 된다. 결정이 합리적일 때도 있겠지만, 당연히 그들의 최대 이익이 최우선 고려 대상이다. 이에 반기를 들면, 이더리움 클래식이 그랬던 것처럼 하드포크 싸움에 패배해 주류에서 밀리고 변방으로 내몰리는 운명에 처해진다. 이들이 한 번씩 하드포크를 행하면 시세는 출렁이고, 이는 오롯이 개인들의 피해로 돌아간다. 암호 화폐를 지배한 자들은 무에서 암호 화폐를 창출하며, 단지 기대 이익이 줄어들기만 할 뿐이지만, 법정 화폐로 구매한 개인들에게는 시세가 하락하면 그 차액이 오롯이 손해로 확정된다.

TIP

암호 화폐 개발자들은 마치 화폐 발권력을 가진 것처럼 마음껏 코인을 찍어내며 막대한 부를 축적한다. 암호 화폐는 이미 가치가 있는 무엇을 디지털화한 '디지털 자산'이 아니라 가치가 0인 것을 디지털화한 단순 '디지털 수치'라는 점을 잊지 말자.

6.1.5.3 중개소

2021년 4월 현재 약 9,000개가 넘는 암호 화폐가 전 세계 수만여 개 중개소를 통해 매매되고 있다.[5] 하루 20개꼴로 새로운 중개소가 등장하고, 이들에 의해 하루 2개꼴로 새로운 암호 화폐가 등록되는 셈이다. 중개소가 이처럼 우후죽순으로 생기는 것은 쉽게 돈을 벌 수 있는 것에 비해 별다른 기술이 필요 없기 때문이다. 2017년 말 암호 화폐의 광풍이 극에 달했을 때 국내에서만 하루 10조 원의 암호 화폐가 거래됐고, 이는 한국 증권 거래소 하루 평균 거래액의 두 배를 훌쩍 넘는 수치였다. 이렇게 거래되는 돈의 0.2%는 고스란히 중개소의 주머니로 들어간다. 중개 수수료를 통해 거둬들인 막대한 돈을 바탕으로 이들은 스스로를 기술 기업으로 포장한 후 전 세계를 돌아다니며 암호 화폐 홍보에 열을 올린다. 블록체인 관련 기술 세미나도 개최하고, 암호 화폐를 디지털 자산이라 주장하며 구매를 부추긴다. 이들은 주요 암호 화폐 재단과도 밀접한 관계를 유지하며, 암호 화폐 커뮤니티에서 막강한 영향력을 행사한다. 이들은 직·간접적으로 암호 화폐 시세에 영

---

5   드러나지 않는 소규모 중개소를 합치면 그 수는 훨씬 많아진다.

향을 미치기도 하고, 그 과정에서 가장 매매나 시세 조종을 저지른 사례도 심심찮게 나타나고 있다.

ICO를 준비하는 업체들에게 중개소는 절대 권력이다.[6] ICO의 성공은 전적으로 중개소 등록 여부에 달려 있기 때문이다. 수많은 암호 화폐 중 무엇을 등록할 것인지는 전적으로 브로커가 결정하므로 이들에게 선택되느냐는 암호 화폐 성패의 핵심이다. 개발자와 중개소의 유착이 자연스럽게 형성될 수밖에 없다. 일부 중개소는 자회사를 설립한 후 스스로 코인을 발행하고 버젓이 자신들의 중개소에 등록해 판매하기도 한다. 전 세계에서 중개소가 모두 사라지면 비트코인의 시세는 어떻게 될까를 생각해보면, 이들의 영향력을 짐작할 수 있을 것이다. 중개소가 활성화될수록 암호 화폐를 둘러싼 '합법적인 사기'는 훨씬 쉬워진다. 너무나 쉽게 돈을 벌 수 있지만, 법적으로는 사기가 아니기 때문이다.

비즈니스 인사이더는 텔레그램(telegram)에 존재하는 상위 5개의 펌프 앤 덤프(pump & dump) 채팅 그룹을 발표한 바 있다. 이들은 적게는 100여 명부터 많게는 1만 4,000여 명까지 세력을 구축한 후 희생양들을 조직적으로 끌어들이기 위해 SNS와 블로그, 게시판들을 적극 활용해 시세를 부풀렸다. 이들은 각종 허위 소식 등을 퍼뜨리며 동시에 가격 축을 상방향으로 흔든 후 희생양들이 몰려들면 시세의 정점에서 한꺼번에 털어낸다. '펌프 앤 덤프'라는 단어는 이렇게 시세 조종을 하는 그들의 행동을 묘사한 것이다. 도박의 승자는 도박장의 주인뿐이다. 도박으로는 결코 돈을 벌지 못한다. 도박은 돈을 버는 것이 아니라 따는 것이다. 딴 돈은 다른 누군가에게 잃기 전에 잠시 보관하는 것일 뿐이다. 그 사이 정말 돈을 버는 것은 도박장의 주인 뿐이다.

---

6   ICO는 '6.2 ICO'에서 자세히 설명한다.

6.2 ICO

ICO는 'Initial Coin Offering'의 약자로 투자를 대가로 주식을 지불하는 IPO^{Initial Public} ^{Offering}에 빗대어 만들어낸 신조어다.[T] ICO를 간편한 자금 조달 창구라 주장하며, 그 필요성을 역설하는 사람이 있지만 ICO는 구조적으로 여러 결함을 갖고 있다. ICO를 둘러싼 논쟁의 핵심은 '투자자 보호'를 위한 장치의 유무다. ICO가 '간편한' 자금 조달 창구 역할을 할 수 있는 이유는 '투자자 보호'를 위한 모든 규정이 사라지기 때문이다. 이는 의무 조항을 피하기 위한 편법일 뿐, 기존 제도가 개선된 측면은 찾아보기 어렵다.

다음 그림을 통해 ICO와 IPO를 비교해보자.

IPO 대 ICO

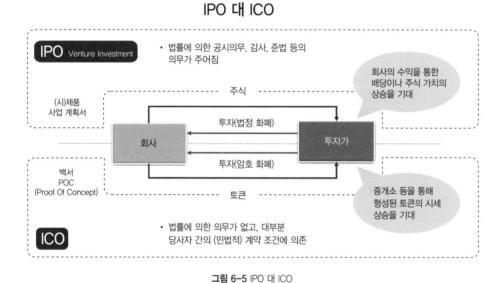

그림 6-5 IPO 대 ICO

그림 6-5의 점선 상단은 IPO의 일반적 흐름도이며 하단은 ICO의 일반적 흐름도를 보여준다. IPO의 경우, 투자가들은 (시)제품 또는 사업 계획서를 검토한 후 투자를 하고, 그 대가로 약정한 주식을 교부받는다. 투자 판단의 근거는 제품이나 서비스의 사업성에 기

초한다. 제품이나 서비스가 고객들에게 잘 팔릴 경우 향후 주가 상승을 통한 자본 이득은 물론 추가적인 배당 수익도 기대할 수 있기 때문이다. 또한 고객들은 서비스나 제품을 직접 구매하면서 회사와의 접점이 형성되고, 이를 통해 직·간접적으로 정보를 수집한다. 이 정보는 주가에 반영된다. 이 구조는 보다 나은 제품이나 서비스 개발을 모두가 바라는 선순환 고리를 형성한다. 또한 법정 통화를 통해 투자받은 회사는 법이 정하는 바에 따른 공시 의무가 부과되고, 투자자는 법령에 따른 정보 청구권을 갖는 등 투자자 보호를 위한 다양한 장치가 제공된다. 회사 내부로는 준법 감시의 의무 등이 자동으로 발생한다.

ICO는 이와는 많이 다른 형태로 진행된다. 투자가들은 법정 화폐 대신 암호 화폐로 투자하고 회사는 주식 대신 새로운 토큰을 발행해 교부한다. 암호 화폐로 투자했으므로 IPO처럼 법령에 의한 투자자 보호 장치는 작동하지 않는다. 법정 통화가 아니기 때문이다. 공시 의무도, 정보 청구권도, 준법 감시 의무도 없다. 오직 당사자들의 민사적 협약에 따른 규칙만 존재한다. 한편, 사업 계획서 같은 것이 없다. 대신 백서^{white paper}를 작성한다. 백서에는 제품이나 서비스는 등장하지 않는다. 백서에는 대개 '사업 구상' 정도에 해당하는 추상적 아이디어가 설명된다. 이는 흔히 개념 증명^{Proof-Of-Concept}이라는 이름으로 포장되지만, 이는 제품을 기반으로 그 타당성을 검토하는 개념 증명과는 많이 다르다. 이 때문에 개념 증명보다는 아이디어 스케치라고 부르는 것이 더 타당하다.

TIP

개념 증명(Proof-Of-Concept)은 기존에 시장에 없던 신제품 등을 도입하기 전에 그 타당성을 사전 조사하는 등의 작업을 의미한다. 개념 증명은 아직 상용화되지 않았지만, 아이디어가 아니라 명백한 제품이나 서비스를 기반으로 진행된다.

백서에 기술된 내용은 개념 증명보다는 단순 아이디어의 나열에 가깝다. 백서에는 '이런 식이면 어떨까?', '이런 문제는 고쳐져야 한다.', '편리한 세상을 구축하자' 등 실현 가능성을 고려하지 않은 아이디어 구상이 나열된다. 이러한 아이디어가 구체적으로 어떤 기술이나 제품으로 이어지는지, 실현 가능성이나 구체적인 기술은 있는지, 어떻게 수익을 얻을 것인지는 들어 있지도 않다. 필요 없기 때문이다.

투자의 성공은 오로지 회사가 발행한 토큰이 대형 중개소에 등록되는지 여부에 달려 있다. ICO 투자가들의 관심은 백서에 기술된 아이디어의 실현 가능성이 아니라 아이디어가 가진 마케팅적 요소에 더 집중된다. 보다 자극적인 소재로 중개소 등록이 용이한 것이 먼저다. 일단 등록만 되면 일반인들을 호도해 높은 가격에 토큰을 되팔면 그만이다. 이 때문에 통상적인 IPO에 비해 투자금 회수 시기도 훨씬 짧다. 대형 중개소와 직·간접적 이해관계를 가진 업체가 진행하는 ICO는 투자의 최우선 순위다. 이 시장은 고객이 제품이나 서비스 구매를 통해 능동적으로 가격을 반영하는 시장이 아니라 대형 중개소가 토큰을 선택하고, 마케팅을 집중해 가격을 강요하는 수동적 시장이다. 이 때문에 ICO는 모집자의 의도와 상관없이 구조적으로 사기를 저지르도록 내몬다. 악화가 양화를 구축하듯, 합법적인 거짓 부풀리기가 허용되며, 그것이 더 큰 돈이 되므로 기술을 추구할 이유가 없는 시장이 된 것이다.

TIP

주식 시장도 통제되지 않으면 이와 비슷한 현상이 발생한다. 허위 공시를 방치하면 입증되지 않은 기대가 반영되고, 내부 정보를 착취하면 주가는 정보를 충분히 반영하지 못하고 왜곡되며, 시장은 투기판으로 바뀐다.

아이디어 스케치가 얼마나 부풀려졌는지는 판단할 수도, 통제할 수도 없다. 이 때문에 대다수 백서는 기술보다 허황된 거짓 부풀리기에 더 매달린다. 그쪽이 훨씬 더 돈이 되기 때문이다. 게다가 위법도 아니다. 기술이 없어도 돈은 얼마든지 굴러들어온다. 역설적으로 백서에서 뜬구름을 많이 잡고 거짓을 부풀릴수록 토큰 값 띄우기는 더 쉬워진다. 거짓 부풀리기를 하면 더 많은 돈을 벌 수 있는데, 누가 힘들여 연구하면서 기술을 개발하겠는가? 제품과 상관없이 토큰을 발행해 중개소를 통해 자금을 끌어들이는 ICO 행위는 그

회사의 선의와 상관없이 구조적으로 모든 회사가 합법적으로 사기를 저지르도록 내몰고 있는 셈이다.

Memo

많은 사람이 우리나라가 ICO를 법적으로 금지했다고 알고 있지만, 이는 사실이 아니다. 2017년 9월을 기점으로 ICO가 금지된 것과 같은 효력이 생긴 것은 맞지만, 엄밀히 말하면 우리나라는 법적으로 ICO를 금지시킨 적이 없다. 우리나라의 '유사 수신 행위의 규제에 관한 법률'에는 제2조에서는 허가받지 않은 업체가 불특정 다수로부터 자금을 조달하면서 장래에 출자금 전액 또는 이를 초과하는 금액을 지급할 것을 약정하고 출자금을 받는 행위를 '유사 수신 행위'로 처벌하도록 정하고 있다. 또 제4조에서는 이의 영업을 위한 광고 행위를 금지하고 있다. 한국에서 ICO를 진행하면 ICO의 기본 구조상 '유사 수신 행위'로 해석할 수 있는 소지가 크며, 따라서 동법에 의해 처벌하는 것이다. 그러므로 직접적으로 ICO를 금지한 적은 없지만, 실질적으로 ICO를 통제하는 상태다. 이는 별도의 법령을 별도로 마련하지 않고도 고객 기망 행위를 규제한 적절한 사례로 볼 수 있다. ICO는 암호 화폐 커뮤니티 내에서도 사기로 인식돼 사멸되고 있으며, 이제는 리버스 ICO, IEO를 거쳐 STO로 그 형태를 계속 변경시키고 있으며, 점차 IPO를 닮아가고 있다. ICO는 건전한 벤처 기술 업체에 투자돼야 할 자금을 도박과 투기로 끌어들여 건전한 벤처 투자 환경을 망치는 독버섯과 같다. 재미있는 점은 암호 화폐의 중심에 있는 이더리움의 비탈릭 부테린이나 리플의 브래드 개링하우스가 앞장서서 ICO의 사기성을 질타하며 투자자들의 각성을 일깨우고 있다는 것이다.

6.3 블록체인은 보안 도구가 아니다

'2.1 사이퍼펑크'에서는 25년 이상 축적된 여러 개념이 집적돼 비트코인이 탄생한 역사를 살펴봤다. 사토시 나카모토가 비트코인을 만든 배경이 된 두 가지 개념은 크게 사이퍼펑크가 기반이 된 개인의 프라이버시 보호와 닉 사보의 생각이 바탕이 된 스마트 컨트랙트였다. 이 두 가지 개념 모두 정보의 보호나 해킹의 방지라는 목적과는 거리가 멀다.

오히려 블록체인은 기본적으로 모든 정보를 전체 노드에 공유해 노출시키므로 정보 보호의 목적에 정면으로 반하는 성질을 갖고 있다. 공유하더라도 암호화하면 괜찮을 것으로 오해하는 독자가 있다면, 자신의 암호화된 비밀번호나 공인 인증서를 인터넷에 공개할 용기가 있는지 생각해보면 쉽게 이해가 될 것이다. 그렇다면 많은 사람이 블록체인을 위·변조 방지를 통한 해킹의 방어나 보안의 도구로 인식하게 된 배경은 무엇일까?

6.3.1 프라이버시 보호와 정보 보호

먼저 비트코인이 그 목적으로 하고 있는 프라이버시 보호와 일반적인 정보의 보호와의 차이점에 대해 알아보자. 이 둘은 완전히 구분되는 개념으로 이를 혼동해서는 안 된다.

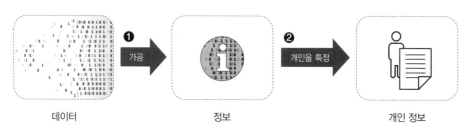

데이터   정보   개인 정보

그림 6-6 데이터와 개인 정보

그림 6-6은 데이터와 정보 그리고 개인 정보와의 관계를 보여주고 있다. 데이터는 수집된 모든 종류의 자료를 의미한다. 데이터는 그 자체로는 아무런 의미가 없다. 그저 여러 가지 경로를 통해 수집된 사실일 뿐, 누구에게도 유의미한 가치를 주지 못한다. 이러한 데이터가 가공을 통해 누군가에게 의미 있는 지식을 전달해줄 수 있을 때 비로소 정보라고 부른다. 정보는 주관적인 요소로서 소비하는 사람에 따라 달라진다. 그러므로 누군가에는 더할 수 없이 귀중한 정보라도 다른 이에게는 여전히 의미 없는 데이터일 수 있다. 이러한 정보들 중 누구에게 귀속되는 것인지 특정할 수 있을 때 비로소 개인 정보라고 한다. 우리나라는 개인 정보의 정의에 대해 매우 협소하게 규정하고 있는 편인데, 개인 정보 보호법 제2조 1항과 정보 통신망 이용 촉진 및 정보 보안 등에 관한 법률 제2조 6항

에, 개인 정보란 '살아 있는 개인'에 대한 정보로서, 성명, 주민등록번호 및 영상 등을 통해 개인을 알아볼 수 있는 정보를 의미한다. 또 해당 정보만으로는 특정 개인을 알아볼 수 없더라도 다른 정보와 쉽게 결합해 누구의 것인지 알아볼 수 있을 때도 이를 개인 정보로 규정하고 있다.

TIP

개인 정보와 프라이버시는 같은 맥락이지만, 약간의 차이가 있다. 살아 있는 개인에 국한된 개인 정보와는 달리 프라이버시(privacy)는 통상 개인은 물론 단체까지 포함하는 포괄적인 개념이다. 따라서 프라이버시란 본인(또는 단체)과 관련된 어떤 정보를 누구에게 알게 할 것인지 결정하고 통제하는 권한을 의미한다.[G] 이 책에서는 프라이버시와 개인 정보를 구분하지 않고 사용한다. 한편 스스로는 개인 정보에 대한 완전한 통제권을 갖지 못한다. 자신의 개인 정보를 누구에게 알릴 것인지는 본인이 결정하고 통제할 수 있지만, 일단 알리고 나면 그 정보를 취득한 자에게 통제권의 일부가 넘어가 버린다.

프라이버시 보호란, 그림 6-6에서 ❷번 경로를 차단하는 다양한 방법을 의미한다. 이는 정보로부터 개인을 특정할 수 있는 고리를 약화시키는 것으로서, 가공된 정보 자체를 보호하는 것과는 완전히 구분된다. 비트코인 역시 모든 정보가 전체 노드에 공유되므로 정보의 보호는 전혀 되지 않지만, 공유된 정보에는 개인을 특정할 수 있는 그 어떠한 데이터도 포함돼 있지 않다. 비트코인 주소만으로는 그것이 어떤 개인의 것인지 특정할 수 없으므로 완벽한 익명성을 통해 프라이버시를 보호하고 있는 것이다. 그러므로 블록체인이 구현하고 있는 프라이버시 보호와 정보 보호를 혼동해서는 안 된다. 둘은 그 목적도 완전히 다르지만 역할도 확연히 구분되기 때문이다.

해커가 인터넷을 통해 서버에 침입하는 것을 가장 효과적으로 막는 방법은 인터넷 선을 모두 제거하는 것이다. 그러나 그렇게 고립된 서버가 할 수 있는 일은 거의 없을 것이다. 비트코인은 프라이버시 보호를 위해 민감한 정보를 아예 없애 버렸다. 한편, 블록체인은 '모두에 의한 검증'을 수행하기 위해, 전체 정보를 공유해

출처:픽사베이(pixabay)

야만 하는 특성을 갖고 있으므로 민감한 정보를 사용할 수 없다. 그러나 민감한 정보를 전혀 사용하지 않는다면, 그 용도는 지극히 제한적일 수밖에 없다. 이런 이유로 블록체인에서는 아직까지 어떠한 가치 있는 프로그램도 등장하지 못했으며, 이는 향후에도 가장 큰 제약이 될 것이다. 이를 극복하기 위해 '4.1.5.5 제로 지식 증명'에서 잠시 언급한 제로-지식-증명 등 여러 가지 방법론이 거론되지만 모두 개념상의 아이디어일 뿐 구체적인 것은 없으며 근본적으로 문제를 해결해줄 수 있을지는 미지수다.

6.3.2 해시 함수와 보안

블록체인은 기록의 불변성을 돕기 위해 해시 함수를 활용하고 있다. 바로 이 점 때문에 많은 사람이 블록체인을 보안 도구로 오해하고 있다. 해시 함수를 이용하는 모든 프로그램이 보안 도구가 되는 것이 아니듯 블록체인 역시 해시 함수의 이용자일 뿐, 그 자체가 보안 도구는 아니다. 해시 함수를 통해 기록의 변경을 탐지하는 것은 보편적으로 사용되는 기술이다. 그런데 해시 함수는 해킹을 방어하는 것이 아니라 주로 해킹으로 피해를 입었을 때 사후에 이를 쉽게 인지하도록 도와주는 기술과 연계돼 있다.

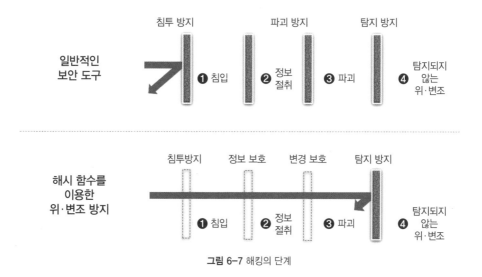

그림 6-7 해킹의 단계

그림 6-7은 해킹의 단계를 세분화해 보여주고 있다. 해킹의 첫 단계는 먼저 시스템에 대한 침입(❶)이다. 일단, 침입에 성공하면 어떤 권한을 획득해 침입했는지에 따라 서로 다른 수준의 읽기 권한을 사용해 정보의 절취(❷)가 가능하다. 해커가 시스템에 대한 변경 권한인 '쓰기 권한'은 획득하지 못해도 정보 절취만으로도 만족할 수준의 이득을 얻을 수 있다. 그 다음 단계는 '쓰기 권한'까지 획득한 후 시스템을 변경(❸)하는 것이다. 시스템 변경은 파괴를 수반하기도 한다. 정교하게 값을 위·변조하는 대신, 시스템을 복구 불능의 파괴 상태로 만드는 공격을 감행할 수도 있다. 마지막 단계는 탐지되지 않는 위·변조(❹)이다. 모든 권한을 동원해 시스템 내 내용을 변경하고도 들키지 않는 궁극적인 단계다.

보안 도구는 이 모든 단계를 효과적으로 방어하는 기능이 필요하지만, 블록체인에서 사용된 해시 함수는 ❹와만 연계돼 있고 이는 사후의 탐지며, 방어가 아니다. 한편, 블록체인은 모든 데이터가 전체 노드에 공유되므로 ❶, ❷ 단계는 공격 자체가 불필요하다. 따라서 현재 해시 함수를 사용해 ❹번의 방어를 구축 중에 있다면, 그것은 블록체인을 이용하는 것이 아니라 해시 함수를 이용하고 있는 것이며, 새로울 것이 없는 고전적 방법을 사용하는 것일 뿐이다. '3.1.2 머클트리'에서 설명한 것처럼 비트코인이나 이더리움 등의 블록체인이 사용하는 머클 트리 해시 방식은 1979년에 개발된 것이다.

Memo

블록체인은 '서비스 중단(Denial Of Service)' 공격을 효과적으로 방어한다. 모든 노드가 동등한 역할을 하므로 서비스 중단을 위해서는 전체 노드를 공격해야 한다. 이는 중앙 서버만 공격하면 서비스를 중단시킬 수 있는 중앙화 시스템과는 극명한 차이가 난다. 그러나 이러한 장점을 위해 모든 시스템을 블록체인처럼 구성하려는 것은 어리석은 생각이다. 블록체인이 모든 노드를 동등하게 구성할 수 있는 가장 큰 비결은 지극히 단순한 작업만 반복하기 때문이다. 작업의 난이도가 조금만 올라가도 블록체인으로 구성하는 것이 비용 구조상 불가능해진다. 복잡한 중앙화 시스템은 블록체인으로 구성할 수도 없고, 구성해서도 안 된다.

6.3.3 리스크와 보안

리스크란, 장래에 손실을 입힐 가능성이 있는 위협을 의미한다. 이를 관리할 때는 통상 세 가지 방법을 사용할 수 있는데, 각각 회피[avoid], 전가[transfer], 감수[assume]이다. 가능하면 리스크 자체를 회피하는 것이 좋겠지만, 회피와 전가에는 통상 비용이 따른다. 리스크를 회피하는 데 천문학적인 비용이 소요된다면 이는 최선이라고 할 수 없다. 회피하는 전략이 용이치 않다면, 리스크를 전가하는 방법을 생각해볼 수 있다. 리스크에 대비해 적절한 보험에 가입하는 것이 그 좋은 예다. 그러나 이 역시 보험료가 너무 과도하다면 좋은 방법이 아닐 수 있다.

이 때문에 리스크 레버리지를 계산해 어떤 전략을 구사할지 판단해야 한다. 리스크 레버리지는 다음 식으로 구할 수 있다.[G]

$$\text{리스크 레버리지} = \frac{\text{리스크 감소 전 위험 노출도} - \text{리스크 감소 후 위험 노출도}}{\text{리스크 감소에 소요된 비용}}$$

계산된 리스크 레버리지 값이 충분히 높지 않다면, 그 방법을 들여 리스크를 감소시킬 이유가 별로 없는 것이다.

많은 경우에 리스크를 그냥 감수하는 방법이 가장 적절하다. 특히 해당 리스크의 발생 가능성이 매우 낮다면, 군이 리스크를 회피하거나 전가하기 위해 많은 비용을 소모하는 것보다 차라리 그 비용을 비축해둔 채 리스크를 감수하다가 실제로 리스크가 발생됐을 때 비축한 금액으로 피해를 복구하는 것이 훨씬 더 효율적일 수 있는 것이다.

신뢰는 곧 돈이다. 신뢰가 뒷받침되면, 많은 비용을 절감할 수 있다. 현재 시스템을 99.9% 신뢰할 수 있다면 그냥 0.1%의 리스크는 감수하는 것이 더 현명하다. 99.9%를 99.99%로 만들기 위해 엄청난 비용을 들여 추가적인 안전 장치를 두는 것은 심각한 비용 낭비일 뿐이다. 블록체인은 신뢰가 0에 가까운 환경에서 비용 낭비를 감수하며, 신뢰를 형성하기 위해 중복적으로 검증하는 시스템이다. 많은 신뢰가 뒷받침되는 일반 기업이나 특히 관공서에서 블록체인을 고려하는 것은 대부분 불필요할 뿐 아니라 돈을 들여 더 느리고 비효율적인 시스템을 만드는 행위일 뿐이다. 팀원을 믿을 수 있는데, 또 다른 팀원에게 같은 일을 중복해 시키는 어리석은 상사가 되는 셈이다.

우리나라 관측사상 최대 규모의 지진은 2016년 9월 12일 20시 32분 경주에서 관측된 강도 5.8이다. 당신은 지진 강도 7까지 견딜 수 있는 내진 설계가 된 빌딩의 주인이다. 누군가 당신에게 비용을 감수하더라도 안전을 위해 강도 10을 견딜 수 있도록 설계를 강화하자고 제안한다면 어떤 것이 더 현명하다고 생각되는가? 리스크의 크기는 발생 시 예상되는 피해액이 아니라 발생 시 예상 피해액에 발생 확률을 곱한 기댓값으로 판단해야 한다.

블록체인이 보안 도구로 둔갑한 근본 원인은 마케팅적 요소를 찾고 있던 기존의 보안 업체와 새로운 프로젝트가 필요한 SI 업체들의 이해관계에 맞아떨어졌기 때문이다. 여기에는 '블록체인'이라는 모호하지만 마케팅적 요소가 큰 단어를 애써 끌어들인 상술이 짙게 깔려 있다. 많은 기업이 블록체인 프로젝트를 한다고 홍보하면서 하이퍼레저 기반의 시스템을 구축하고 있다. 하이퍼레저는 중앙화 시스템에 블록체인이 가진 중복 검증을 혼합한 것이다. 중복 검증을 도입했으므로 당연히 효율은 크게 저하된다. 많은 기업이 이러한 조합을 보다 안전하고 투명한 시스템으로 착각하는 듯하다. 내부 서버를 이용해 중복 검증한다고 해서 더 안전해지는 부분은 거의 없다. 오히려 대부분의 경우 애써 비용을 낭비하며 기존보다 더 비효율적이고 불안정한 시스템을 만들고 있다. 승용차의 바퀴는 4개가 최적이다. 더 안전하게 한다고 바퀴를 6개 달면, 승용차는 더 느리고 불안정해진다.

블록체인의 용도를 위변조 방지로 설명하는 것은 잘못이다. 비트코인이 등장할 때 위변조 방지는 전자서명으로 이미 해결됐다. 사토시 나카모토는 익명의 네트워크에서 '이중 사용'을 막기 위해 블록체인을 만들었을 뿐이다. 여전히 블록체인을 위변조 방지로 설명하는 것은 기술적 무지에 불과하다.

6.4 블록체인은 핀테크 도구가 아니다

블록체인이 핀테크 도구로 호도된 것은 좀 더 드라마틱하다. 블록체인이 핀테크의 도구와 연계된 배경은 물론 암호 화폐다. 암호 화폐라는 단어가 자연스럽게 금융을 연상시키므로 핀테크와 블록체인을 끼워맞추는 것은 그리 힘든 작업은 아니었다. 블록체인은 이제 '디지털 자산'이라는 키워드와 함께 '효율적인 국제 송금', '효율적인 결제 시스템'이라는 키워드까지 삼키면서 거품의 정점으로 치닫고 있는 듯하다. 이렇듯 블록체인의 효용이 끊임없이 왜곡되는 주된 원인은 자극적 키워드를 통해 이익을 극대화하려는 자들이 ICO의 아이디어 스케치와 중개소를 통해 상상력을 지속적으로 과대 포장한 것이 결정적이다. 이렇게 과장된 포장이 여과 없이 시장에 퍼지고 부풀려지며, 어느새 블록체인을 전지전능한 무결의 소프트웨어 정도로까지 둔갑시켜 놓았다.

핀테크[FinTech]는 금융[Finance]과 정보 기술[IT Technology]이 합쳐진 합성어로, IT 기술을 활용해 보다 편리하고 효율적인 금융 활동을 지원하기 위한 기술을 의미한다. 페이팔이나 애플 페이 등과 같은 지급 결제 분야나 금융 데이터 분석, 통합 금융 플랫폼, 금융 사기의 탐지 등 그 분야는 날로 확장돼 있다. 이러한 핀테크를 지원하는 4대 핵심 키워드는 '디지털화', '오픈 API', '금융 규제 개혁[a]', 그리고 '개인 정보 활용'이다. 이 중에서 '디지털화'와 '오픈 API'는 정보 기술과 관련된 부분이며, '금융 규제 개혁'과 '개인 정보 활용'은 규제 개혁과 연계돼 있다. 디지털화와 블록체인의 효용을 혼동하면 안 된다는 주제는 이미 '1.2 디지털화의 효용 대 블록체인의 효용'에서 살펴봤으므로 여기서는 나머지 세 가지 핵심 키워드에 대해 하나씩 살펴보자.

TIP

애플페이나 카카오 페이 등과 같이 여러 결제 수단을 간편하게 처리하는 기법은 모두 디지털화와 관련된 효용이다. 블록체인과는 무관하므로 절대 혼동하지 말자.

6.4.1 오픈 플랫폼

고립된 생태계가 서로의 기능을 나누는 공유 경제로의 변화 중심에는 '오픈^{Open} API'가 있다. 오픈 API는 자신의 기능을 타인이 쉽게 이용할 수 있도록 인터페이스를 제공해주는 것을 의미한다. 오픈 API는 기능의 공유를 통해 중복 투자를 막아주는 것은 물론, 여러 회사의 기능을 단일 소프트웨어로 구현할 수 있는 편의성도 제공해준다.

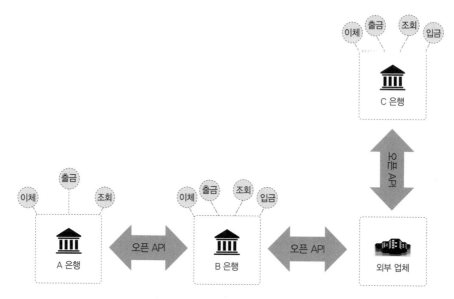

그림 6-8 오픈 API를 통한 기능과 자원의 공유

그림 6-8은 오픈 API을 간략히 표현한 개념도다. 그림 6-8에서 보는 것처럼 각 사는 자신의 서버가 가진 기능을 개방하고 공유함으로써, 외부의 요청을 처리해준다. 이를 통해, 자사를 이용하는 고객을 간접적으로도 확보할 수 있으며, 자사 또한 타사의 서비스를 사용해 고객들에게 마치 같은 회사에서 업무를 진행하는 듯한 편의성을 제공할 수 있게 된다. 과거에는 여러 은행에 흩어져 있는 계좌 내역을 통합 관리하려면 웹 스크래핑 등의 원시적 편법이 필요했지만, 지금은 오픈 API를 사용해 안정적인 응용 프로그램을 통해 전체 은행 계좌를 손쉽게 조회 및 이용할 수 있다. 핀테크 발달의 중심에는 이러한 '오픈

API'가 있고, '오픈 API'의 중심에는 '상생 경제'의 철학이 들어 있다. 싸이월드가 페이스북에 밀린 원인 중 하나는 모든 것을 스스로 하려 했던 폐쇄성으로서 오픈 API를 통해 부강한 생태계 확장에 나섰던 개방성에게 패했던 것에 있다. 오픈 플랫폼으로의 변화의 중심에는 앱 스토어라는 오픈 플랫폼을 통해 나눌수록 서로가 더욱 건강해진다는 것을 잘 보여준 애플이 있었다. 핀테크의 첫 번째 키워드인 오픈 플랫폼은 자신의 기능을 타인에 제공하는 것으로서 자원의 공유를 통한 경비의 절감을 추구하는 클라우드의 개념과는 닮아 있지만 블록체인과는 관련이 없다.

TIP 이런 관점에서는 블록체인과 클라우드는 완전히 반대되는 속성을 갖고 있는데, 이점에 대해서는 '7.1 토큰 이코노미의 부각'에서 다시 살펴본다.

6.4.2 금융 규제 개혁

각 나라의 금융은 그 어느 산업보다 더 많은 규제와 관리 감독을 받고 있다. 이러한 규제는 정보 기반 거래자들이 시장을 장악해 왜곡하는 것을 견제하고 관리하는 역할도 수행한다. 이 때문에 핀테크의 많은 아이디어가 실제로 구현되기까지는 수많은 규제의 산을 넘어야 한다. 이 때문에 어떤 경우에는 기술이 실현되기도 전에 사장되기도 한다. 핀테크는 IT 기술의 발달이 아니라 새로운 아이디어를 가로막는 각종 규제를 어떻게 효과적으로 헤쳐나갈지가 가장 중요한 관건이다.

리플^{Ripple}은 동명의 사기업이 발행하는 암호 화폐(XRP)의 이름이다. 리플의 주주에는 액센추어, 소프트뱅크, 구글 벤처스, 씨게이트 등과 같은 IT 관련 그룹은 물론, 스탠더드차터드, 산탄데르 등의 초대형 금융 그룹까지 총망라돼 있다. 리플은 '효율적인 국제 송금', '효율적인 국제 간 결제 시스템'을 위한 국제 송금 표준을 연구 중이며, 기존의 국제 송금 프로토콜인 스위프트^{SWIFT}를 효과적으로 대체할 것이라고 주장한다. 이러한 소문을 바탕으로 리플은 한때 1XRP당 3.8달러까지 치솟았고, 많은 매체가 리플의 가격 상승은 기술이 뒷받침된 것으로서 다른 암호 화폐의 거품과는 본질적으로 다르다고 한껏 추켜세웠지만, 다른 코인들과 마찬가지로 2019년 1월 현재 다시 0.3달러로 떨어진 상태다.

2019년 1월 스위스 다보스 포럼은 2020년 결제 시스템에 대한 토론회^{round table}에 리플의 CEO인 브래드 개링하우스^{brad garlinghouse}를 패널로 초청했다. 이 이벤트에서는 리플과 스위프트의 전 CEO 카터프리드^{Gottafried}의 만남이 성사될 것으로 알려져 세간의 이목을 끌었지만, 카터프리드가 참석하지 않을 것으로 알려지면서 만남은 무산됐다. 리플은 여전히 자신들은 스위프트를 효과적으로 대체할 것이라 주장하고, 스위프트는 리플을 냉소적인 입장으로 바라보며 애써 이들을 무시하는 상황이 지속되고 있다.

리플은 블록체인이 아니다. 따라서 리플에는 채굴 과정도, 블록도 없다. 이 회사는 설립 당시 1,000억 개의 리플(XRP)을 발행한 후 소유하고 있으며, 이를 중개소 등을 통해 판매하고 있다. 리플은 단순히 분산 원장을 지원하는 중앙화된 시스템이다. 리플의 CEO인 브래드 개링하우스 스스로도 몇 차례 리플은 블록체인이 아니며, 암호 화폐가 아니라고 언급한 적이 있지만, 그들의 홈페이지에는 여전히 리플을 '가장 진보된 블록체인'이라고 소개하고 있다. 어쨌든 리플은 블록체인이라는 이름을 전면에 내세워 다보스에 초청되는 등 성공적 노이즈 마케팅을 통해 꾸준히 주목을 끌고 있는 듯하다.

SWIFT는 1973년 15개국 239개 은행이 모여 국경을 넘나드는 공통 결제 시스템을 논의하면서 출범했다. 2019년 1월 현재, SWIFT는 전 세계 200여 개국에 1만 1,000여 개의 회원사를 가진 거대 회사로 성장했으며, 매일 평균 2,800만 개가 넘는 메시지를 처리하고 있다.[7] 리플이 SWIFT를 대체할 파괴력을 가질 수 있을지는 미지수지만, 그들의 성공과 블록체인은 아무런 관련이 없는 것은 확실하다. 블록체인은 중복의 특성상 느리고,

---

7   www.swift.com/

비효율적이며, 모든 정보가 누출된다. 리플이 블록체인이라면, 결코 스위프트를 대체할 수 없다. 리플이 미래에 스위프트를 대체한다면, 그것은 블록체인 때문이 아니라 그들의 막강한 주주사들이 SWIFT를 대체할 리플의 중앙화된 새로운 국제 송금 시스템에 다른 금융사가 참여하도록 설득하거나 협박하는 데 성공했기 때문일 것이다. 그때에도 여전히 '블록체인'이라는 단어를 사용할지는 미지수이지만 명칭과 상관없이 그 시스템이 블록체인이 아닐 것이라는 점은 확실히 예상할 수 있다.

향후에도 ICO를 진행하는 기업이나 핀테크에 관여된 기업이 마케팅을 위해 블록체인이라는 이름을 거론하겠지만, 핀테크에 블록체인을 도입하겠다는 발상은 국방력 증대를 위해 새총을 구입하겠다는 것과 비슷하다. 성질도 맞지 않고, 용도도 완전히 다르다.

TIP

비트코인을 전 세계에서 통용시킬 수 있는 유일한 방법은 많은 사람이 '사용'하게 만드는 것이다. 비트코인을 중앙화 서버로 발행하든, 블록체인으로 발행하든 비트코인 지갑을 통해 이를 사용하는 사람들은 관심도 없다. 많이 사용할 수밖에 없는 이유를 찾는 것이 핵심이지, 탈중앙화를 이루는 것이 열쇠가 아니다.

6.4.3 개인 정보 활용 – 마이데이터

우리나라의 개인 정보 보호법은 2012년부터 시행됐으며, 사안에 따라 3 ~ 10년의 징역 또는 3,000만 원 ~ 1억 원의 벌금을 규정하고 있다. 개인 정보 보호법은 원래 '정보 통신망 이용 촉진 및 정보 보호 등에 관한 법률'과 '신용 정보의 이용 및 보호에 관한 법률'에서 각각 산재해 있던 개인 정보 관련 사항을 하나로 통합해 새로 규정한 법이다. 동법에는 '동의 없는 개인 정보 수집', '법정 대리인의 동의 없는 아동 개인 정보 수집', '이용자 동의 없는 개인 정보 제공', '개인 정보 미파기' 등 개인 정보의 세부 사항을 규정하고 있다. 행정안전부는 개인 정보 보호법 제정의 주된 취지를 보호 의무 적용 대상의 확대, 보호 범위의 확대 등 총 여섯 가지로 설명하고 있다. 이러한 개인 정보는 누출될 경우, 한 개인에게 사회·경제적으로 큰 타격을 입힐 수 있으므로 안전하고 철저히 보호해야 하는 것이 당연하다.

그러나 역설적으로 개인 정보에는 그 사람에게만 해당하는 고유하고도 중요한 여러 정보가 담겨 있으므로 이를 현명하게만 활용한다면, 그 사람에게 최적의 서비스를 제공해줄 수 있는 열쇠가 되기도 한다. 예컨대, 10군데 금융사가 저마다 나이나 성별, 직업 등에 따라 조금씩 다른 조건의 상품을 갖고 있을 때, 각 개인이 이 모든 것을 직접 비교해 최저의 상품을 스스로 알아내는 것은 현실적으로 쉽지 않다. 특히 금융 지식이 전무할 경우에는 더욱 그러하다. 이럴 때, 자신의 정보를 제공하고, 이를 제공받은 10개 회사가 주어진 정보에 맞는 최적의 상품을 제안한 후 소비자는 그중 최상을 선택한다면 각자에게 매우 유용한 맞춤형 서비스를 제공해줄 수 있을 것이다. 그러나 이러한 편리한 서비스를 위해서는 개인 정보 보호라는 장벽을 넘어야 한다.

TIP

1999년 11월 12일 보험넷이라는 사이트는 국내 최초로 실시간 자동차 보험료 비교 서비스를 오픈했다. 고객이 자신의 정보 몇 가지만 입력하면, 당시 11개 손해보험사 전체의 자동차 보험료를 실시간으로 비교해줬다. 별 차이 없을 것이라 여겼던 보험료는 특정 연령과 성별의 경우 많게는 30% 이상 차이가 나는 등 수십 만원의 격차를 보였다. 이후 과도하게 보험료를 받던 회사들은 스스로 보험료를 낮춰 저렴한 보험료 수준으로 수렴되며 시장은 균형을 맞춰나갔다. 보험넷은 이후 모 기업에 인수돼 사라졌지만, 이제 시중에서는 비교 서비스를 보편적이고 당연한 것으로 여기고 있다.

2009년 3월 5일 미국 연방 CIO로 내정된 비벡 쿤드라^{Vivek Kundra}는 data.gov라는 웹사이트를 새로 런칭한다. 그는 이 웹사이트를 통해 주나 지방 정부가 갖고 있던 각종 정보를 일반인들에게 공개했다. 이 사이트는 디지털 오픈 데이터의 철학을 도입한 것으로서 공공재로서의 데이터의 중요성을 보여주는 사례의 시작이기도 했다. 그 후 2011년 오바마 행정부는 디지털 오픈 데이터의 철학을 바탕으로 스마트 디스클로저^{smart disclosure}의 개념을 발표하며, 개인 정보를 보호해야만 하는 대상에서 적극적으로 활용할 수 있는 대상으로 승화시킨다.

그림 6-9 스마트 디스클로저의 개념도

그림 6-9는 오바마 행정부의 스마트 디스클로저의 개념도를 보여준다. 정부 기관이 각 기관들과 개인 사이의 믿을 수 있는 중개인 역할을 한다. 정부 기관은 개인 정보가 누출되지 않도록 안전하게 관리하면서 개인 정보를 일반 정보로 변환하고, 기업들은 자신의 서비스를 정부가 제공하는 API로 프로그램해 등록한다. 각 개인은 자신에게 최적화된 맞춤형 서비스를 안심하고 검색해볼 수 있다. 이 개념은 영국에서는 마이데이터^{midata}라는 이름으로 발전돼 로이드 은행, 비자, 마스터 카드, 브리티시 개스 등의 20개의 사기업과 6개의 정부 기관이 참여, 26개의 기관이 시범 사업을 하고 있다. 한국에서는 한국정보진흥원이 선정돼 k-마이데이터^{k-mydata}라는 이름으로 국내 도입을 검토 중에 있다. 이 사업은 한마디로 데이터의 자기 결정권을 강화해 개인 정보의 보호에만 국한돼 있던 기존 개념을 개인 정보 활용의 관점으로 확장한 것으로 설명할 수 있다.

아직은 실험 단계인 이 개념은 그동안 정보의 주인이었던 개인이 자신의 정보를 주체적으로 통제해, 보다 나은 서비스를 받을 수 있다는 관점에서 그 형태나 방법은 달라질 수 있겠지만, 긍정적인 방향임은 확실하다. 마이데이터의 개념은 핀테크의 걸림돌인 개인 정보 보호 문제를 효과적으로 해결해줄 수 있는 또 다른 방법이 될 수 있다. 마이데이터는 '신뢰받는 중개인'이 무엇인지 보여주고 있으며, 신뢰를 통해 많은 비용을 절감할 수 있음을 보여준다.

6.5 블록체인은 데이터베이스가 아니다

블록체인을 둘러싼 여러 가지 오해 가운데 가장 흔한 것 중 하나는 블록체인을 안전한 저장 장치 정도로 착각하는 것이다. 많은 사람이 블록체인에는 무엇을 저장하든, 가장 안전하게 보관된다는 잘못된 지식을 갖고 있다.

이 잘못된 믿음에는 두 가지 오류가 있다. 첫째, '6.3 블록체인은 보안 도구가 아니다'에서 설명한 것처럼 블록체인에 보관한 것은 절대 안전하게 보호되지 않으며 그와는 반대로 저장하는 즉시 모든 정보가 누출된다. 둘째, 블록체인은 정보를 저장하거나 조회하는 것이 극도로 힘들며, 이를 위해서는 엄청난 에너지가 소비되는, 현존하는 가장 비싸며, 비효율적인 저장 장치다. 이는 방대한 데이터를 효율적으로 저장하고 손쉽게 조회하는 것을 그 목적으로 하는 데이터베이스와 완전히 반대되는 속성이다.

Memo

블록체인에 무엇인가 담으면, 모든 노드에게 이를 전송한 후 각자가 별도로 보관해야 한다. 복사를 위해 전파하는 시간과 에너지가 필요하고, 복사된 것을 저장하기 전 검증을 위한 에너지를 소비해야 하며, 최초 기록을 위해 상상을 초월하는 에너지를 소비해야 한다. 블록체인은 절대 데이터 저장 장치의 용도로 쓸 수 없다. '1.1.1 일의 분산 대 일의 중복'에서 이더리움과 AWS의 데이터 처리 비용을 비교했던 것을 기억하자.

한편, 블록체인과 데이터의 의미를 또 다른 측면에서 살펴보자. 그림 6-10을 보자.

평균 TPS: 3 ~ 4
Maximum: 7 ~ 8

평균 TPS: 2,000
Peak TPS: 4,000
Maximum: 56,000

그림 6-10 비트코인과 비자카드의 처리량 비교

그림 6-10은 비트코인과 비자카드의 초당 처리량을 비교하고 있다. 비트코인은 10분에 약 2,000 ~ 3,000개의 트랜잭션만 처리하고 있으므로 초당 처리량은 고작 4 ~ 5건 정도 밖에 안 된다. 이를 보통 초당 처리량$^{Transaction per seconds}$이라 하며, 약자로는 TPS로 표기한다. 이런 처리량의 제약은 비트코인의 블록 크기를 1메가바이트로 제한했기 때문이다. 얼핏 생각하기에는 블록 크기를 10배로 늘리면 처리 속도가 10배 빨라져야 하지만, 실제로는 절대 그렇지 못하다. 간단한 산수를 해보자. 만약 비트코인이 블록의 용량을 크게 늘림으로써 비자카드를 흉내 내서 4000TPS를 처리하는 경우를 생각해보자. 이 경우, 트랜잭션의 크기를 그 평균인 0.3킬로바이트가 아닌 최소 크기인 0.2킬로바이트로 가정하더라도 하루에 무려 69기가바이트가 넘는 데이터가 매일 생성된다. 하루 69기가바이트를 피어를 통해 브로드캐스팅하려면 최소 며칠이 소요된다. 따라서 하루치 검증을 위해 며칠 이상 소요되는 모순이 발생한다. 한편 하루 69기가 이상 생성되면 일년이면 25테라바이트를 넘는 거대한 용량이 된다. 따라서 모두가 검증하는 블록체인 시스템은 최소한의 데이터만 사용해야 하며, 이는 블록체인을 범용 도구로 사용하기 힘든 결정적 결함 중 하나다.

6.6 블록체인과 인센티브 공학

블록체인은 단순한 응용 소프트웨어와는 작동 방식이 많이 다르다. 블록체인은 문서 편집기나 스프레드시트처럼 정해진 목적을 달성하기 위해 제작된 소프트웨어 도구가 아니며, 정보를 주고받는 메신저도 아니다. 이더리움과 비트코인 블록체인 네트워크는 오로지 자신들의 경제적 이익을 위해 참여한 사람들의 모임이다. 따라서 경제적 이익이 충분히 주어지지 않는다면, 이 시스템은 유지하기 힘들다. 이 때문에 인센티브 공학적 측면에서 모든 참여자가 기여한 역할에 따라 고른 보상을 받도록 정교하게 설계하는 것이 필수적이다. 많은 사람이 인센티브 공학적 관점의 중요성을 인식하지 못하지만, 비트코인과 이더리움 블록체인은 인센티브 공학 관점에서 그다지 정교하지 못하다.

블록체인에 참여한 사람들은 크게 세 집단으로 분류할 수 있다.

첫 번째는 단순히 이용만을 원하는 집단(User, 이하 U라고 한다)이다. 이 집단은 암호 화폐를 사용하려는 목적만 가질 뿐, 검증이나 채굴에는 참여하지 않는다. 이들은 지갑 소프트웨어를 사용해 네트워크에 접속한다. U는 전체 블록체인 데이터가 요약된 헤더 정보만 저장하므로 스마트폰을 이용해서도 손쉽게 참여할 수 있다. 이들은 블록체인의 무결성과 안정성에는 기여하지 못한다. 시스템 참여자의 대다수는 이러한 U 집단에 속한다. 두 번째는 블록의 검증에까지 참여하는 집단(Validator, 이하 V라고 한다)이다. V 집단은 검증에는 참여하지만 채굴에는 참여하지 않는다. 검증에 참여하기 위해서는 비트코인의 경우약 250기가바이트, 이더리움의 경우 약 1.5테라바이트 정도의 용량을 가진 개인용 컴퓨터를 동원해야 하며, 스마트 컨트랙트가 호출될 때마다 자신의 컴퓨터를 혹사시켜 동일한 프로그램을 반복적으로 수행하며, 무결성 검증에 참여해야 한다.

TIP

최근에 등장한 패리티라는 이더리움 클라이언트를 사용하면 소위 가지치기를 통해 약 90 기가바이트로 검증을 할 수 있다고 주장하기도 한다. 그러나 아직은 그 안전성에 많은 검증이 필요하다. 90기가는 1테라바이트에 비해 획기적으로 줄어든 수치지만, 그 역시 결코 작은 용량은 아니다. 패리티에 관한 보다 상세한 사항은 '4.6 샤딩과 지분 증명'에서 찾아볼 수 있다.

마지막으로 이용, 검증은 물론 채굴을 통해 직접적인 보상을 추구하는 집단(Miner, 이하 M이라고 한다)이 있다. M 집단은 채굴을 통해 암호 화폐를 직접적으로 축적한다. 그러나 M 집단이 실질적인 수익을 올리기 위해서는 브로커 사이트 등을 통해 자신이 채굴한 암호 화폐를 가급적 높은 값에 법정 통화로 환전해야만 한다. 이상을 정리해보면 표 6.1과 같다.

표 6-1 블록체인의 참여자와 그 역할

집단	무결성에 기여	기록에 기여	비중
U(사용자)	X	X	99.9% 이상
V(검증자)	O	X	0.1% 미만
M(채굴자)	O	O	0.01% 미만

표 6.1에서 보는 것처럼 블록체인의 작동은 전체의 0.01% 미만의 채굴업자에 의존하고 있다. 또, 전체의 무결성을 확인해줄 수 있는 노드도 전체 이용자의 0.1%에 불과하다.

놀랍게도 V 집단에는 어떠한 인센티브도 주어지지 않는다. 이더리움의 V 집단에 속하려면, 최소한 1.5테라바이트의 저장 장치를 가진 하드웨어를 동원해 데이터를 저장한 후 스마트 컨트랙트가 호출될 때마다 자신의 컴퓨터에서 동일하게 EVM을 실행하고 그 결과를 기록함으로써 검증에 참여해야 한다. 매 15초마다 새로운 블록을 다운로드하고, 이러한 검증은 끊임없이 되풀이 되며 많은 에너지를 소비해야 하지만 그 보상은 단 한푼도 주어지지 않는다. 이는 비트코인도 마찬가지다. 이 두 블록체인의 모든 보상은 오로지 채굴업자에게만 돌아가도록 설계돼 있다. V 집단의 규모는 시스템의 무결성을 담보하는 것으로서 시스템의 안정성과 직결된다. 현재의 인센티브 설계로는 더 이상 블록체인의 무결성을 담보하기 힘들다. 비트코인과 이더리움은 조만간 큰 변화를 겪게 될 것이다. 완전히 새롭게 설계된 기발한 인센티브 공학을 접목하거나 그에 실패하고 영원히 작동을 멈추게

8   http://www.ethernodes.org

9   https://bitnodes.earn.com/

될 것이다. 그러나 그보다 더 가능성이 높아 보이는 것은 다음 절에서 설명하게 될 '중앙화된 블록체인'으로 변질되는 것인데, 그 순간 더 이상 블록체인이라 볼 수 없다.

TIP 사실 수만 개 이상의 V 노드에게 지속적으로 검증에 참여할 만한 인센티브를 적절히 나눠 주도록 설계한다는 것은 결코 쉬운 과제가 아니며, 거의 불가능할 정도로 까다롭다.

6.7 중앙화된 블록체인

'중앙화된 블록체인'은 '중앙화된 탈중앙화'와 같은 의미며, 서로 양립할 수 없는 두 단어의 조합이 만들어낸 어색한 문장이다. 이는 마치 '자유로운 구속 상태'나 '생존한 사망자'처럼 그 단어의 조합만 놓고 보면 난센스에 다름 없다. 그러나 놀랍게도 '중앙화된 블록체인'은 실제로 존재하는 시스템이다. 이와 동의어에는 '프라이빗 블록체인', '컨소시엄 블록체인' 또는 '지분 증명의 블록체인'이 있다.

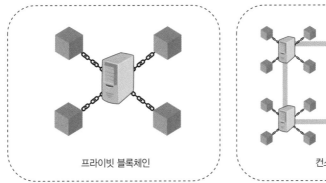
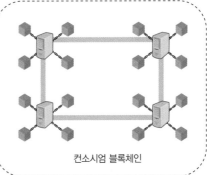

프라이빗 블록체인   컨소시엄 블록체인

그림 6-11 프라이빗 블록체인과 컨소시엄 블록체인

그림 6-11은 프라이빗 블록체인과 퍼블릭 블록체인의 개념도를 보여주고 있다. 프라이 빗 블록체인은 단일 회사의 단일 서버로 구성되는 반면, 컨소시엄 블록체인의 경우 복수 개의 회사 또는 단체가 모여 하나의 컨소시엄을 형성하고 각자의 중앙화 서버를 동원해 시스템을 구성한다. 개념적으로는 복수 개의 프라이빗 블록체인이 연결돼 하나의 네트워 크를 구성한 것으로 생각하면 쉽다. 그림 6-11에서 보는 것처럼 각 노드는 중앙화된 서 버에 의해 관리되며, 대개 분산 원장을 통해 저장하는 방식을 취하고 있으므로 그 구조상 으로는 완벽히 중앙화된 시스템이다. 이들은 블록체인의 속성 중 하나인 '중복에 의한' 검 증을 접목하고는 있지만 검증 서버는 모두 인증 서버에 등록돼 있는 자신들의 내부 서버 이므로 '모두에 의한 개방된 검증'과는 거리가 멀다. 따라서 중복 검증을 위해 희생된 효 율성을 정당화해줄 만큼의 투명성과 안전성을 확보하기 힘들다. 프라이빗 블록체인의 대 표적인 실험 사례로는 나스닥의 비상장 주식 거래 시스템이 주로 거론되고 있으며, 컨소 시엄 블록체인의 대표적인 사례로는 최근 국내 15개 은행이 연합해 구축한 뱅크 사인 시 스템이 있다. 한편 블록체인의 선진국이라고 한껏 추켜세우는 에스토니아의 모든 시스템 은 기본적으로 프라이빗 블록체인이며, 형태는 중앙화 시스템과 동일하다.

Memo

2018년 8월 27일 우리나라에서는 15개 은행이 연합 돼 기존의 인증 시스템을 대체할 블록체인 기반의 인 증 서비스인 뱅크 사인을 런칭했다고 대대적으로 선전 했다. 그러나 엄청난 홍보에도 불구하고 2018년 12월 말 현재 뱅크 사인의 이용자는 전체 이용자의 채 1%도

되지 않는다. 뱅크 사인 출범 당시 이 시스템은 블록체인의 분산 저장 방식을 사용해 위·변조를 방지했다고 강조했다. 이 주장은 보는 관점에 따라, 아직 뱅크사인을 이용하지 않고 있는 99%의 기존 고객들은 현재 위·변조의 위험에 노출돼 있어서 안전하지 않다는 의미로 해석될 수도 있다. 반면, 만약 그렇지 않다면 기존 시스템으로도 충분히 위·변조에 대비하고 있는데, 쓸데없이 내부 서버에 의한 중복 검증을 도입해 효율만 저하시켰다는 뜻이 되므로 뱅크사인은 쓸모 없는 투자가 돼 버리는 모순이 생긴다. 한편 산업은행, 한국 시티은행 그리고 카카오 뱅크 등은 아예 뱅크사인에 참여하지도 않았다.

뱅크 사인은 삼성 SDS의 넥스레저를 기반으로 한 시스템으로 알려졌는데, 이는 IBM의 하이퍼레저 패브릭을 기초로 한 응용 프로그램 중 하나다. 시중의 많은 SI 업체들은 패브릭을 기초로 다양한 응용 프로젝트를 진행하고 있지만, 5.1.2에서 설명한 것처럼 패브릭은 블록체인이라 보기 어렵다. 또한 기존의 시스템에 비해 위·변조 방지가 특별히 좋아진다고 평가할 수 없으며, 이는 단지 승용차에 바퀴를 6개 달려는 시도와 가깝다.

이들 시스템은 모두 중앙화된 서버에 의해 통제되고 있지만 여전히 블록체인이라는 단어를 사용하고 있으며, 심지어 디앱이라는 용어도 그대로 사용한다. 이런 시스템의 대표적인 예로는 하이퍼레저, EOS, 리플 등이 있다. 비트코인과 이더리움을 제외하면 사실상 '탈중앙화된 블록체인'은 찾아보기 힘들 지경이며, 비트코인과 이더리움조차 채굴이나 유지보수 세력이 시스템을 독점함으로써 이미 돌이킬 수 없을 정도로 중앙화가 진행됐다.

어떤 명칭을 쓰는지는 자신이 판단할 몫이다. 그런 관점에서 하이퍼레저를 블록체인이라 부르는 것에 대해 옳고 그름을 논할 수는 없다. 그러나 기존의 시스템을 '중앙화된 블록체인'으로 변경하고자 한다면 최소한 그 명백한 효용부터 먼저 파악해야 할 것이다. 블록체인에서 탈중앙화를 빼면, 남는 것은 중복에 의한 비효율과 합의를 하기 위한 시간 지연뿐이다. 시스템 구현 관점에서 볼 때 '중앙화된 블록체인'이란 난센스에 가깝다.

6.8 블록체인의 3대 위협 요소

2009년 최초의 블록체인이 세상에 나타난 이후 10여 년이 흘렀다. 그동안의 많은 시행착오와 연구 개발에도 불구하고 아직도 안정성을 갖춘 블록체인은 한 번도 완성된 적이 없다. 오히려 비트코인과 이더리움은 그간 기술적 관점과 운영의 관점에서 수많은 문제점과 미숙함을 노출하며, 그 지속성에 대해 심각한 우려를 자아냈다. 한편 끝없이 중앙화 시스템으로 변질돼가는 블록체인의 모습에서 구조적인 설계의 잘못에 대한 여러 의견의 대두와 함께 소프트웨어만으로 탈중앙화 기반을 형성하는 것은 불가능하며, 탈중앙화 플랫폼을 구축하기 위해서는 엄청난 에너지와 자원이 필요하다는 점이 확인되고 있다. 그러는 동안 블록체인의 존속과 안정성을 위협하는 여러 요소 중 특히 세 가지 사항이 부각됐다. 이 절에서는 블록체인을 근본적으로 위협할 수 있는 세 가지 요소에 대해 하나씩 알아보자.

0.8.1 블록체인 데이터 크기

블록체인은 모든 노드가 데이터를 저장하며, 데이터의 검증에 참여하는 시스템이다.[10] 전체 노드가 데이터의 검증에 참여하는 것은 신뢰가 없는 네트워크에서 치러야 할 대가이기도 하다. 이렇듯 무결성을 검증하기 위해서는 제네시스 블록이 만들어진 이래 생성된 모든 데이터를 간직해야만 한다. 이는 블록체인은 '비가역적 기록 장치'를 통해 그 무결성을 유지하는 방식이므로 이전 값을 갱신하는 것이 아니라 새로운 값을 추가하는 방식으로만 기록을 저장하기 때문이다. 따라서 네트워크에서 발생한 모든 이벤트는 그 값이 사라지거나 갱신되지 않고 모두 기록돼 저장된다. 이 때문에 시간이 흐르면 축적된 데이터의 양은 점점 방대해지며, 데이터의 유지를 위한 심각한 오버헤드를 유발하게 된다.

비트코인 블록체인에서는 2018년 12월 현재 약 3억 건 이상의 트랜잭션이 발생했고, 이는 55만 개가 넘는 블록에 흩어져 보관돼 있다. 그 용량은 이미 200기가바이트를 넘어섰다. 이더리움의 경우는 훨씬 심각하다. 이더리움의 총 블록 개수는 700만 개를 넘어서고, 트랜잭션 개수는 4억 개에 가깝다. 그 전체 용량은 이미 1테라바이트를 훌쩍 넘어서 조만간 2테라바이트를 기록할 전망이다. 이렇듯 커지는 데이터의 용량은 검증에 참여하려는 동인을 크게 떨어뜨려 시스템의 무결성을 심각하게 저하시킨다.

---

10 설명의 편의상 모든 노드는 완전 노드라고 가정하자.

현재 비트코인과 이더리움에서 검증에 참여하고 있는 완전 노드는 1만 여 개로 추정되지만, 이 수치는 계속 감소하고 있다. 검증에 참여하기 위한 비용이 기하급수적으로 늘어나는 것에 비해 검증에 참여한 대가는 한푼도 없기 때문이다. 이를 해결할 수 있는 마땅한 방법도 없다. '3.6 샤딩과 지분 증명'에서 설명한 것처럼 작업 증명 방식의 블록체인을 그대로 유지하면서 데이터 증가 문제를 해결할 수 있는 방법은 없다. 현재의 블록체인은 한 번 작동하면 영원히 연결점을 갖고 작동하도록 설계돼 있다. 또 '6.5 블록체인은 데이터베이스가 아니다'에서 잠시 살펴본 것처럼 블록체인의 처리 용량을 늘리면 브로드캐스팅을 통한 검증에 소요되는 오버헤드가 급격히 증가해 시스템의 병목 현상을 초래할 수 있다.

이처럼 늘어나는 용량을 감당하지 못해, 보편적 검증 시스템이 무너짐으로써 무결성이 위협받는 문제를 근본적으로 해결할 수 있는 방법은 아직 찾지 못한 상태다. 이 용량 문제는 현 시점에서 블록체인의 존속을 위협하는 가장 큰 위험 요소 중 하나다.

6.8.2 시스템의 독점

블록체인의 중심에는 작업 증명이 있다. 비가역적 기록 장치를 구현하기 위해 작업 증명을 동원한 비트코인의 실험은 파괴적 혁신으로 여겨졌지만, 얼마 되지 않아 AISC를 동원한 일부 세력에 의해 시스템이 심각하게 독점되는 부작용을 낳았다. 네트워크에 참여한 사용자 노드가 1,000만을 넘어서는 비트코인과 이더리움에서, 단 3개의 노드가 과반을 넘는 블록을 생산하고 있으며 상위 10개 채굴업자가 전체의 90%가 넘는 블록을 장악하고 있다. 1,000만 개 노드가 10개의 노드에 의존하고 있으므로 결국 99.9999%가 단 0.0001%의 노드에 장악당한 셈이다. 문제는 이러한 독점 구조가 바뀔 가능성이 거의 없다는 데 있다. 제네시스 블록보다 7조 배 이상 올라간 난이도를 감당할 수 있는 업체는 거의 없다. 이렇게 채굴을 장악한 세력이 채산성을 이유로 어느 날 채굴을 중단하면 시스템은 그대로 멈추게 된다. 이미 채굴의 채산성은 극도로 악화돼 있다. 그러나 대형 채굴업자들은 기존에 보유하고 있는 자신들의 암호 화폐의 가치를 유지하기 위해 고육지책으로 채굴을 이어가고 있다. 그러나 곧 채굴의 한계 사항에 도달하면, 이들은 채굴을 멈출 것이다. 그들은 이미 치밀하게 짜인 시간표에 따라 조금씩 암호 화폐를 중개소를 통해 내던지며 최후의 순간을 준비하고 있을 것이다.

비트코인 채굴업자들이 이미 보유 암호 화폐를 내던지기 시작했고, 조만간 시스템을 완전히 버릴 수 있다는 징후는 비트코인의 최근 난이도 변화를 살펴보면 잘 드러난다.

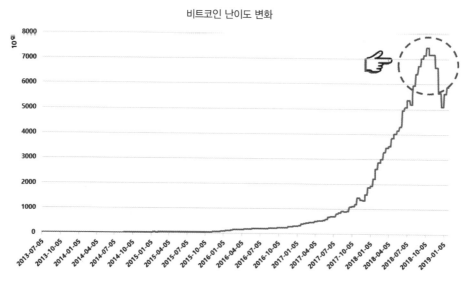

그림 6-12 비트코인 난이도 변화

그림 6-12는 비트코인의 난이도 변화 추이를 보여주고 있다. 지난 10여 년 동안 비트코인의 난이도는 항상 기하급수적으로 증가만 돼왔고, 급기야 2018년 10월 5일 역대 최고 난이도인 7.45조 배를 기록한다. 그러나 그 다음 아주 이상한 일이 벌어진다. 비트코인 난이도는 7.45조 배를 정점으로 갑자기 감소하기 시작하더니 2018년 12월 20일에는 5.1조 배까지 급격하게 떨어진다. 비트코인 가동 후 10여 년 동안 잠깐 동안의 소폭 감소는 몇 번 정도 있던 일이지만 두 달 반이 넘도록 폭락을 지속하며, 30%가 넘는 폭으로 난

이도가 급격히 내려간 것은 비트코인이 생긴 후 처음 있는 매우 이례적인 일이며, 이미 7.45조 배를 감당할 수 있는 하드웨어를 보유하고 있는 채굴업자들이라는 점을 감안하면 난이도가 유지되거나 상승하지 않고 오히려 감소한다는 것은 상상하기 힘든 일이다. 이는 현재 채굴업자들이 '최선을 다해' 채굴하는 것이 아니며, 자신들의 보유 수량을 모두 털 때까지 암호 화폐 가치 유지를 위한 최소한의 시늉만 하는 것으로 해석할 수 있다.

채굴업자가 최선을 다하지 않는 것은 당연하다. 비트코인의 가치가 더 이상 상승되지 않는다는 가정하의 최선의 전략은 손실을 감수하며 채굴에 집중해 미래를 대비하는 것이 아니라 당장의 손실도 줄이면서 빠른 시기에 보유 수량을 전량 털어내는 것이다. 이미 손실 구간에 접어든 현 상태에서 채굴에 최선을 다하면, 불필요한 손실만 확대할 뿐이다. 비트코인에 미련이 남은 독자가 아직 있다면 더 늦기 전에 빨리 도박판에서 벗어나길 충고한다. 이는 비단 비트코인에만 국한된 것이 아니라 이더리움을 포함한 다른 모든 암호 화폐에도 적용되는 충고이기도 하다.

그들이 암호 화폐 내던지기를 완료하는 순간 시스템은 영원히 멈춘다. 그들이 떠나면, 손해를 보면서까지 굳이 채굴해야 할 이유를 가진 업체는 단 하나도 없기 때문이다. 이러한 시스템의 독점은 작업 증명 기반의 블록체인의 존속을 위협하는 심각한 문제며, 이더리움이 한시바삐 지분 증명으로 전환하기 위해 안간힘을 쏟는 이유 중 하나다.

그러나 시스템 독점의 위험은 비단 채굴 세력에만 국한된 얘기는 아니다. 이것이 바로 블록체인이 지분 증명으로 변경한다고 해서 문제가 해결되지 않는 이유 중 하나다. 작업 증명을 버리는 순간, 엄청난 에너지를 소모하는 채굴은 사라지지만 블록 생성권의 독점은 오히려 영구화될 소지가 크다. 작업 증명은 막강한 하드웨어를 동원한 싸움이지만 지분 증명은 시스템을 유지보수하는 암호 화폐 재단을 중심으로 임의로 이권을 차지하는 정치판이기 때문이다. 지분 증명은 블록체인이 아니다. 탈중앙화도 아니면서, 효율은 떨어진다. 신뢰가 없으면 작동하지 않는 네트워크로 변질되지만, 신뢰를 알 수 없는 노드가 시스템을 장악하게 되는 구조다.

6.8.3 양자 컴퓨터

현대의 과학 기술은 컴퓨터에 사용되는 부품의 크기를 놀라울 정도로 초소형화하며 그 집적도를 극대화하고 있다. 현대 컴퓨터에 사용되는 트랜지스터의 평균 크기는 불과 14나노미터[11] 미만으로 적혈구 크기의 1/5밖에 안 된다. 이 크기가 좀 더 작아지면 뉴턴이 개척한 고전 물리학이 더 이상 적용되지 않는 양자 역학의 세계로 들어간다. 양자 역학은 원자, 분자, 소립자 등의 극히 크기가 작은 미시적 대상에 적용되는 물리학 법칙으로 기존의 고전 역학과는 상반된 부분이 많다. 양자는 고전 역학과 달리, 확정된 상태로 존재하지 않고 늘 확률적으로만 존재하다가 관측되고 나면 확정된 값을 갖는 성질이 있다. 일단 측정을 하고 나면 여전히 이진값 중 하나만 갖게 되지만, 그 전에는 어떤 값을 가질지 오로지 확률적으로만 존재할 뿐인 것이다.

Memo

미시 세계는 관측 자체에 영향을 받는다. 우리는 미시 세계가 방출한 빛을 보지만, 그 빛은 이미 교란돼 정확하지 않은 것이다. 누구도 미시 세계의 정확한 관측을 할 수 없으므로 그 상태를 정확히 알 방법을 찾지 못했다. 이 때문에 보어(Niels Bohr)의 가설과 그 가설을 천재적으로 공식화해 끼워맞춘 하이젠베르크(Werner Karl Heisenberg)의 방정식을 통해 확률적으로만 상상하고 있는 것이다.

---

11   1나노미터는 10억분의 1 미터, 즉 10^{-9}미터다.

그림 6-13 IBM Q 양자 컴퓨터(출처: IBM)

양자를 계산에 활용할 수 있을 것이라는 아이디어는 1959년, 유명한 물리학자인 리처드 파인만Richard Feynman까지 거슬러 올라간다. 그러나 구체적인 아이디어를 최초로 제시한 사람은 1980년의 폴 베니오프Paul Benioff였으며, 그 이후 많은 과학자가 양자 컴퓨터에 대한 연구를 이어오고 있다. 2009년에는 예일 대학의 연구원들이 드디어 세계 최초의 실험적 양자 프로세서를 개발하기도 했다. 2019년이 된 지금도 양자 컴퓨터는 여전히 걸음마 단계에 머물러 있지만, 많은 기술이 그렇듯 변혁은 서서히 찾아오기보다 어느 날 갑자기 일어나는 법이다. 많은 사람이 양자 컴퓨터 연구에 매달리는 이유는 무시무시한 연산 속도 때문이다. 기존의 컴퓨터는 0과 1 둘 중 하나의 확정된 값만 가질 수 있는 메모리 셀에 비트라는 단위로 저장하고, 각 값이 가질 수 있는 여러 경우의 수를 순차적 방법으로 바꿔가며 연산을 수행해야 한다. 그러나 통상 큐빗quantum bits, qubit이라 불리는 양자를 저장 단위로 사용하면 확정된 값을 경우의 수에 따라 순차적으로 연산하는 것이 아니라 양립할 수 없는 다수의 관측량을 동시에 측정할 수 있는 환경으로 바뀌게 된다. 이를 바탕으로 중첩superposition에 의한 계산을 통해 이전에 기하급수적인 시간을 요구하던 대규모 연산을 동시에 한꺼번에 처리할 수 있게 된다. 이러한 중첩 연산이 가능한 양자 컴퓨터가 실현된다면, 현재의 모든 암호학 체계나 해시 기반의 시스템은 바로 쓸모가 없어진다.

6.8.3.1 암호와 해시는 반드시 풀린다

우리가 사용하고 있는 대부분의 암호 체계와 해시 함수 체계는 복잡한 산술식에 갇혀 있지만, 무차별 대입법을 동원하면 항상 그 정답을 알 수 있다. 다만 시간이 너무 오래 길길 뿐이다. 예를 들어, 그림 6-14와 같이 숫자로 이뤄진 비밀번호를 가진 자물쇠를 생각해 보자.

그림 6-14 숫자 비밀번호로 이뤄진 자물쇠

그림 6-14와 같이 비밀번호가 숫자 네 자리로 이뤄져 있는 자물쇠의 경우를 가정해보자. 이 비밀번호를 찾아내려면 0000부터 9999까지 $10^4(= 10,000)$번의 시행착오를 거쳐야 하지만, 정답은 반드시 그중 하나다. 즉, 1만 번의 시행착오를 거치는 동안 무척이나 많은 시간이 걸리겠지만, 언젠가는 반드시 정답을 찾아낼 수 있다. 세상의 모든 암호는 반드시 풀린다. 다만, 현존하는 컴퓨터로 계산하기에는 그 시간이 너무 오래 걸릴 뿐이다. 앞서

비트코인의 해시 퍼즐을 해결하기 위해 현재의 개인용 컴퓨터를 사용하면 대략 6,000만 년이 걸린다는 것을 알았다. 그러나 엄청나게 오랜 시간이 걸리지만 중요한 점은 정답을 찾는 것이 영원히 불가능한 것이 아니라 시간만 오래 걸릴 뿐이라는 것이다. 정답은 반드시 찾을 수 있다. 6,000만 년만 기다리면 될 일이다.

그런데 만약 컴퓨터가 기하급수적인 속도로 발전하면 어떻게 될까? 앞서 개인용 컴퓨터로 6,000만 년 걸리는 비트코인의 해시 퍼즐 계산을 최상위 전문 채굴업자가 가진 전용 기계를 동원하면 현재도 단 10분만에 해결할 수 있다는 것을 봤다. 이러한 양상의 극단적인 경우가 바로 양자 컴퓨터다. 중첩에 의한 계산을 통해 양자 컴퓨터는 소수 분해에 기반을 둔 RSA나 타원형 곡선의 성질을 이용한 ECDSA와 같은 현재의 비대칭 암호화 체계는 순식간에 해결한다. 암호화나 해시는 양자 컴퓨터 앞에서는 그 역할을 제대로 하지 못한다. 양자 컴퓨터가 등장하는 순간 블록체인의 모든 보안 체계는 무너진다. 비트코인이 미래의 금이 될 것이라 믿는 것은 개인의 자유지만, 그 사람들은 암호 화폐 전체가 어느 순간 한꺼번에 사라질 수 있다는 점을 염두에 둬야 할 것이다.

Memo

최초의 비대칭 암호화 기법인 RSA가 소개될 때, RSA를 개발한 리베스트(Rivest) 등은 상금을 내걸고 소인수 분해 문제를 제시했다. 1977년 그들은 129자리의 큰 수를 두 소수의 곱으로 분해하는 문제를 제시했다. 상금을 타기 위해서는 이 129자리 수를 이루는 두 소수를 찾아내야만 했다. 그들이 제시한 129자리 수는 다음과 같다.

114,381,625,757,888,867,669,235,779,976,146,612,010,218,296,72
1,242,362,562,561,842,935,706,935,245,733,897,830,597,123,563,9
58,705,058,989,075,147,599,290,026,879,543,541

이 문제에 대한 정답은 그로부터 16년이 흐른 1993년, 전 세계 600여 명이 약 1,600여 대의 컴퓨터를 동원해 1년 만에 찾아냈고, 이 큰 수는 각각 64자리와 65자리를 가진 두 소수 p와 q의 곱이라는 것을 밝혀냈다. p와 q는 각각 다음과 같다.

p = 3,490,529,510,847,650,949,147,849,619,903,898,133,417,764,6
38,493,387,843,990,820,577

q = 32,769,132,993,266,709,549,961,988,190,834,461,413,177,642,
967,992,942,539,798,288,533

1,600여 대의 컴퓨터로 1년이 소요된 129자리 문제는 현재의 비트코인 전문채굴 꾼들
의 전용 기계를 이용하면 순식간에 해결된다. 이 퀴즈는 RSA 인수분해라는 이름으로 최
초 100자리 맞추기부터 시작됐으며, 현재는 232자리까지 정답을 찾은 상태고, 이제 그
다음 단계인 240자리 정답을 찾기 위한 대결이 진행 중이다.

TIP

앞서 소개했던 사이퍼펑크의 기술적 효시인 데이비트 차움은 현재 에릭서(Elixxir)라 불리
는 암호 화폐를 연구 중이다. 그는 이 에릭서가 양자 컴퓨터의 등장 이후에도 안전한 암호
화 기법을 탑재할 것이라 주장했다. 현재 많은 암호학자는 양자 컴퓨터 등장 이후에도 사
용할 수 있는 새로운 암호학 체계에 대해 연구하고 있다.

7

블록체인과 상생 경제

소프트웨어를 통한 탈중앙화를 꿈꾸던 블록체인은 시간이 흐르면서 소프트웨어만으로는 탈중앙화가 불가능하다는 사실을 조금씩 드러내기 시작했다. 이제 블록체인은 유지보수 집단에 의해 지배되고, 채굴업자에 종속되며, 중개소에 그 생명 유지를 저당 잡힌 신세가 됐다. 기술적인 측면에서 보면 비트코인과 이더리움을 포함한 블록체인은 이미 종말을 맞이한 것과 다름없다. 블록체인은 이제 그 핵심 개념인 작업 증명과 익명 기반의 탈중앙화를 스스로 부정하며, 인증 기반의 기명 시스템으로 왜곡되거나 보안 도구나 핀테크 도구로 둔갑되는 등 그 목적도 효용도 불분명한 형태로 변형되더니 급기야 '중앙화된 블록체인'이라는 웃지 못할 조합으로까지 내몰리는 지경에 이르렀다. 이러한 왜곡에는 블록체인 기술의 진보라는 명분이 붙지만, 기술의 진보는 목적지를 변경시키지는 않는다. 탈중앙화를 버린 기술은 목적지를 바꿔버려 블록체인의 효용을 폐기한 것으로서, 다른 명칭을 사용하지 않고 여전히 블록체인이라는 이름을 고집하는 이유는 아직은 유효한 블록체인의 광풍을 마케팅적으로 누리고자 하는 얄팍한 상술 정도로 해석될 수 있다.

한편, 블록체인은 그 기술적 종말과 달리 상생 경제라는 새로운 관점의 영감을 불어넣어줬다. 이제 '탈중앙화'라는 허상은 걷어내 버리고, 토큰 이코노미와 상생 경제의 또 다른 관점에서 블록체인을 재조명해보자. 이는 더 이상 소프트웨어나 네트워크라는 프로그램의 관점이 아니라 '사람'이 중심이 돼, '효용'이라는 측면에서 블록체인을 바라보는 것이다.

7.1 토큰 이코노미의 부각

토큰 이코노미는 '행동 교정' 프로그램의 한 종류로, 바람직한 행동을 장려하기 위해 보상을 지급하고, 그렇지 않은 행동을 억제하기 위해 벌칙을 부과하는 것을 기반으로 하고 있다. 애완견이나 가축 등의 행동 교정을 위해 보상과 벌칙을 적용한 것은 인류가 오래전부터 사용해오던 방식이며, 현재도 여전히 보편적으로 사용하는 방식이기도 하다.

그림 7-1 고양이 길들이기와 토큰 이코노미(출처: 픽사베이)

토큰 이코노미라는 말을 학술 용어로 처음 사용한 사람은 1961년 미국 일리노이 주 안나Anna 주립 병원 정신 병동의 애런Ayllon과 아즈린Azrin이라고 알려져 있다.[R] 이 용어는 정신 병동에서 사람을 상대로 행동 교정을 통해 치료의 효과를 높이기 위해 사용하던 치료법을 지칭하기 위해 사용된 것으로, 이후 보다 광범위하게 이용되기 시작하면서 1970년대 그 정점을 그리게 된다[R]. 그러나 사람을 상대로 보상을 통한 행동교정을 하는 방식은 비윤리적이라는 비난과 함께 마치 죄수들처럼 환자의 치료를 진행했던 정신 병동에서의 치료 효과에 대한 여러 의구심을 함께 불러왔고, 이로 인해 1980년대를 기점으로 토큰 이코노미는 내리막길을 걸으면서 더 이상 주목을 받지 못하게 된다.

Memo

'토큰 이코노미'를 암호 화폐의 등장과 함께 최근에 만들어진 용어로 오해하는 사람들이 적지 않다. 그들은 토큰을 코인과 동의어로 착각해, 토큰 이코노미를 코인을 발행해 진행하는 비즈니스 또는 암호 화폐를 기반으로 한 경제 정도로 착각하기도 한다. 이는 이더리움 진영에서 스마트 컨트랙트를 이용해 메인넷 없이 발행한 코인을 '토큰'이라 지칭하면서 용어의 혼란을 부추긴 것도 한 원인이다. 토큰 이코노미는 암호 화폐와는 무관하며, 토큰이란 단어는 가능한 모든 종류의 보상 체계를 일컫는 통칭이다. 암호 화폐는 블록체인이 취할 수 있는 수많은 보상 체계 중 하나일 뿐이다.

블록체인의 등장과 함께 토큰 이코노미는 30년 만에 다시 주목받기 시작했다. 작업 증명은 블록체인의 무결성을 이루는 핵심 속성인데, 이는 기본적으로 '노동의 제공 및 그에 대한 합당한 보상의 지급'이 기반되는 인센티브 공학이 뒷받침돼야 한다. 그러므로 블록체인은 매우 정교한 방법으로 인센티브를 설계해야만 한다. 이런 관점에서 블록체인의 핵심 요소는 '안정된 인센티브 공학의 설계'이며 전산학이 아니라 사회학이나 경제학에 더 가깝다. 이는 블록체인이 결코 프로그래머의 기술만으로는 완성될 수 없는 이유이자 다른 소프트웨어와 근본적으로 다른 원인이기도 하다. 블록체인은 소프트웨어 도구가 아니라 생태계의 설계 관점에서 접근해야 한다. 이를 이해하지 못하면, 완성될 수 없는 허상에 끊임없이 돈을 낭비하게 될 것이다.

Memo

블록체인과 클라우드를 비교하면 둘 다 자원의 공유와 상생 경제와 관련된다는 공통점을 발견할 수 있지만, 둘 사이에는 서로 상반된 속성이 하나 있다. 클라우드의 기본 관점은 '남이 나의 물건을 사용하게 만드는 것'이다. 이와 함께 적절하고 합리적으로 그 사용료를 부과하는 방법을 연구하는 것이 클라우드다. 그러나 블록체인은 이와 반대로 '나를 위해 남이 일을 하게 만드는 것'이 주목적이다. 따라서 나를 위해 일해준 자들에게 적절히 보상하는 방법을 연구하는 것이 매우 중요해진다. 둘 다 '자원 공유'를 통해 개별 단위로 자원을 소비하는 것보다 더 저렴하고 효율적인 방법을 찾으려는 점은 동일하지만, 주목적은 정반대가 되는 특성을 가진 것이다.

7.2 상생 경제와 블록체인

블록체인은 일의 중복을 통해 효율성을 희생하는 대신, 무결성을 지향한 시스템이다. 따라서 블록체인으로 시스템을 설계하면, 동일한 과제를 수행하는 중앙화 서버보다 반드시 더 많은 에너지를 사용하게 되므로 비용은 더 증가할 수밖에 없다고 설명했다. 그러나 비용을 절대 비용과 상대 비용으로 구분해 살펴본다면 또 다른 관점의 해석이 가능해진다.

그림 7-2 자율주행과 차량용 블랙박스(출처: 픽점보, 아마존)

그림 7-2는 김 대리의 차량에 달려 있는 블랙박스를 보여주고 있다. 김 대리가 출퇴근할 때 그의 차량에 달린 블랙박스에는 다양한 종류의 거리 이미지 데이터가 끊임없이 수집되고 있다. 그러나 이는 데이터일 뿐, 정보는 아니다. 이러한 데이터는 사고를 당하는 순간 비로소 귀중한 '정보'의 역할을 할 수 있지만, 평소에는 먼저 기록한 의미 없는 데이터를 새로운 데이터로 끊임없이 덮어쓰며 에너지를 소모할 뿐 아무런 효용이 없다.

한편, 자율주행차를 연구하는 자동차 회사는 다양한 종류의 거리 데이터를 수집하기 위해 많은 비용을 끊임없이 투자하고 있다. 그들은 전국을 누비면서 거리 데이터를 영상으로 담은 후 머신 러닝 등의 기법을 사용해 다양한 상황에 대비한 알고리즘을 훈련시키고 있다. 이를 위해 자동차 회사는 많은 에너지를 소모한다. 만약 김 대리와 자동차 회사가 서로 협업하면 어떻게 될까? 이제 김 대리와 자동차 회사가 서로 협업하기로 하고 김 대리의 블랙박스에 수집되는 데이터를 자동으로 자동차 회사로 전송해주기로 약정한 경우를 생각해보자. 김 대리는 자동차 회사와 협업하더라도 손해볼 것이 없다. 이 협약을 수행하기 위해 추가로 소모하는 에너지가 없기 때문이다. 이는 자동차 회사도 마찬가지다. 거리 데이터를 수집하기 위해 평소 많은 비용을 지출하고 있었기 때문에 그 비용보다 작은 금액을 김 대리에게 일정 금액의 인센티브를 제공하고, 소중한 거리 정보를 수집할 수 있다면 비용을 절감할 수 있다. 이 계약이 상생적으로 성립되려면 다음의 두 가지 조건이 갖춰져야 한다.

1. 서비스 제공자(= 김대리)의 입장에서는 지급받는 인센티브가 자신이 생각하는 최저 임계치보다 높으면 이 제안을 받아들일 것이다.

인센티브 > 효용 최저 임계치   (7.1)

2. 자료 수집가(= 자동차 회사)의 입장에서는 기존 방식에 소요되는 비용보다 협약을 맺은 사람들에게 지급한 총 비용이 더 적다면, 새로운 방식을 선택할 것이다.

기존 수집 비용 > Σ 개인별 인센티브   (7.2)

여기서 중요한 점은, 협약에 따른 데이터 수집을 위해 소모되는 절대 에너지의 총합은 자동차 회사의 기존 수집 방법보다 훨씬 더 커짐에도 불구하고, 개별적으로 판단하는 상대적인 에너지 측면에서는 모두가 이익을 보는 상생 관계가 형성된다는 점이다. 이는 각 개인이 협약을 위해 추가 에너지를 사용한 것이 아니라 원래 낭비되던 에너지를 협약에 이용했기 때문에 가능하다.

Memo

개인의 블랙박스 데이터와 함께 차량 운행 데이터를 수집할 수 있게 되면, 자율주행을 위한 이미지 정보는 물론 다양한 방법으로 활용할 수 있는데, 보험사의 경우 주행 습관에 따른 차등 보험료 산정이 가능하고, 배기 가스 오염에 따른 세금 차등화, 혼잡 교통세의 자동 징수 등 여러 가지 다른 형태의 응용이 가능하다. 이는 '6.4.3 개인 정보 활용 – 마이데이터'에서 설명한 마이데이터와도 어느 정도 연계돼 있다.

7.3 개념과 구현의 분리

블록체인이 가진 개념과 그 개념을 구현하기 위한 기술을 서로 분리하면 모두 네 가지의 조합이 가능하다. 그림 7-3을 보자.

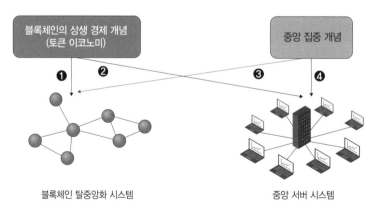

그림 7-3 개념과 구현의 분리

그림 7-3은 블록체인에서 '탈중앙화 소프트웨어'라는 허상을 완전히 걷어내고, 개념과 구현의 관점에서 서로를 분리할 경우 생각할 수 있는 네 가지의 다른 조합을 보여준다. 블록체인의 개념과 구현 방식을 분리해 고려한다는 의미는 블록체인의 성질 중 토큰 이코노미적 상생 경제 개념을 블록체인 구현 방식인 탈중앙화 시스템과 분리해 생각한다는 뜻이다.

이렇게 분리하면, 하나의 개념을 구현하는 방식은, 중앙화 또는 탈중앙화 모두 가능하다. '7.2 상생 경제와 블록체인'에서 살펴본 자동차 회사와 개인의 협업이라는 개념을 구현하기 위해 반드시 탈중앙화 시스템을 이용할 필요는 없다. '7.2 상생 경제와 블록체인'의 아이디어는 오히려 중앙 서버 시스템을 사용하는 방식이 훨씬 더 효율적인데, 이는 그림 7-3에서의 ❷번 경로를 의미한다. 반대로 중앙 서버에 맞는 개념을 탈중앙화 시스템으로 구현하는 조합 역시 이론적으로는 가능한데, 이는 ❸번 경로에 나타나 있다. ❸의 조합은 전체 시스템의 효율을 떨어뜨리고, 정보가 누출되는 치명적인 단점을 만드는 조합으로서 사실상 쓸모 없는 조합이다. 이 책의 전반에 걸쳐 설명한 것처럼, '절대 익명의 탈중앙화'의 필요성이 없다면 블록체인을 인프라로 선택할 이유가 없으므로 사실상 ❸의 조합은 무의미한 것이 된다.

시중에서 진행되고 있는 블록체인 프로젝트들을 살펴보면, 거의 예외 없이 ❸번 조합에 해당한다는 것을 발견하게 된다. 그러나 탈중앙화 인프라라는 것 자체가 아직 완성된 적도 없을 뿐 아니라 민감한 정보의 노출 문제로 사용할 수도 없으므로 블록체인이라는 이름 하에 진행되고 있는 ❸번 프로젝트들은 명칭만 블록체인을 사용하고 있을 뿐, 실상은 중앙 서버를 사용하는 ❹번 형태에 속한다. 그러나 블록체인의 성질을 무리하게 접목시키기 위해 ❹번 형태에 '중복을 통한 검증'만을 도입해 오히려 시스템의 효율성을 크게 저하시키는 해괴한 형태로 변형하며 구현하고 있다. 이러한 프로젝트들에는 소액 보험금 지급, 통합 인증 등 애초에 블록체인으로 구현해서는 안 되는 개념들도 상당수 포함돼 있다.

한편 ❷번 조합은 상생 경제를 효과적으로 구현할 수 있는 경로로서의 폭넓은 가능성이 열려 있다. '7.2 상생 경제와 블록체인'에서 설명한 예처럼, 참여자가 느끼는 효용 임계치와 기업의 기존 비용을 감소하는 윈-윈 전략이 적용되는 조합을 발굴한 후 이를 잘 통제된 중앙 서버 형식으로 구현한다면, 기업이 얻는 가치는 비용 절감을 통한 직접적 가치 이외에도 방대한 고객 접점의 새로운 구축 등을 통해 추가적인 로열티까지 제고할 수 있는 효율적 마케팅 통로로서의 역할도 수행할 수 있다.

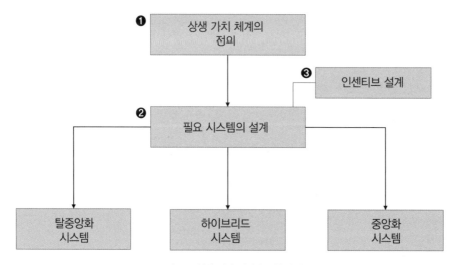

그림 7-4 상생 가치 체계의 구현 방식

그림 7-4는 상생 가치의 개념을 구현하기 위한 단계를 트리 형태로 보여준다. 먼저 임계치와 비용을 고려한 윈-윈의 상생 가치를 정의한 후(❶) 구현 인프라를 설계하는 순서(❷)를 따른다. 필요 시스템의 설계에 있어서는 정교한 인센티브의 개발(❸)이 성공의 핵심 키가 된다. 그러나 현재 시중에서 진행되는 무분별한 블록체인 프로젝트를 들여다보면 예외 없이 이와는 정반대의 순서를 취하고 있다. 먼저 '블록체인 시스템'이라는 구현 방식을 확정한 후 효용이 무엇인지 끼워맞추려 들고 있다. 그렇기 때문에 앞서 설명한 그림 7-3의 ❸번 조합을 구현하려 자금을 낭비하는 난센스가 만연되는 것이다. 이는 또한

프로젝트 대부분이 기업의 필요성에서 시작되는 것이 아니라 공포 마케팅을 활용한 SI 업체나 관련 업체들의 선동으로 진행되는 경우가 대부분이기 때문에 벌어지는 현상이기도 하다.

7.3.1 블록체인과 빅데이터

2015년, 152개의 계층으로 구성된 ResNet[1] 구조를 가진 딥 러닝 인공지능 알고리즘은 이미지 인식에 있어 드디어 인간의 능력을 앞지른다. 사진의 판독과 인식에 있어 사람보다 기계가 더 뛰어난 능력을 갖게 된 것이다. 많은 사람은 이세돌에게 바둑을 이긴 알파고에만 주목하고 있지만, 인공지능의 발달은 게임뿐 아니라 전방위에 걸쳐 빠른 속도로 진행되고 있다. 이러한 성공의 이면에는 하드웨어의 비약적 발달과 함께 분류기의 학습에 필수적인 역할을 하는 빅데이터가 있다. 딥 러닝은 여전히 프랭크 로젠브랫Frank Rosenblatt이 1957년에 발명한 퍼셉트론Perceptron 개념에 기초하고 있다. 딥 러닝이 일부 영역에서 사람을 뛰어넘는 능력을 갖게 된 비결은 이론의 비약적 발전이 아니라 대규모 데이터를 효율적으로 다룰 수 있게 해준 하드웨어의 발달과 이를 뒷받침할 수 있는 방대한 데이터의 축적 때문이다.

현대는 과거에는 상상도 하지 못할 분량의 방대한 데이터를 초고속 연산력을 가진 컴퓨터를 사용해 병렬 처리함으로써 효과적으로 분석할 수 있다. 또한 데이터의 수집에 있어서도 예전에는 상상하지 못할 방대한 분량이 효율적으로 집적되고 있다. 이미지 인식의 성공 이면에는 기계를 훈련시키기에 충분한 데이터를 제공해줄 수 있는 ImageNet이 있었다. ImageNet은 2만 1,000여 개의 카테고리로 분류된 약 1,400만 개가 넘는 이미지를 보유하고 있으며, 인공지능에 대한 이미지 인식 대회를 꾸준히 주최하고 있다.

---

1   Residual Net

그림 7-5 ImageNet(http://www.image-net.org/)

기업이 미래의 경쟁에 승리할 수 있는 핵심 키워드는 단연 '적절한' 데이터의 확보에 있다. 데이터를 확보하지 못한 기업은 경쟁에서 도태될 수밖에 없다. 인공지능은 이제 방대한 데이터를 바탕으로 의료 데이터 진단과 자연어 인식 등에 있어 비약적인 발전을 거듭하고 있다. 많은 사람은 인공지능이라는 단어에 더 친숙하지만 인공지능이란, 바로 통계와 최적화에 기반해 데이터를 다루는 데이터 과학이다.

블록체인의 거품 속에서 기업들이 찾아내야 할 보석은 '탈중앙화'의 허상을 좇는 네트워크 기술이 아니라 상생의 경제가 뒷받침된 다양한 플랫폼을 개발하는 것이며, 그중 양질의 데이터를 효율적으로 확보하기 위한 윈-윈 플랫폼을 통해 미래의 경쟁에 대비하는 것은 가장 중요한 개념적 응용 중 하나다. 앞서 개인의 자동차 운행 정보를 자동차 회사와 매칭한 것처럼, 개인의 다양한 금융 활동 정보를 금융 회사 등과 매칭한다면 또 다른 차원의 윈-윈 전략도 가능할 것이다.

상생 경제 모델 중 '나를 위해 남이 일하게 하는' 모델이 바로 블록체인이 던져준 개념적 혁신이다. 유효한 데이터를 남보다 더 효율적으로 더 많이 집적할 수 있는 기술이야말로 미래의 경쟁에서 살아남을 수 있는 최대의 키워드며, 이는 대부분 블록체인의 개념을 중앙화 시스템을 이용해 효율적으로 구축할 수 있다.

7.3.2 일회용 블록체인

영구 기계$^{perpetual\ machine}$란, 외부에서 에너지를 별도로 공급받지 않고도 영원히 일을 하는 기계를 의미한다.

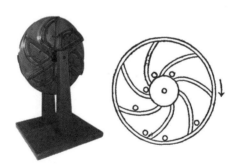

그림 7-6 레오나르도 다빈치가 구상했던 영구 기계(출처: 위키미디어)

그림 7-6은 레오나르도 다빈치가 구상했던 영원히 일을 하는 기계다. 그러나 다빈치 자신은 영구 기계는 바보들의 헛된 꿈이며, 연금술과도 같다고 설파했다. 인류는 수백 년간 영원히 멈추지 않는 기계를 발명하려 애서 왔고, 지금도 영구 기계를 발명했다고 주장하며 특허를 신청하는 사람이 있다. 프랑스에서는 이미 1775년부터 특허 심사 자체를 하지 않고 있으며, 미국은 1911년부터 실제 모형을 함께 제시하지 않으면 접수조차 받지

않는다. 이는 영구 기계는 원천적으로 불가능하기 때문인데, 바로 열역학 법칙이라는 물리학 법칙에 정면으로 위배되기 때문이다. 에너지의 총량은 항상 보존되며, 외부에서 새로 공급되지 않는 한 저절로 생기지 않는다. 일을 한다는 것은 누군가 에너지를 소비했다는 의미이므로 외부에서 새로 에너지가 공급되지 않는 한, 계속 에너지가 소비되면 결국 기계는 멈출 수밖에 없다. 기계가 영원히 멈추지 않으려면, 마찰이 존재하지 않는 이상적 환경에서 아무런 일도 하지 않아야 한다.

비트코인과 이더리움 블록체인도 비슷하다. 이들 블록체인은 영원히 작동할 것처럼 만들어져 있다. 이들이 작동되면 채굴과 유지보수 등을 위한 엄청난 에너지가 소비된다. 그러나 소비된 에너지는 블록체인 내에서 저절로 보충되지 않는다. 누군가 계속 에너지를 공급해줘야만 작동한다. 현재 이런 에너지의 공급원은 도박장과 같은 중개소를 통해 암호화폐를 구매하는 일반인이다. 이들이 끊임없이 공급한 에너지는 그저 또 다른 에너지를 공급받기 위한 목적으로만 사용되고 있다. 블록체인은 어떠한 '일'도 하지 않고, 오로지 또 다른 에너지를 공급받기 위해서만 에너지를 소비하고 있는 셈이다. 이렇게 소비되는 에너지는 채굴업자와 암호 화폐 재단의 주머니로 흘러들어간다. 에너지 공급을 중개하는 브로커는 공급 시점에 0.2%의 에너지를 수수료로 떼어간다. '일'은 하지 않고 에너지만 소비하는 기계가 지금의 블록체인이다. 아무런 일도 하지 않는 비트코인을 운영하기 위해 2017년에만 최소 26조 원 이상이 낭비됐고, 이는 이더리움의 경우도 큰 차이가 없다.

한편, 몇 가지 발상의 전환을 통해 실질적인 일을 하는 블록체인을 구상해볼 수 있다. 먼저, 영원히 작동한다는 가정을 버리면 여러 가지 다른 형식의 새로운 블록체인을 설계할 수 있다. 나는 이들 일회성 블록체인 또는 OTB$^{One Time Blockchain}$라 부른다. OTB는 그 복적을 달성하기 위해 필요한 정도의 에너지를 제네시스 블록에 탑재한 채 구동된다. OTB는 주어진 미션을 수행하면서 에너지를 소비해나간다. 그러다 에너지가 소진되면, 같이 소멸한다. 외부에서 에너지를 공급받는 일은 없으며, 한없이 데이터가 쌓여 시스템을 위협하는 일 따위는 발생하지 않는다. 블록체인의 임무에 따라서는 일회성이 아니라 다회성 블록체인도 생각해볼 수 있다. 이 경우 몇 차례에 걸쳐 외부에서 에너지를 충전해 임무 기간을 연장할 수도 있다. 이러한 구상에서 제일 중요한 것은 '일'을 하는 블록체인을 정의하는 것이다. 그럼 이제 '일'의 관점에서 블록체인을 살펴보자.

7.3.3 블록체인과 범용성

일을 하는 블록체인이라는 개념을 시도해본 것이 바로 이더리움의 스마트 컨트랙트 또는 디앱으로 볼 수 있다. 이론적으로는 유용한 스마트 컨트랙트라는 것을 구현할 수만 있다면, 블록체인 역시 그 나름대로의 역할을 할 수도 있지 않을까라 기대해봄직도 하다.

그러나 블록체인에는 근본적인 문제가 하나 있다. 블록체인 자체는 아무런 효용을 갖고 있지 않다. 이더리움은 그저 플랫폼으로서의 역할만 제공할 뿐, 유용한 일은 그에 걸맞은 스마트 컨트랙트가 등장해야만 비로소 가능해진다. 그런데 그저 플랫폼 역할만 수행하기 위해 이더리움은 지속적으로 너무나 많은 양의 에너지를 소비하고 있다. 이더리움은 '일'을 하든, 하지 않든 고정적으로 항상 채굴 등에 엄청난 에너지를 소비해야만 하고, 이에는 막대한 돈이 필요하다. 또 스마트 컨트랙트가 호출되면, 이 고정적인 비용 외에 추가적인 비용을 지출해야 한다. 비유하면, 공동 주택인 아파트에 거주하며, 자택에 부과되는 전기세는 만 원인데, 엘리베이터 등의 공용 전기세 100만 원을 더해 매달 101만 원의 전기료를 내고 있는 것과 비슷하다. 이 때문에 블록체인에 범용성을 부가해, 가치 있는 플랫폼을 만들 수 있다는 생각은 실현 가능성이 별로 없다. 플랫폼 자체의 유지 비용이 너무나 과도해 플랫폼으로서의 역할을 제대로 수행하지 못하기 때문이다. 배보다 배꼽이 너무 크다. 그러므로 범용 블록체인을 구현한다는 것은 프로그래머의 지적 호기심을 자극할 수는 있겠지만, 경제적인 측면에서 볼 때 쓸데 없는 자원의 낭비에 불과한 잘못된 구조에 가깝다. 이런 관점에서는 범용 블록체인이란 듣기에는 그럴싸하지만, 블록체인을 완전히 잘못된 방향으로 유도하고 있는 욕심일 가능성이 높다.

블록체인이 어떤 효용을 가지려면, 항상 어떤 일을 해야 하며 그 비용이 최소화돼야 한다. 이런 관점에서는 보면 오히려 범용 블록체인이 아닌 단일 목적을 가진 전용 블록체인을 생각해볼 필요가 있다. 일회성이며, 단일 목적만을 갖는 '전용 블록체인'은 나름대로의 가능성이 있을지도 모른다. 에너지는 어느 정도 소비하지만 대기 시간이 없이 늘 특정 일을 수행한다면 에너지 소비에 대한 나름대로의 정당성을 가질 수도 있다. 그러나 블록체인을 범용성을 가진 플랫폼으로 적용하려는 생각은 기본적으로 과도한 대기 에너지의 측면으로 볼 때 그다지 유효한 발상이 되지 못한다.

TIP

많은 사람이 언제쯤 킬러 디앱이 나타나 진정한 블록체인의 효용을 보여줄 것으로 예상하는지 질문한다. 디앱은 블록체인 플랫폼의 과도한 고정 비용뿐 아니라 정보의 노출로 인해, 유용한 프로그램을 만들기 힘든데다 실행도 느리고 비효율적이다. 이러한 환경에서 쓸모 있는 프로그램을 작성하는 것은 불가능에 가깝다. 그래서 나는 항상 이렇게 대답한다. "현 블록체인에서 디앱이란, 크립토키티처럼 토큰을 고양이로 둔갑시키는 정도의 쓸모 없는 장난감에 그칠 뿐, 어떤 가치를 가진 킬러 디앱은 등장하지 않을 것이다."

7.4 블록체인과 공포 마케팅

FOMO^{Fear Of Missing Out}는 진화 생물학적 관점에서 잠재 기회를 잃게 될까 봐 두려워하고 걱정하는 심리 상태를 의미하는 말이다. FOMO의 심리 상태는 마케팅에도 적극 활용되는데, 흔히 '공포 마케팅'이라고도 불린다. 공포 마케팅은 종종 위협과 공포감을 주는 방법을 사용하지만, 불안과 초조 또는 걱정의 심리를 한껏 이용하기도 한다. 선행 학습에 의해 크게 왜곡된 우리나라의 사교육 시장은 자녀가 뒤처질 것을 두려워하는 공포 마케팅을 악용한 고질적 병폐기도 하다.

최근 여러 관공서와 대기업에 블록체인 관련 컨설팅을 하다 보면 이들이 공포 마케팅에 철저히 희생당하고 있다는 것을 발견하게 된다. 이들에겐 셀 수없이 많은 SI와 코인 관련 업체들이 찾아와 다양한 프로젝트와 사업 제휴를 제안하며, 경쟁에 뒤처지지 말라고 협박한다. 때마침 상사나 상위 기관으로부터 '블록체인' 관련 압박을 받던 이들에겐 이러한 제안이 별 저항감 없이 다가올 수밖에 없고 이 때문에 분명한 목적이 없는 프로젝트가 도처에서 실행되고 있다. 이러한 프로젝트들에는 예외 없이 '개념 증명^{PoC}'이라는 꼬리표가 달려 있어 실패해도 그만이라는 '면책 특권'이 부여돼 있다. 한편, 이런 프로젝트에 기술돼 있는 구현의 목적이나 효용을 들여다보면 대부분 블록체인과는 무관한 '디지털화'의 효용만 잔뜩 나열하고 있다.

더욱 놀라운 것은 지금까지 만나본 많은 국내 대기업의 블록체인 총괄 책임자들 중 명쾌하게 '블록체인의 정의'를 설명하는 사람이 단 한 명도 없었다는 점이다. 대기업 스스로가 '블록체인의 정의'를 갖고 있지 않은 셈이다. '리플이나 하이퍼레저를 블록체인이라고 생각하는가?'라는 질문에 대한 대답이 회사별로 서로 다를 수는 있다. 저마다의 정의가 다를 수 있기 때문이다. 그러나 이 질문에 답변 자체를 못한다는 것은 매우 심각한 문제가 아닐 수 없다.

TIP 당장 도입하지 않으면 '큰일이 나는' 프로젝트에 '개념 증명'이라는 꼬리표가 붙은 사례는 없다. 또한 대부분의 경우, 새로운 시스템을 서둘러 도입하는 것보다는 시장에서 충분히 평가를 받으며, 문제점이 개선된 후에 도입하는 것이 더 현명하다.

현실적인 문제는 담당자들은 명확히 개념을 인지하고 있더라도 FOMO에 쌓인 직속 상관이나 상위 기관의 압력을 효과적으로 일깨워줄 방법이 그리 마땅치 않다는 데 있으며, SI 업체나 코인 업체들은 이러한 상황을 적극적으로 악용하기도 한다. 따라서 내부 매뉴얼을 갖추고 객관성을 담보할 수 있는 외부 의견을 적극적으로 활용하는 지혜가 무엇보다 필요하다. 현재 블록체인 프로젝트를 기획하고 있다면, 전문가의 컨설팅까지는 아니더라도 최소한의 체크리스트에 맞춰 점검해보는 것은 필수적이다. 눈을 감으면 공포가 배가 되는 것처럼 모르면 공포가 극대화된다. 명확한 가이드라인에 따라 행동한다면 공포 마케팅을 사용한 얄팍한 상술은 더 이상 발을 붙이지 못할 것이다. 지금부터 각 조직에 적용해볼 수 있는 가장 간단한 체크리스트를 소개하니 최소한의 지침으로 사용하기 바라며 가급적 프로젝트를 진행하기 전에 전문가의 진단을 받아보길 권한다. '7.3 개념과 구현의 분리'에서 설명한 것처럼 기회는 오히려 ❷번 조합에 있으며, ❸번 조합은 그저 돈을 들여 오히려 더 조악한 시스템으로 퇴화되는 길이다.

[조직 내 블록체인에 대한 명확한 정의의 수립]

- 조직 내 블록체인의 정의는 무엇인가?
    - 조직 내 정의에 따르면, 하이퍼레저는 블록체인에 해당하는가? 그 이유는?
    - 조직 내 정의에 따르면, EOS는 블록체인에 해당하는가? 그 이유는?
    - 조직 내 정의에 따르면, 리플은 블록체인에 해당하는가? 그 이유는?

[블록체인 프로젝트 체크 리스트]

- 왜 블록체인이 필요한가?
    - 성능의 개선인가 아니면 없던 기능을 제공받기 위함인가?
    - 구현 방식은 조직이 정의한 블록체인의 개념과 일치하는가?
    - 구현하려는 아이디어가 블록체인을 사용하기에 적합한가?
        - 개인 정보 등 정보 누출의 문제는 없는가?
            - 정보 보호가 약화돼도 상관없는가?
        - 중복을 통한 검증이 반드시 필요한가?
            - 중복 검증이 필요할 만큼 신뢰할 수 없는 환경인가?
            - 중복 검증으로 효율을 희생할 만큼 당위성이 있는가?

- 중앙화 개념에 더 적합한 부분은 없는가?
- 기존 방법으로는 해결할 수 없는가?
  - 어떤 점이 해결되지 않는가?
    - 새로운 방식이 기존 문제점을 해결해줄 수 있는 이유는 무엇인가?
      - 일시적인 개선인가? 항구적인 해결인가?
    - 오히려 더 나빠지는 부분은 없는가?
- 성능, 안전성, 관리의 편의성의 관점에서 장단점 비교를 했는가?
  - 각 부분의 비교 점검표 작성
    - 처리 속도 비교
    - 필요 하드웨어 및 소프트웨어 비용 비교

어떤 경우든 앞서 소개한 체크 리스트를 모두 작성하고 검토해보기 전에는 블록체인 프로젝트를 시작하지 말 것을 권한다.

7.5 기술 대 콘텐츠

블록체인이 과연 기술로서 가치를 가진 것인지 그리고 앞으로 미래에는 완성된 모습으로 등장할 수 있을 것인지에 대해서는 다양한 의견이 존재한다. 2018년 시점에서 보면 보스턴 컨설팅 그룹이나 AT 커니^AT Kearney와 같이 여전히 실험 단계인 블록체인을 좀 더 조심스럽게 지켜봐야 한다고 분석하는 곳도 있지만, 딜로이트나 올리버 와이먼^Oliver Wyman과 같은 경영 컨설팅 회사는 블록체인은 앞으로 근본적인 변혁을 가져올 기술이라고 평가한다. 그러나 수많은 의견에도 불구하고 한 가지 부인할 수 없는 사실은 블록체인이라는 단어는 모두가 들어봤을 정도로 수없이 언급됐지만, 그 누구도 진짜 블록체인은 단 한 번도 본 적이 없다는 것이다.

미래는 알 수 없지만, 대부분 IT 컨설팅에 직간접적으로 관여돼 수많은 블록체인 프로젝트를 하고 있거나 암호 화폐와 관련한 투자에 직간접적으로 관여된 컨설팅 회사의 '여지를 남겨둔' 장밋빛 전망은 너무 신뢰하지 않는 게 좋다. 경영 컨설팅 회사가 블록체인이라는 '기술'의 미래를 전망하는 것도 어색하지만, 직·간접적 이해 관계가 얽혀 있는 경우가 대부분이므로 그 의견의 객관성을 신뢰하기도 쉽지 않기 때문이다.

2016년 IBM은 여러 금융 기관에 행한 자체 설문 조사를 바탕으로 2016년에 전 세계 17%의 은행이 블록체인을 도입할 것이고, 2019년까지는 전 세계 주요 은행의 65%가 블록체인을 사용할 것으로 전망했다. IBM CEO인 기니 로메티는 블록체인을 빨리 도입하지 않는 기업은 타격을 받을 것이라고 경고하면서 FOMO 마케팅을 펼치기도 했다. 그녀는 블록체인에 기록된 것은 절대 불변이므로 어떤 경우도 변경할 수 없다고 강조하기도 했다.[2] 그러나 여러 컨설팅 사의 의견과 마찬가지로 IBM의 리포트는 단순히 여러 고객사를 인터뷰한 결과를 바탕으로 정리한 것에 불과하며, 인터뷰 담당자들의 대부분은 아마도 블록체인이 무엇인지 명확히 알지 못한 채 대답했을 것이다. 이제 2019년이 밝았다. 그리고 기니 로메티가 호언장담하던 65%가 달성될 수 있을지 지켜볼 수 있는 시점이 됐다. 2019년 1월 시점에서 점검해보면 기니 로메티의 공언과 달리, 전 세계 어디에도 실험 중인 몇몇 프로젝트를 제외하고는 그 어디에도 블록체인은 보이지 않는다. 많은 컨설팅 회사나 SI 업체들은 블록체인이 금융권에 잘 들어맞는다고 주장하지만, 사실 블록체인은 정보 보호를 하지 못하므로 금융권과 상극인 속성을 갖고 있는 셈이다. 이들 컨설팅 업체가 금융권과 블록체인의 연계성을 주장하는 배경은 앞서 설명한 대로 블록체인을 핀테크 도구나 디지털 자산과 혼동하고 있는 것이 주원인이다.

기술로서의 블록체인은 별 가치가 없음이 시간이 갈수록 뚜렷해지고 있다. 블록체인을 '중앙화된 탈중앙화' 시스템으로 변형시킨 기형적 형태의 블록체인은 여전히 그 실험을

---

2   독자 여러분은 지금쯤이면, 블록체인에 기록된 것은 절대 불변이라는 잘못된 주장에 더 이상 현혹되지 않을 것이라 믿는다.

이어나가겠지만, 하이퍼레저를 비롯한 여타 프로젝트들의 전망도 그다지 밝아 보이지는 않는다. 연금술은 화학을 발전시켰지만, 블록체인은 새로운 기술의 발전보다 암호 화폐의 광풍에 기댄 한탕주의에만 기여했을 뿐, 그 어떠한 기술의 발전에도 영향을 미치지 못했다. 오히려 30년 이상 해묵은 PBFT 네트워크 합의 알고리즘을 최첨단 기술로 포장하고, 40년된 머클의 해시 트리 방식이 전지 전능한 신발명품인 것처럼 호도되는 것을 보면 씁쓸함을 느끼게 된다.

한편, '나를 위해 남이 일을 하게 만드는' 상생 경제로서의 개념은 완전히 새로운 패러다임으로 더욱 발전할 것이다. 미래는 서로 윈-윈이 되는 상생의 콘텐츠를 누가 많이 발굴하고 개발해 적극적으로 활용하느냐가 기업의 경쟁력을 크게 좌우할 것이다. 미래의 힘은 데이터이며, 데이터를 생산하는 주체는 개인이다. 보다 양질의 데이터를 더 효율적 방법으로 얻을 수 있는 플랫폼을 가진 업체는 미래를 주도하는 데 훨씬 유리한 고지를 차지할 것이다. 이러한 개념을 실현할 플랫폼은 '탈중앙화'된 형태가 아니라 잘 정비된 중앙화된 서버에서 구현될 것이다. 블록체인의 광풍을 통해 얻은 교훈은 기술이 아니라 상생 경제의 콘텐츠 개발에 대한 필요성이다.

| 마무리하며 |

기술로서의 블록체인은 가치가 없다는 것이 뚜렷해지고 있다. 신뢰를 대신하는 에너지는 결코 작지 않으며, 탈중앙화를 위한 에너지는 탈중앙화로 얻게 되는 효용보다 항상 더 클 수밖에 없다는 것이 명확해졌다. 업계는 '중앙화된 탈중앙화' 시스템을 블록체인이라 부르면서 여전히 많은 실험을 이어가고 있지만, 이는 대부분 블록체인이라는 이름에 편승한 얄팍한 상술일 뿐이었으며, 비트코인을 뛰어넘을 그 어떠한 개선도 보여주지 못했다.

한편, 탈중앙화는 수단이며 그 자체가 목적이 아니다. 또한 탈중앙화는 '통제 불능'과 동의어로서 독립이나, 투명과는 인과 관계가 없다는 것이 여러 사건을 통해 드러났다. 사회나 체제는 소프트웨어가 구성하는 것이 아니라 이를 사용하는 사람이 구성하는 것이다. 결국은 사람이 문제인 것이다.

그러나 개념으로서의 블록체인은 또 다른 가능성을 보여줬다. 상대적 에너지의 관점에서 서로 윈-윈이 되는 상생 경제의 관계가 형성되면, 놀라울 정도의 효율성을 가진 귀중한 데이터의 수집 통로가 될 수 있음을 알았다.

미래의 경쟁력은 데이터의 효율적 확보에 있다. 적절한 데이터를 가진 자가 미래를 주도할 것이다. 이러한 데이터를 효율적으로 확보하기 위한 통로로, '나를 위해 남이 일해주는' 블록체인의 상생 경제 개념을 중앙화 서버로 구축하는 플랫폼은 무궁한 가능성을 가진 향후의 연구 대상이다.

비트코인 블록의 구조

비트코인 블록은 최대 1메가바이트까지만 허용되며, 그 구성 요소는 모두 4개의 필드로 이뤄져 있다.

블록의 크기(4바이트)

블록의 처음 4바이트[1]에는 전체 블록의 크기를 나타내는 정수가 기록돼 있다. 비트코인 블록체인 데이터에서는 블록 하나의 크기가 최대 1메가바이트까지로 제한돼 설계돼 있으므로 이 부분을 살펴보면 블록의 크기가 유효한 것인지 바로 확인할 수 있다.

---

1 실제로는 각 블록의 맨 앞에 매직 넘버 4바이트가 별도로 더 숨겨져 있는데, 값은 항상 0xD9B4BEF9다. 매직넘버란 통상 프로그래머가 자신만의 고유한 식별자로 새겨둔 표식이다.

블록 헤더(80바이트)

블록의 두 번째 필드는 80 바이트 크기를 가진 블록 헤더로, 블록 안에 담긴 모든 데이터를 요약한 정보를 갖고 있다. 블록 헤더는 매우 중요하므로 블록의 다른 구성 요소를 살펴보기 전에 블록 헤더의 세부 정보부터 좀 더 자세히 살펴본 후 다시 블록의 나머지 요소를 알아보자.

블록 헤더는 다음과 같은 여섯 가지 정보를 갖고 있다.

- 버전 정보 – 4바이트
- 이전 블록 헤더 해시 – 32바이트
- 머클트리 루트 – 32바이트
- 타임 스탬프 – 4바이트
- 타깃 난이도 비트 – 4바이트
- 난스 – 4바이트

블록 헤더 – 버전 정보(4바이트)

블록 헤더에 들어 있는 버전 정보는 해당 블록이 만들어질 당시의 비트코인 코어 시스템의 버전을 기록하고 있다. 버전 정보를 일상 생활에 비유하면 법률 개정 정보와 같다. 법률도 개정이 되듯 비트코인 블록체인도 규칙이 변경될 수 있다. 앞서 잠시 소개한 탈중앙화 합의 규칙이나 블록이 유효한지 검증하는 규칙도 언제든지 변경할 수 있다. 따라서 블록이 생성될 당시 어떤 규칙을 적용해 블록을 검증했는지 알 수 있는 버전 정보는 매우 중요하다. 예를 들어 10만 번 블록의 버전 정보를 들여다보면 그 값은 1이지만, 20만 번과 30만 번 블록에는 2, 36만 번 블록에는 3, 40만 번 블록에는 4 그리고 55만 번 블록에는 536870912, 즉 2^{29}가 쓰여 있다. 한편 같은 시기라도, 노드별로 사용하고 있는 소프트웨어 버전이 다를 수 있으므로 동일한 날짜에 생성된 블록이라도 서로 다른 규칙하에 만들어졌을 수 있다. 이 경우, 블록 헤더에 들어 있는 버전이 서로 다를 수도 있다.

탈중앙화 시스템은 시스템의 유지보수 및 업그레이드가 무척 힘들다. 중앙화 시스템은 정해진 시각에 중앙 서버의 소프트웨어를 일괄적으로 교체하면 모든 작업이 끝난다. 또 모든 작업에는 일정 계획을 수립할 수 있고, 완료 일은 물론 예상되는 영향도 세밀하게 예측할 수 있다. 그러나 탈중앙화 시스템의 경우 시스템의 변화는 모든 구성원이 자발적으로 소프트웨어를 모두 업데이트해야만 가능하다. 중앙 서버의 존재가 없으므로 모든 기능은 네트워크에 참여한 구성원들의 자발성에 전적으로 의지하므로 정교한 일정 수립이란 애초에 불가능하다. 수십 만 또는 수백 만의 자발적 참여자가 정해진 시각에 일괄적으로 모든 소프트웨어를 업데이트한다는 것은 불가능하다. 따라서 탈중앙화 시스템 소프트웨어의 유지보수 계획을 수립할 때는 이러한 점을 염두에 두고 설계해야 한다. 탈중앙화 시스템은 그 소프트웨어의 개정 형태에 따라 하드포크 형태와 소프트포크 형태로 분류된다는 것은 '3.3 하드포크와 소프트포크'에서 살펴본 바 있다.

탈중앙화 시스템의 경우, 모든 사람이 동시에 업그레이드하는 것과 같은 효과를 극대화하기 위해 타이머를 부착한 소프트웨어를 배포하기도 한다. 소프트웨어에는 이미 새로운 규칙이 적용돼 있지만 비활성화된 상태로 배포해 미래의 특정 시각이나 어떤 조건이 달성되면 동시에 활성화 되도록 타이머를 설정해둔다. 따라서 새로운 소프트웨어로 업그레이드하더라도 바로 규칙이 활성화되지 않고 정해진 조건이나 시각에 도달할 때 동시에 자동으로 활성화된다. 이렇게 하면 제한적이나마 일정에 따른 계획적 업그레이드 효과를 볼 수 있다.

블록 헤더 – 이전 블록 해시 – 32 바이트

모든 블록은 자신을 고유하게 식별할 수 있는 고유 숫자를 갖고 있다. 블록이 갖고 있는 고유 숫자는 '3.1.1 SHA-256과 해시 퍼즐'에서 설명한 해시 퍼즐을 통해 찾은 32바이트의 해시 값으로 주어진 목푯값보다 작거나 같음을 만족하는 값이다. 현재 블록의 헤더에는 이전 블록의 해시 값이 저장돼 있다. 따라서 이번 블록 다음에 생성될 블록에는 지금 블록의 해시 값이 또 저장될 것이다.

현재 블록에 이전 블록의 해시 값이 저장돼 있다는 의미는 현재 블록의 해시 값을 계산할 때 이전 블록의 해시 값이 영향을 미친다는 의미가 된다. 이러한 성질로 인해 만약 특정 블록의 값이 변경되면, 그 이후의 모든 블록의 해시 값이 연쇄적으로 변경되고 이는 곧 탐지가 된다.

블록 헤더 – 머클트리 루트 – 32 바이트

머클트리 루트에는 블록에 들어 있는 2,000 ~ 3,000개 되는 모든 트랜잭션의 요약 정보가 32바이트 해시 값에 압축돼 저장돼 있다. 트랜잭션 중 어느 단 하나라도 약간의 변화가 생기면 머클트리 루트 값이 바로 변한다. 따라서 단 32바이트로 2,000 ~ 3,000개 트랜잭션의 변화를 바로 감지할 수 있도록 설계돼 있는 것이다. 이 부분은 '3.1.2 머클트리'를 참고하기 바란다.

블록 헤더 – 타임 스탬프 – 4바이트

타임 스탬프는 블록이 만들어진 시각을 기록하고 있는 4바이트 값이다. '1장 혼란의 시작 – 용어와 정의'에서 제네시스가 만들어진 시각과 55만 번 블록이 만들어진 시각을 알 수 있었던 것은 모두 이 필드를 읽었기 때문이다. 제네시스 블록에 적혀 있는 이 값을 실제로 읽어보면 1231006505라고 적혀 있다. 마치 암호처럼 생긴 이 값은 유닉스 시간 표기법에 의해 기록해놓은 시각이다. 유닉스 표기법이란 1970년 1월 1일 0시 0분 0초를 0으로 산정하고 그때부터 몇 초가 흘렀는지 기록하는 방식이다. 즉, 제네시스 블록에 적혀 있는 1231006505란, 1970년 1월 1일 0시 0분 0초부터 1,231,006,505초가 흘렀다는 의미다. 이를 연월일로 환산해보면 2009년 1월 3일 18시 15분 5초가 된다.

모든 블록체인 데이터는 개인 컴퓨터에 개별적으로 저장된다. 따라서 이 필드에 기록된 블록 생성 시각은 로컬 표준 시간대에 맞춰 기록돼 있다. 이 시각은 정확한 블록 생성 시각과 다소 오차가 있을 수 있다. 생성 시각 당시 로컬 컴퓨터 시각이 틀릴 수도 있는 등의 여지가 있기 때문이다. 이 때문에 비트코인 시스템은 블록에 기록된 시각을 이전 11개 블록의 생성 시각 및 현재 연결된 피어들의 시각을 고려한 규칙 검증을 통해 비교한 후 유효한 범위에 있는지 검증한다. 그 결과 블록 생성 시각은 정확한 실제 생성 시각으로부터 1~2 시간의 편차가 있을 수 있다.[E]

TIP

2000년 밀레니엄 버그 사건을 기억하는가? 예전 컴퓨터 시스템에서는 연도에 두 자리만 할당하는 바람에 1999를 표기할 때 99로만 표기했다. 그러다 보니 99 다음 표기인 00를 2000년이 아닌 1900년으로 인식하는 버그였고, 이는 소위 오버플로(overflow)에 의한 오류였다. 유닉스 시간은 부호가 있는 32비트를 사용하므로 2038년 1월 19일에 오버플로에 의한 동일한 문제가 발생한다. 그 시각 이후에는 음수가 돼 1970년 1월 1일 이전이 되는 셈이다. 그러나 비트코인 시스템이 사용하는 유닉스 타임은 부호가 없는 정수다. 따라서 부호 비트인 최상위 비트 하나를 더 활용할 수 있다. 결국 2³¹초를 더 활용할 수 있으므로 약 68.1년을 더 사용할 수 있는 셈이다. 비트코인 시스템의 오버플로는 2038년이 아니라 2106년에 일어난다.

블록 헤더 – 타깃 난이도 비트 – 4바이트

타깃 난이도 비트는 블록을 생성하기 위한 난이도 정보를 기록하고 있다. 타깃 난이도라는 단어 뒤에 '비트'라는 단어가 하나 더 붙은 이유는 이 값 자체가 타깃 난이도가 아니기 때문이다. 타깃 난이도는 해시 퍼즐의 정답인 난스를 찾기 위한 조건을 기록하고 있는 값이다. 타깃 난이도는 길이가 무려 32바이트나 되는 아주 큰 수이므로 메모리 절약을 위해 지수 표기법을 사용해 4바이트로 압축해둔 것이다.

설명을 위해 임의로 아무 블록을 하나, 예컨대 431201번 블록을 선택해 이 블록에 적혀 있는 타깃 난이도 비트 값을 읽어보자. 이 블록의 타깃 난이도 비트 필드에는 0x1804de5e라는 값이 적혀 있다. 앞서 이는 지수 표기라고 했는데 이제 그 공식이 어떻게 되는지 알아보자.

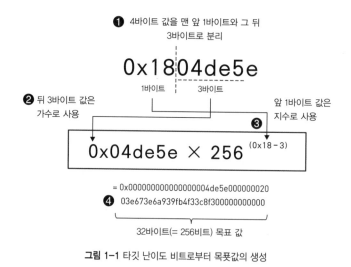

그림 1-1 타깃 난이도 비트로부터 목푯값의 생성

그림 1-1은 타깃 난이도 비트로부터 목푯값을 생성하는 과정을 그림으로 보여준다. ❶ 에서는 4바이트의 타깃 난이도의 비트 값을 각각 제일 앞 1바이트와 그 다음 3바이트로 분리한다. 이때 뒤의 3바이트는 가수 역할을 하고, 앞의 1바이트는 지수 역할을 한다. ❷

에서는 뒤 3바이트를 가수에 배치하는 모습을 보여준다. 한편 ❸에서는 앞 1바이트를 지수 부분에 배치하는 것을 보여준다. 그림에 있는 공식을 써서 목푯값을 계산하면 ❹와 같은 32바이트 목푯값을 얻을 수 있다.

앞서 난이도는 2,016개 블록이 생성될 때마다 자동 조정된다고 했다. 최초 제네시스 블록이 생성된 이후 이 난이도는 계속 증가해왔다. 통상 제네시스 블록의 난이도를 1로 설정한 후 그 이후 조정된 난이도가 얼마가 높아졌는지 그 배수를 비교해 난이도를 얘기한다. 이제 제네시스 블록의 난이도에 비해 431201번 난이도가 얼마나 증가했는지 한번 비교해보자. 우선 제네시스 블록의 목푯값이 얼마였는지 동일한 방법으로 계산해보자. 제네시스 블록의 블록 헤더를 살펴보면 타깃 난이도 비트 4바이트 값은 0x1d00ffff로 돼 있다. 이제 이 값을 공식에 대입해 32바이트 목푯값을 계산해보자.

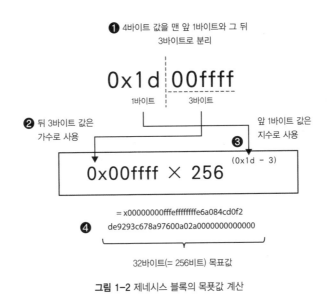

그림 1-2 제네시스 블록의 목푯값 계산

그림 1-2는 동일한 규칙을 이용해 제네시스 블록의 타깃 난이도 비트로부터 블록 목푯값을 계산하는 과정을 보여준다. ❹의 결괏값에 연속된 0이 고작 8개밖에 없다! 한눈에 보기에도 431201 블록에 비해 매우 난이도가 낮음을 알 수 있다. 제네시스의 목푯

값인 그림 4-2의 ❹를 그림 4-1의 ❹로 나누면 431201번 블록의 난이도 배수를 구할 수 있다. 그 값을 계산해보면 225,832,872,179.45914이다. 즉 제네시스 블록에 비해 431201번 블록의 생성 난이도는 무려 2,258억 3,287만 배 더 어려워졌다는 것을 알 수 있다.

블록 헤더 – 난스 – 4바이트

난스는 해시 퍼즐의 정답이라고 설명했다. 블록의 유효성을 점검할 때 이 난스 값을 대입해 정답이 맞는지 확인하는 절차를 거친다. 해시 퍼즐이 대체 어떤 것인지 어떤 방법으로 난스를 찾는지는 '3.2.1.2 비트코인 해시 퍼즐'에서 자세히 설명했다.

블록 내 전체 거래 내역 수 – 1 ~ 9바이트

자, 이제 블록 헤더를 모두 살펴봤으므로 다시 돌아와 나머지 블록 요소를 살펴보자. 앞서 하나의 블록에는 대체로 2,000 ~ 3,000개의 트랜잭션이 저장된다고 설명했다. 따라서 트랜잭션의 개수는 항상 가변이므로 블록에 들어 있는 트랜잭션이 몇 개인지 별도로 기록할 필요가 있다. 블록의 세 번째 요소인 이 필드에는 전체 트랜잭션의 개수가 정수로 저장된다. 그런데 그냥 정수를 적은 게 아니라 메모리의 절약을 위해 트랜잭션 개수에 따라 1 ~ 9바이트 사이를 가변적으로 활용한다. 조금 복잡하게 보일 수 있지만 메모리를 절약하기 위해서는 어쩔 수 없다. 이렇게 절약한 바이트는 하나라도 트랜잭션을 더 담기 위해 활용된다.

데이터를 가변적으로 사용하는 규칙은 이렇다. 첫 바이트가 0xFD(10진수 253)보다 작으면 한 바이트만 사용하며, 첫 바이트 자체가 전체 트랜잭션 개수다. 9바이트 중 한 바이트만 사용하고 8바이트를 절약한 셈이다. 만약 첫 바이트가 0xFD보다 크거나 같으면 그 다음부터는 정해진 규칙에 따라 바이트를 사용해야 한다. 첫 바이트가 0xFD이면 그 다음 2바이트가 전체 트랜잭션 개수를 나타낸다. 첫 바이트를 포함해 3바이트만 사용한 것이다. 첫 바이트가 0xFE이면 그 다음 4바이트, 0xFF이면 그 다음 8바이트가 전체 트랜잭션 개수를 나타낸다. 표 1-1에 전체 규칙이 정리돼 있다.

표 1-1 첫 번째 바이트 값과 그에 따른 트랜잭션 개수 바이트

첫 번째 바이트의 값	트랜잭션 개수를 나타내는 그 다음 바이트 수	총 사용 바이트
< 0xFD	0	1
FD	2	3
FE	4	5
FF	8	9

블록 내 모든 트랜잭션 – 가변 크기

이 부분에는 실제 트랜잭션 데이터가 모두 담긴다. 2,000 ~ 3,000여 개 되는 트랜잭션을 일렬로 배치하는 직렬화 과정을 거쳐 일렬로 연결된 상태로 차곡차곡 모두 저장한다. 여기 저장된 모든 트랜잭션의 정보로부터 추출된 해시 값은 0에서 설명한 머클트리 루트에 저장된다. 따라서 여기에 사소한 변화라도 생기면 머클 트리 루트 값을 통해 바로 감지할 수 있다.

자세한 내용은 bitcoin.org나 비트코인위키(https://en.bitcoin.it/wiki/Block)를 참고하면 된다.

해시 퍼즐 개념 설명

해시 퍼즐의 정답을 찾는 과정을 유사 코드를 사용해 설명하면 다음과 같다.

1. nonce = 0으로 설정한다.

2. Target 변수에 비트코인 시스템에서 부여받은 목푯값을 대입한다.

3. Hash(block(m), n)을 계산한다. block(m)는 m번 블록 헤더에 있는 모든 데이터를 일렬로 정렬해 표현한 정수다. Hash(block(m), n)는 block(m) 데이터의 난스 값을 n으로 대체한 후 SHA−256을 두 번 연속 적용해 구한다.

4. Hash(block(m), n) <= Target이면 6번 절차로 분기한다.

5. 난스를 1 증가시킨 후 3번 절차로 분기한다.

6. 난스를 찾았으므로 프로그램을 종료한다.

자, 이제 절차를 하나씩 자세히 살펴보자.

1, 2번 절차는 초기화 과정으로 우선 찾을 난스를 보관할 변수 n과 Target 값을 초기화한다. Target 값은 비트코인 시스템에서 부여받는다. 앞서 설명한 것처럼 비트코인 시스템은 난이도를 주기적으로 조절하므로 현재 적용할 난이도에 해당하는 목푯값을 매번 시스템에서 구해야 한다.

3번에서는 해시 함수를 계산한다. 해시 퍼즐의 정답이란 바로 이 해시 함수를 계산해서 나온 결과가 Target 값보다 작아지게 만드는 n을 찾는 것이다. 이때 찾아진 n이 바로 난스가 된다.

4번에서 Hash(block(m), n)이 Target보다 작은지 검사한다. Hash(block(m), n)이 Target보다 작거나 같으면 드디어 난스를 찾은 것이다. 이 경우에는 6번 절차로 가서 n을 난스라고 보고하고 프로그램을 종료한다. 블록을 완성한 셈이다. 그러나 Hash(block(m), n)이 Target보다 크거나 같으면 n은 난스가 아니므로 5번 절차로 가서 n을 하나 증가시킨 후 3번 절차로 돌아가 같은 과정을 반복한다.

앞서 작업 증명은 비대칭성이 필요하므로 작업 증명을 하는 쪽은 엄청난 노력과 자원이 투입되지만 작업 증명을 검증하는 쪽은 최대한 간단해야 한다고 설명했다. 앞의 절차에서 작업 증명을 검증하는 절차는 4번 과정, 즉 Hash(block(m), n) 값과 Target을 비교하면 것이다. 반면, 작업 증명을 해야 하는 절차는 3번 절차와 5번 절차를 오가면서 계속 반복하는 것이다. 즉, n을 계속 하나씩 증가시키면서 Hash(block(m), n)을 반복적으로 계산하는 것이다.

따라서 작업 증명의 원래 취지에 부합하도록 앞의 절차를 설계하려면 4번 절차는 최대한 간단해야 하고, 3번과 5번 절차는 최대한 많이 반복하게 만들어야 한다. 비트코인 시스템의 해시 퍼즐은 바로 이 원칙에 충실하게 만들어져 있다. 검증하는 4번 절차의 Hash(block(m), n) 값은 순식간에 계산할 수 있지만 난스를 찾기 위한 3번과 5번은 엄청난 반복이 필요하도록 설계돼 있다.

앞서 블록 헤더의 크기는 고정돼 있으며, 그 크기는 80바이트라고 설명했다. 80바이트 중에는 난스를 기록하는 4바이트가 있었고, 그 위치는 블록 헤더의 제일 마지막 필드였던 것을 기억해보자. 앞서 45만 번 블록의 난스는 2,972,550,269였다. 이를 16진수로 표기하면 0xb12d847d가 된다. 이제 45만 번 블록의 블록 헤더를 실제로 직접 읽어보면 다음과 같은 80바이트의 16진수로 돼 있다.

00000020daf37bb5b5d98651b1c65cdd1c34ce79ab5b48f0354a4c020000000000

000000251952424d22534025140c2aabbda76b9bd60d103f49516408bd577df58c5

0ff9122895847cc02187d842db1

빨간 글자로 표시해놓은 제일 마지막 4바이트를 자세히 살펴보자. 그 값은 7d842db1 이다. 이 숫자를 조금 전 16진수로 계산한 45만 번 블록 난스 0xb12d847d와 비교해보자. 연관성을 찾았는가? 그림 2-1을 보자.

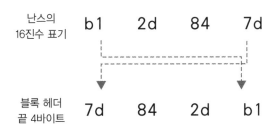

그림 2-1 난스와 블록 헤더 끝 4바이트

그림 2-1은 난스와 블록 헤더 끝 4바이트의 관계를 보여준다. 그렇다. 난스의 16진수를 바이트 단위로 뒤집어 표기해놓은 것과 같다. 즉 난스를 기록해놓은 것이다. 책을 읽을 때 왼쪽에서 오른쪽으로 읽는 게 아니라 마치 아랍 국가들처럼 오른쪽에서 왼쪽으로 읽어가는 방식이라고 생각하면 된다. 이렇게 뒤집어 표기하는 방식을 최소 끝 방식 또는 리틀-엔디언^{Little endian}이라 한다. 이 방식을 사용해 표기하면 높은 자릿수가 왼쪽이 아니라 오른쪽에 배치되므로 리틀-엔디언이라는 말을 사용하는 것이다.

이제 앞서 설명한 Hash(block(m), n)을 좀더 정확히 기술하면 그림 2-2와 같이 표현할 수 있다.

그림 2-2 해시 함수 상세 개념도-1

그림 2-2는 앞서 설명한 해시 함수를 보다 상세히 설명하는 개념도이다. Hash(block(m), n) 함수가 하는 역할은 전체 블록의 바이트를 해시 함수를 이용해 값을 계산하는 것이다. 이때 블록 헤더 위치에 있는 난스의 값을 1씩 증가시키면서 계산한다는 의미는 블록 헤더의 마지막 네 바이트(그림 2-2의 박스 안의 굵은 글자) 값을 바꿔가며 해시 값을 계산한다는 의미가 된다. 한편, 블록 헤더 필드에는 이전 블록 해시 값 32바이트도 있었던 것을 기억하는가? 45만 번 블록의 이전 블록은 449,999블록이 된다. 449,999블록의 해시 값을 실제로 찾아보면 다음과 같은 16진수로 돼 있다.

0x000000000000000000024c4a35f0485bab79ce341cdd5cc6b15186d9b5b57bf3da

벌써 눈치 챈 독자도 있겠지만, 앞서 살펴본 블록 헤더 80바이트에는 이 값도 같이 들어 있다. 물론 역시 리틀-엔디언 방식으로 뒤집힌 상태다.

$$\text{Hash(block(m), n)} = \text{SHA256}\left(\text{SHA256} \begin{pmatrix} \texttt{0x00000020}\underline{\textbf{daf37bb5b5d}} \\ \underline{\textbf{98651b1c65cdd1c34ce79}} \\ \underline{\textbf{ab5b48f0354a4c0200000}} \\ \underline{\textbf{0000000000000}}\texttt{251952424d} \\ \texttt{22534025140c2aabbda76} \\ \texttt{b9bd60d103f49516408bd} \\ \texttt{577df58c50ff912289584} \\ \texttt{7cc02187}\underline{\textbf{d842db}}\texttt{1} \end{pmatrix}\right)$$

그림 2-3 해시 함수 상세 개념도-2

그림 2-3은 블록 헤더에서 이전 블록 해시 값과 난스 부분을 함께 보여주고 있다. 그림에서 밑줄 친 굵은 글자로 표시된 부분은 이전 블록 해시 값, 그 아래 밑줄친 굵은 글자로 표시된 부분은 앞서 설명한 난스 값이다. 실제로 Hash(block(m), n)을 계산해보면 그 계산 결과는 어떤 수일까? 정수일까? Hash(block(m), n)을 계산하면 그 결과는 항상 고정된 길이인 32바이트의 정숫값이 나오고 그 값은 바로 이 블록의 해시 값이다! 즉, 앞서 살펴본 45만 블록의 해시 값은 이 과정을 거쳐 구한 해시 값인 것이다. 해시 값을 실제로 어떻게 계산하는지는 '3.2.1 작업 증명'에 자세히 설명돼 있다.

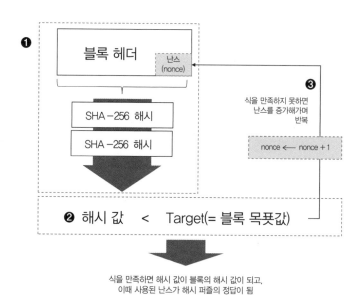

그림 2-4 난스를 찾는 과정

그림 2-4는 지금까지 살펴본 해시 퍼즐을 찾는 과정을 다시 한번 요약해 보여준다. ❶에서 블록 전체에 SHA-256 해시를 연속 두 번 적용한 값을 구한다. ❷에서는 이 값을 블록 목푯값과 비교해 그보다 크면 ❸에서 난스를 하나 증가시켜 다시 ❶을 반복하고 만약 ❷에서 블록 목푯값보다 작으면 난스를 찾은 것이므로 ❹에서처럼 블록을 완성한다. 이는 앞서 유사 코드로 살펴본 절차와 완전히 일치한다 ❶에서 블록이라 쓰인 박스 내의 우하단 그림 2-2에서 점선 박스에 있는 난스 부분이다.

앞서 살펴본 것처럼 특정 블록의 해시 값을 구하려면 난스를 변경시켜 가면서 조건에 맞는 기(= 해시 값이 목푯값보다 작은지)를 검사해야 한다. 이때 현재 블록의 해시 값을 구하려면 반드시 이전 블록의 해시 값을 알아야 한다. 따라서 블록 해시 값은 미리 계산해둘 수 있는 방법이 없다. 블록 해시 값을 계산하려면 이전 블록의 해시 값이 있어야만 하기 때문이다. 이전 블록 해시 값만 빼고 나머지 일부분만 이용해 어느 정도 미리 계산해두는 방법을 쓰면 어떨까 하고 생각하는 독자가 있을지 모르겠는데, 그런 방법은 없다. 해시 함수의 특성상 일부만 미리 계산해둘 수 있는 방법이 없다.

Memo

해시 값을 일부만 미리 계산해둘 수 없다는 점은 매우 중요하다. 바로 이 점 때문에 매번 블록의 승자가 탄생하면 패배한 다른 모든 노드들은 그 사이 작업한 것을 모두 폐기하고 다시 처음부터 경쟁에 돌입해야 하는 것이다. 열심히 작업하는 도중에 누군가 새로운 블록을 먼저 만들어 버리면 그 사이 작업해온 해시 함수에 들어 있는 값은 이전 블록 해시 값이 아니라 전전 블록 해시 값이 돼 버린다. 따라서 난스를 구하더라도 유효하지 않게 되는 것이다. 결국 새로운 작업을 위해서는 방금 새로 생긴 블록의 해시 값을 읽어와 블록 헤더의 이전 블록 해시 값으로 설정한 후 난스 찾기 작업을 다시 시작해야 한다.

비트코인 주소

비트코인은 거래를 할 때 비트코인 주소를 사용한다. 비트코인 주소가 일종의 계좌번호 역할을 하는 셈이다. 비트코인 주소에는 많은 정보가 담겨 있는데 그중 가장 중요한 것은 바로 비대칭 암호에서 배웠던 공개키와 관련된 정보다. 비트코인 주소에는 비트코인을 수령하는 사람의 공개키의 암호화 해시 값이 들어 있다. 비트코인을 지불하는 사람이 그 트랜잭션에 비트코인 주소에 들어 있는 공개키 해시 값을 사용해 잠금 장치를 걸어두면 해당 비트코인은 오로지 짝이 되는 개인키를 가진 사람만 사용할 수 있다.

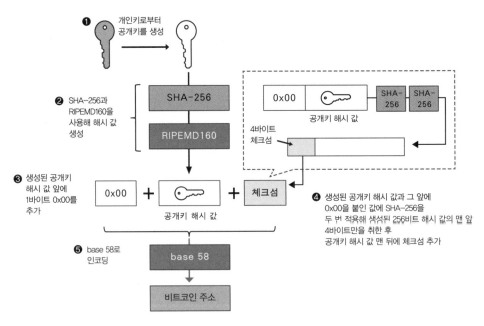

에 표시된 각 단계 설명:

❶ 개인키로부터 공개키를 생성

❷ SHA-256과 RIPEMD160을 사용해 해시 값 생성

❸ 생성된 공개키 해시 값 앞에 1바이트 0x00를 추가

❹ 생성된 공개키 해시 값과 그 앞에 0x00을 붙인 값에 SHA-256을 두 번 적용해 색성된 256비트 해시 값의 맨 앞 4바이트만을 취한 후 공개키 해시 값 맨 뒤에 체크섬 추가

❺ base 58로 인코딩

그림 3-1 비트코인 주소의 생성

그림 3-1은 비트코인 주소를 생성하는 과정을 보여준다. 이 주소는 비트코인 지갑이 사용자를 위해 자동으로 생성해준다. 그림 자체는 상당히 복잡해 보인다. 그만큼 단계가 많기 때문이다. 그러나 각 단계는 이미 알고 있는 방법을 사용하고 있어서 결코 이해를 하지 못할 수준은 아니다. 다만 ❷에 있는 RIPEMD160과 ❺의 base 58은 처음 보는 것이다. 그러나 SHA-256의 내부 작동 원리는 모르지만 256비트의 해시 값을 생성하는 것이라 짐작할 수 있듯이 RIPEMD160도 일종의 해시 함수인데 출력이 160비트일 것이라 것은 짐작할 수 있다. RIPEMD160은 해시 함수의 일종이고, 그 출력은 160비트다. 미국 국가 안전 보장국에서 주도해 만든 SHA와 비교할 때 RIPEMD160은 학계에서 주도해 만든 해시 함수다. 이 때문에 SHA-2에 비해 RIPEMD160은 그리 많이 사용되고 있지 않다. 그 성능은 SHA-1 정도로 알려져 있다. RIPEMD는 128, 160, 256, 320비트 버전의 알고리즘이 있는데 각각 RIPEMD-128, RIPEMD-160, RIPEMD-256, RIPEMD-320으로 표기한다.

다시 그림 3-1을 자세히 보자. ❶에서 비트코인 지갑은 개인키를 먼저 생성하고 이와 쌍이 될 공개키는 ECDSA 알고리즘을 이용해 생성한다. 생성된 공개키 값은 ❷에서 SHA-256을 거치면서 256비트 해시 값이 되고, 그 값은 곧바로 RIPEMD160 해시 함수를 거치면서 160비트 해시 값으로 변한다. 160비트, 즉 20바이트 해시 값은 ❸을 거치면서 앞에 1바이트가 추가되고 ❹를 거치면서 뒤에 4바이트가 추가되면서 모두 25바이트 값으로 바뀐다. 이때 ❸에서 앞에 추가되는 1바이트는 그냥 0이다. 16진수로 표기하면 0x00이 추가된다. ❹에서 추가되는 뒤의 4바이트는 체크섬이다. ❹에서 체크섬을 만드는 규칙은 간단하다. 오른쪽 점선 박스에 그려진 것처럼 ❷에서 생성된 공개키 해시 값 앞에 0x00을 붙인 후 SHA-256 해시를 두 번 연속해 적용한다. 만들어진 256비트 해시 값의 맨 앞 4바이트만 취하고 나머지는 버린다. 이 4바이트가 바로 체크섬이 되고 공개키 해시 값의 맨 뒤에 붙인다.

❺는 base 58 Check로 인코딩하는 과정이다. base 58은 해시가 아니라 인코딩이므로 58비트가 생성될 것이라는 지레짐작은 금물이다. base 58은 임의의 수를 친숙한 숫자와 알파벳의 조합으로 바꿔주는 역할을 한다. 주로 이진 파일 형태를 숫자나 알파벳의 조합으로 바꾸는 역할을 하는데 예전에 이메일이 이진 파일을 처리하지 못하던 시절에 이메일에 이진 파일을 첨부하기 위해 많이 사용하던 방식이기도 하다.

0	1	2	3	4	5	6	7	8	9	10	11	12	13	14	15	16	18	19	20
1	2	3	4	5	6	7	8	9	A	B	C	D	E	F	G	H	J	K	M

21	22	23	24	25	26	27	28	29	30	31	32	33	34	35	36	37	38	39	40
N	P	Q	R	S	T	U	V	W	X	Y	Z	a	b	c	d	e	f	g	h

41	42	43	44	45	46	47	48	49	50	51	52	53	54	55	56	57
i	j	k	m	n	o	p	q	r	s	t	u	v	w	x	y	z

그림 3-2 비트코인 base 58 매핑

그림 3-2는 비트코인의 base 58 매핑을 보여주고 있다. 숫자 0부터 57은 각각 숫자와 알파벳에 대응되게 돼 있다. 입력 값을 base 58로 인코딩하는 방법은 58진법 계산을 생각하면 쉽다. 우선 입력 값을 58로 나눈 후, 그 나머지 (0부터 57 사이)를 base 58 테이블에 맞춰 대응시킨다. 몫은 또 다시 58로 나누고 또 그 나머지를 대응시킨다. 이렇게 더 이상 몫이 없을 때까지 반복하면 입력 값은 모두 base 58로 변환된다. 이는 마치 주어진 숫자를 58진법 표기로 나타내는 것과 비슷하다.

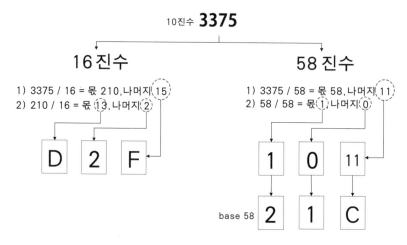

그림 3-3 10진수 3375를 각각 16진수, 58진수로 변환하는 법과 base 58의 연관성

그림 3-3은 10진수 3,375를 각각 16진수와 58진수로 변환하는 방법을 보여준다. 16진수에는 10부터 15까지가 각각 A부터 F에 매핑돼 있듯이 base 58은 58진수에서 10부터 57까지가 영어 소문자와 대문자에 차례내로 매핑돼 있다고 생각하면 된다. 즉 일단 58진수로 표현한 후 그 값을 base 58의 테이블에 맞춰 다시 쓰면 되는 것이다. 한 가지 처리해야 할 과정은 맨 앞에 0이 연속해 있을 경우다. 예를 들어 10진수의 03375, 003375, 000003375는 모두 3375인 것처럼 맨 앞의 연속된 0은 숫자의 진법 변환에는 아무런 의미가 없지만 인코딩에는 모두 고려해야 한다. 따라서 003375와 3375는 58진법 변화로는 같은 결과를 나타내지만, base 58 인코딩에는 결과가 달라진다. 이 경우에는 맨 앞의

연속된 0과 나머지를 분리해 맨 앞의 0은 바이트 단위로 모두 1로 변환하고, 나머지는 원래의 진법 변환을 활용해 두 수를 합치는 방법을 사용하면 된다. 그림 3-1의 과정 ❸으로 인해 항상 맨 앞에 최소 1바이트의 0이 존재한다. 앞서 설명한 것처럼 맨 앞의 0은 존재하더라도 나누기에는 영향을 미치지 못한다. 따라서 비트코인 주소를 만들 때는 ❺에서 혹시 맨 앞에 연속된 0이 있다면 모두 분리해 바이트 단위로 모두 1로 바꾼 후 맨 앞에 붙여야 한다. 그림 3-4는 이 방법을 그림으로 설명하고 있다.

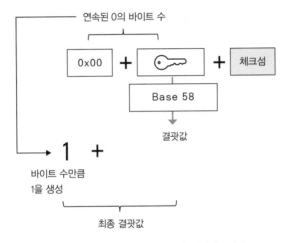

그림 3-4 base 58에서 맨 앞의 0을 처리하는 방법

base 58의 이런 특성으로 인해 비트코인 주소는 항상 다음과 같은 두 가지 특징을 지닌다.

- 비트코인 주소는 항상 1로 시작한다.[1] 그림 3-1의 과정 ❸에서 맨 앞에 1바이트 0을 추가했는데 위의 테이블에서 보듯 0은 1로 매핑되기 때문이다.
- 더 이상 몫이 없을 때까지 반복해 그 나머지를 매핑하는 방식이기 때문에 숫자

---

1   2012년 소프트포크로 P2SH라는 새로운 트랜잭션 방식이 추가됐는데, 이 방식 사용을 위해 기존 비트코인 주소와 구분하기 위해 3으로 시작하는 주소도 있다. 이 책에서는 별도로 다루지 않는다.

에 따라 나누는 횟수가 달라질 수 있고, 그 결과 비트코인 주소의 길이는 가변이다. 즉, 주소의 길이는 고정돼 있지 않고 변하며, 최대 34자까지 생성될 수 있다.

Memo

과거에는 base 64를 주로 사용했는데, 이 중 0(숫자 0), O(대문자 오), I(대문자 아이), l(소문자 엘)처럼 그 모양이 비슷해 혼동을 일으키는 몇 글자를 제외하고 만든 것이 바로 base 58이다. 이 때문에 base 64는 공식 매핑 테이블이 존재하지만, base 58의 경우에는 응용 프로그램마다 조금씩 다를 수 있다. 따라서 여기서 언급한 base 58은 비트코인 base 58이고 다른 응용에서 사용하는 base 58과는 매핑 순서가 서로 다를 수 있다.

비트코인 주소에 대한 보다 자세한 사항은 비트코인위키를 참고하면 된다(https://en.bitcoin.it/wiki/Technical_background_of_version_1_Bitcoin_addresses).

트랜잭션 스크립트

비트코인의 트랜잭션은 스크립트 언어를 사용해 기술된다. 스크립트 언어는 프로그래밍 언어가 간소화된 것으로 컴퓨터가 수행해야 할 작업을 순서대로 기술해놓은 것으로 생각하면 된다. 자바스크립트 언어를 떠올리면 쉽게 이해할 수 있다. 통상 비트코인 트랜잭션은 JSON 포맷을 통해 표시하는데 이 절에서도 이 포맷을 사용해 일반 트랜잭션의 내용을 살펴보자.

그림 4-1은 통상적인 트랜잭션을 JSON 포맷으로 기술한 것을 보여준다. 트랜잭션은 UTXO를 모아 비트코인의 수입을 만드는 입력 부분 ❶과 이를 지출하는 부분인 출력 부분 ❷로 구성된다.

```
{
    "txid": "324fb0facb6f90491b9de830138638207544f6f71c0614edb90a1edd6e938deb0",
    "hash": "324fb0facb6f90491b9de830138638207544f6f71c0614edb90a1edd6e938deb0",
    "version": 1,
    "size": 374,
    "vsize": 374,
    "locktime": 0,
    "vin": [
        {
            "txid": "190e17101c295fb72fecbb4c951c66ed12bde057a4acb5b482a08677c0f9c1cc",
            "vout": 1,
            "scriptSig": {
                "asm":
"3045022100eb72a9ca47cffe9744353d4a38b460fbdbc15a81025f4b4f6bd5ffcfec56356102201a82d2273c938894808bc949176da393e4b09c11265dae
6ba195ca3754e147fb[ALL] 03b18e31a12cc65a9a19fb4e73e44ac4af42f1efe2dc44dc97f2d0afd3f1749ef5",
                "hex":
"483045022100eb72a9ca47cffe9744353d4a38b460fbdbc15a81025f4b4f6bd5ffcfec56356102201a82d2273c938894808bc949176da393e4b09c11265d
ae6ba195ca3754e147fb012103b18e31a12cc65a9a19fb4e73e44ac4af42f1efe2dc44dc97f2d0afd3f1749ef5"
            },
            "sequence": 4294967295
        },
        {
            "txid": "2da4ba7e9313489d0d2296fbeadec64cfba2eea448d89b151d9e7e953737d4de",
            "vout": 1,
            "scriptSig": {
                "asm":
"3045022100f065dd89940261a88031560d74428b98b5aac612fa58fbe4d7a71cbea518158702203d018b3dd95513e20b1800e107be69c92307ea9e790ce5
b2db7086c8b0f24d0e[ALL] 03b18e31a12cc65a9a19fb4e73e44ac4af42f1efe2dc44dc97f2d0afd3f1749ef5",
                "hex":
"483045022100f065dd89940261a88031560d74428b98b5aac612fa58fbe4d7a71cbea518158702203d018b3dd95513e20b1800e107be69c92307ea9e790
e8b2db7086c8b0f24d0e012103b18e31a12cc65a9a19fb4e73e44ac4af42f1efe2dc44dc97f2d0afd3f1749ef5"
            },
            "sequence": 4294967295
        }
    ],
    "vout": [
        {
            "value": 0.04000000,
            "n": 0,
            "scriptPubKey": {
                "asm": "OP_DUP OP_HASH160 51025d6d2ef8a3ed522e0b2cfe9b8a393b4fc540 OP_EQUALVERIFY OP_CHECKSIG",
                "hex": "76a91451025d6d2ef8a3ed522e0b2cfe9b8a393b4fc54088ac",
                "reqSigs": 1,
                "type": "pubkeyhash",
                "addresses": [
                    "18PLZrkEhCrkDAuBk4ZKovsFJUgAzCSVLb"
                ]
            }
        },
        {
            "value": 0.00877108,
            "n": 1,
            "scriptPubKey": {
                "asm": "OP_DUP OP_HASH160 d3f0c771e2ea4612f992710d227fe058e09713e8 OP_EQUALVERIFY OP_CHECKSIG",
                "hex": "76a914d3f0c771e2ea4612f992710d227fe058e09713e888ac",
                "reqSigs": 1,
                "type": "pubkeyhash",
```

그림 4-1 JSON 포맷으로 살펴 본 트랜잭션

JSON 포맷으로 표현된 트랜잭션을 살펴보면 대부분 16진수로 이뤄진 숫자로 돼 있지만 ❷ 부분에는 숫자 이외에 OP_DUP 등 마치 명령어처럼 보이는 부분도 간혹 보인다. 이제 이 입력 부분인 ❶과 출력 부분인 ❷를 확대해 하나씩 살펴보자.

입력 부분

그림 4-2는 그림 4-1의 입력 부분만 확대한 것이다.

```
"vin": [
    {
❶      "txid": "190e17101c295fb72fecbb4c951c66ed12bde057a4acb5b482a08677c0f9c1cc",
        "vout": 1,
        "scriptSig": {
            "asm":  "3045022100eb72a9ca47cffe9744353d4a38b460fbdbc15a81025f4b4f6bd5ff
                    cfec56356102201a82d2273c938894808bc949176da393e4b09c11265dae6ba1
❷                  95ca3754e147fb01  03b18e31a12cc65a9a19fb4e73e44ac4af42f1efe2d
                    c44dc97f2d0afd3f1749ef5",
            "hex":  "483045022100eb72a9ca47cffe9744353d4a38b460fbdbc15a81025f4b4f6bd5
                    ffCfec56356102201a82d2273c938894808bc949176da393e4b09c11265dae6b
                    a195ca3754e147fb012103b18e31a12cc65a9a19fb4e73e44ac4af42F1efe2dc
                    44dc97f2d0afd3f1749ef5"
        },
❸      "sequence": 4294967295

❹      "txid": "2da4ba7e9313489d0d2296fbeadec64cfba2eea448d89b151d9e7e953737d4de",
        "vout": 1,
        "scriptSig": {
            "asm":
                                    • • •
```

그림 4-2 트랜잭션 입력 부분

제일 상단의 ❶은 이 입력이 어디서 온 것인지 알려준다. 입력이란, 코인베이스 트랜잭션이 아닌 한 항상 누군가의 출력에서 기인한 것이라고 했다. txid에 적힌 32바이트 해시값은 이 입력의 근원이 트랜잭션 번호이며, vout이 1이라고 기록된 것으로 보아 해당 출력의 두 번째 항목임을 짐작할 수 있다. 입력과 출력의 인덱스는 항상 0부터 시작하므로 1이면 두 번째 항목인 것이다. 그런데 아무리 살펴봐도 이 입력이 도대체 몇 BTC인지 알 수 없다. 이는 출력 트랜잭션을 역추적해봐야만 알 수 있다. ❶에 기록된 아이디 190e17 101c295fb72fecbb4c951c66ed12bde057a4acb5b482a08677c0f9c1cc를 사용해 실제로 이 트랜잭션을 추적해보자. 그림 4-3은 이 아이디를 사용해 직접 추적해본 트랜잭션을 보여주고 있다. 우선 그림 4-3의 ❶을 살펴보면 이 트랜잭션이 그림 4-2에 있던 트랜잭션의 아이디와 정확히 일치하고 있음을 확인할 수 있다. 또 이 트랜잭션의 출력 부분 ❷에서 두 번째 항목을 살펴보면 0.01683108 비트코인이 적힌 부분을 찾을 수 있다. 이 항목이 바로 입력의 근원이 된 출력이다. 입력과 출력의 인덱스는 모두 0부터 시작하므로 1번은 두 번째 항목인 셈이고, 출력 부분에 n:1이라고 적혀 있는 것으로 확인할 수 있다. 이제 추적을 통해 입력의 액수가 0.01683108 비트코인이라는 것을 확인했다.

```
    {
 ❶  "txid": "190e17101c295fb72fecbb4c951c66ed12bde057a4acb5b482a08677c0f9c1cc",
    "hash": "190e17101c295fb72fecbb4c951c66ed12bde057a4acb5b482a08677c0f9c1cc",
    "version": 1,

            ------------ 중간 생략 ------------

    "vout": [
      {
        "value": 0.02222000,
        "n": 0,
        "scriptPubKey": {
          "asm": "OP_DUP OP_HASH160 4222ccb4c6e61f7dfad676a4caec8eeb98c7ce1a OP_EQUALVERIFY OP_CHECKSIG",
          "hex": "76a9144222ccb4c6e61f7dfad676a4caec8eeb98c7ce1a88ac",
          "reqSigs": 1,
          "type": "pubkeyhash",
          "addresses": [
            "172hHajw6iJJh6CRPEzH1j88Pcg4Vh5nAq"
          ]
        }
      },
 ❷    {
        "value": 0.01683108,
        "n": 1,
        "scriptPubKey": {
          "asm": "OP_DUP OP_HASH160 d3f0c771e2ea4612f992710d227fe058e09713e8 OP_EQUALVERIFY OP_CHECKSIG",
          "hex": "76a914d3f0c771e2ea4612f992710d227fe058e09713e888ac",
          "reqSigs": 1,
          "type": "pubkeyhash",
          "addresses": [
            "1LKe26oiEmpjybYTxDDLxSspQgZ3EcppiD"
          ]
        }
      }
    ]
```

그림 4-3 트랜잭션 190e17101c295fb72fecbb4c951c66ed12bde057a4acb5b482a08677c0f9c1cc

다시 그림 4-2로 돌아가 두 번째 네모 상자인 ❷번 항목을 자세히 살펴보자. ❷번 항목에는 ScriptSig라고 적혀 있는 아래쪽에 asm과 hex라고 표시된 부분이 보인다. 무엇인지는 잘 모르겠지만 ScriptSig에 항목이 2개 들어 있는 듯하다. ScriptSig에 있는 이 두 값의 역할은 뒤의 스크립트의 실행 부분을 설명할 때 자세히 알아본다. 여기서는 ❷번 항목이 이 UTXO의 소유권을 증명할 수 있는 정보가 담긴 부분이라고만 이해하면 된다. 즉 ❷번 항목에는 암호키를 통해 잠금 장치를 푸는 방법을 기술한 스크립트가 적혀 있고, 이를 실행하면 잠금 장치를 열 수 있다.

❸번 항목은 sequence라고 돼 있는데 지금은 사용하지 않는다. 사실 사용한 적이 없는 항목이다. 초기 비트코인 시스템을 설계할 때 트랜잭션에 특수한 기능을 만들어둔 것

이 있다. 트랜잭션에 타이머를 장치해두고 그 시간 동안은 트랜잭션을 처리하지 못하게 했다. 혹 그 시간 내에 트랜잭션을 바꾸고 싶은 생각이 들면 언제든지 새로운 트랜잭션을 만들고 더 큰 sequence 값을 적으면 더 낮은 sequence 값을 가진 이전 트랜잭션이 무시되도록 설계됐지만, 사용된 적이 없는 기능이다. 이 값이 가장 큰 값인 0xFFFFFFFF 로 설정돼 있으면, 더 큰 값이 없고 자연스럽게 필드는 무시되므로 이 값이 4294967295 (= 0xFFFFFFFF)로 적혀 있다.

❹는 또 다른 입력이다. 입력은 임의의 개수가 있을 수 있으므로 그 개수만큼 이 부분이 반복된다. ❹의 입력에도 역시 몇 비트코인 인지의 정보가 전혀 없다. 이 또한 앞서처럼 트랜잭션을 역추적해봐야 한다. 실제로 트랜잭션을 역추적하면 금액이 0.03204000비트 코인이라는 것을 알 수 있다.

TIP 그림 4-3이나 4-3에 있는 asm과 hex는 동일한 내용이다. 편의상 asm은 스크립트 형태, hex는 16진수로 중복해 표현한 것일 뿐 동일하다.

출력 부분

지금부터는 출력 부분을 살펴보자. 그림 5-4는 그림 5-1의 ❷번 부분을 확대한 것이다. 그림 4-4의 ❶번에서 이 출력은 0.04 비트코인을 지출하는 것이며, n:0이라고 된 것으로 봐서 첫 번째 지출 항목이라는 것을 알 수 있다.

```
  "vout": [
  {
❶ "value": 0.04000000,
  "n": 0,
  "scriptPubKey": {
❷ "asm": "OP_DUP OP_HASH160 51025d6d2ef8a3ed522e0b2cfe9b8a393b4fc540 OP_EQUALVERIFY OP_CHECKSIG",
  "hex": "76a91451025d6d2ef8a3ed522e0b2cfe9b8a393b4fc54088ac",
  "reqSigs": 1,
  "type": "pubkeyhash",
  "addresses": [
❸ "18PLZrkEhCrkDAuBk4ZKovsFJUgAzCSVLb"
  ]
  }
  },
  {
  "value": 0.00877108,
❹ "n": 1,
  "scriptPubKey": {
                    • • •
```

그림 4-4 트랜잭션 출력 부분

앞서 살펴본 입력 부분에는 금액이 명기돼 있지 않았지만, 앞 그림에는 금액이 정확히 명기돼 있다. 앞서 입력의 금액을 확인하기 위해 트랜잭션을 역추적했던 것처럼 이 비트코인을 수령한 누군가의 입력에는 금액이 적혀 있지 않을 것이고, 이곳으로 역추적해와서 금액을 확인하게 될 것이다. ❷번 항목은 PTPKH에서 설명한 잠금 장치 부분으로서 이를 풀 수 있는 사람은 해당 개인키와 공개키를 가진 사람이라고 설명했던 것을 기억하자. ❷의 'asm' 부분을 자세히 살펴보면 16진수로만 가득했던 입력과 달리 OP_DUP OP_HASH160 같은 것들이 보인다. 이 명령어가 바로 잠금 장치를 풀 수 있는 방법을 명기해 놓은 스크립트 코드다. 잠금 장치를 풀기 위해서는 스크립트의 실행을 통해 마지막 결괏값이 참TRUE이 나오는지 확인해야 한다. 참이면 자신이 주인이라는 것을 증명하게 돼 잠금 장치를 풀 수 있고, 마지막 결괏값이 거짓FALSE이 나오면 잠금 장치를 풀 수 없다. ❸번 항목은 이 출력을 수령할 사람의 비트코인 주소다. 비트코인 주소에는 금액을 수령할 사람의 공개키 해시 값이 포함돼 있다고 앞서 설명했다. ❹번 항목에는 또 다른 출력이 기록돼 있다. 입력과 마찬가지로 출력 또한 임의의 개수가 있을 수 있고, 그 개수만큼 반복된다. 출력과 입력은 모두 인덱스가 0부터 시작된다고 설명한 적이 있다. 따라서 두 번째 출력인 이 항목은 n:1로 적혀 있다.

스크립트의 실행

이제 앞서 살펴봤던 스크립트의 명령어를 실행하는 방법에 대해 자세히 알아보자. 앞서 설명한 바를 간단히 종합해보면 입력 부분에는 잠금 장치를 열기 위한 공개키와 개인키 정보가 들어 있다. 출력 부분은 잠금 장치가 돼 있어 출력 부분의 스크립트를 실행해 참 (TRUE)값이 나올 때만 잠금 장치를 열 수 있다고 설명했다.

그림 4-5 UTXO의 잠금 장치

그림 4-5는 앞서 살펴본 출력 부분 중 스크립트가 있던 잠금 장치 부분만 별도로 표시한 그림이다. 이 스크립트 부분은 모두 다섯 가지 항목으로 구성돼 있는데 ❶, ❷, ❹, ❺는 모두 스크립트 명령어이고, ❸은 공개키 해시 값으로 거래 상대방에 따라 값이 변하는 변수다. 변수를 ⟨⟩를 사용해 표기하면 위 항목은 다음과 같이 다시 쓸 수 있다.

OP_DUP OP_HASH160 ⟨PubKeyHash⟩ OP_EQUALVERIFY OP_CHECKSIG

특정 공개키 해시 값이 적혀 있던 ❸을 변수인 ⟨PubKeyHash⟩로 대체했다. 이 변수에는 상대의 공개키 해시 값이 대입된다. 공개키 해시에 대해서는 '부록 3 비트코인 주소'에서 자세히 설명한 바 있다.

그림 4-6 UTXO의 잠금 장치를 풀기 위한 개인키, 공개키 정보

한편 그림 4-6은 앞서 입력 부분에 있던 ScriptSig 부분을 자세히 살펴본 것이다. 그림은 크게 두 부분으로 나뉜다. 30450221로 시작해 01로 끝나는 데까지 연결되는 긴 숫자가 ❶번 항목, 03으로 시작하는 아래쪽 밑줄 친 부분이 ❷번 항목 부분이다. ❶번과 ❷번 항목은 각각 UTXO의 소유권을 증명하기 위한 부분으로 각각 전자 서명과 공개키 부분이다. ❶번 항목은 현재 트랜잭션의 지출에 대해 그 소유자가 확인하는 전자 서명을 기록한 부분이고, ❷는 이를 증명해줄 자신의 공개키를 저장한 부분이다. ❷를 사용해 ❶의 전자 서명 부분을 확인할 수 있음은 '3.1.3 암호화 기법'을 참고하면 된다.

한편, 개인키와 공개키의 정부는 사람에 따라 바뀌는 변수이므로 앞서 변수 표기법 〈〉를 그대로 따르면 ❶은 〈Sig〉로 ❷는 〈PubKey〉로 나타낼 수 있다. ❶의 〈Sig〉는 개인키로 서명한 서명 부분, ❷의 〈PubKey〉는 공개키 부분이다.

이제 그림 4-6은 다음과 같이 간단히 나타낼 수 있다.

〈Sig〉〈PubKey〉

Memo

비트코인의 개인키는 비대칭 암호화 방법인 ECDSA를 사용해 서명한 후 DER(Distinguished Encoding Rules)이라는 방법에 의해 인코딩된 값이다. 그림 5-6에서 굵고 큰 폰트로 표시된 부분이 있는데 모두 특별한 의미를 지니고 있다. 맨앞의 30450221은 각각 0x30, 0x45, 0x02, 0x21의 코드를 갖고 있다. 비트코인 트랜잭션 입력에서 이 부분은 대부분 30450221로 시작한다고 생각하면 된다. 0x30은 DER의 시작점을 알려준다. 0x45는 길이를 나타내는데 16진수 0x45 = 69이므로 모두 69바이트의 길이를 가진다는 의미다. 0x02는 뒤이어 나오는 숫자가 정수라는 것을 의미한다. 0x21은 전체 정수의 길이를 의미하는데 0x21 = 33이므로 33바이트 정수가 나온다는 의미다. 두 번째 줄에 있는 굵고 큰 글씨인 0220 역시 0x02와 0x20인 코드고, 마찬가지로 0x02이므로 정수가 시작되고, 그 길이는 0x20 = 32 바이트라는 의미다. 셋째 줄에 보이는 굵고 큰 글씨인 0x01은 SIGHASH_ALL을 의미하는 것으로 이 전자 서명이 개별 트랜잭션별로 따로 작성된 것이 아니라 전체 트랜잭션에 대해 적용한 전자 서명이라는 의미다. 경우에 따라 01 대신 [ALL]로 표시할 때도 있다. 실제로 앞의 그림 5-1의 ❼에는 01 대신 [ALL]이라고 표시돼 있다.

자, 이제 본격적으로 스크립트에 대해 알아보기 전에 스택 기반의 언어에 대해 알아야한다. 비트코인 트랜잭션에 사용되는 스크립트 언어는 1970년 찰스 무어에 의해 개발된스택 기반의 언어인 Forth를 기초로 하고 있다. 이 스크립트를 이해하기 위해서는 스택이라는 데이터 구조를 이해해야 한다. 스택의 개념을 이해하면 스크립트는 매우 간단히이해되고 스택의 개념을 이해하기 전까지는 연산의 순서로 인해 다소 어렵게 느껴질 수있다. 자, 이제 스택의 개념부터 짧게 알아보고, 계속 비트코인 트랜잭션의 스크립트에대해 알아보자.

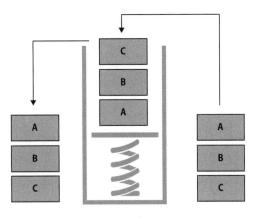

그림 4-7 스택의 구조

스택^{stack}은 쌓아올리는 것을 의미한다. 그림 4-7에서 보듯이 쌓아올리는 구조로 인해가장 먼저 들어간 데이터는 가장 아래에 있고 가장 나중에 들어간 데이터는 가장 위에있다. 데이터를 끄집어낼 때는 가장 나중에 들어간 것이 가장 위에 있으므로 가장 먼저나오고 가장 먼저 들어 간 것은 가장 아래에 있으므로 가장 나중에 나온다. 예전에 버스운전기사들이 동전을 저장하던 스프링이 달린 동전 저장소를 연상하면 된다. 그림과 같이 저장소에 저장할 때는 A, B, C 순으로 저장되지만 나올 때는 그 반대 순서인 C, B, A로 나온다. 스택의 이런 성질로 인해 이런 구조를 후입선출^{Last-In-First-Out, LIFO} 또는 선입후출^{First-In-Last-Out, FILO}이라고도 부른다.

스택의 기본 성질에 대해 알아봤으므로 스택 연산에 대해 살펴보자. 우리가 통상 사용하는 계산식은 보통 중위 표기법 또는 인픽스infix 표기법을 사용한다. 인픽스 표기법은 덧셈이나 뺄셈 등의 연산자가 연산하려는 숫자 사이에 위치한다. 3 + 2 , 2 − 4 등으로 표시하고, 연속으로 표기할 때도 4 + 3 − 2 식으로 표기한다.

그러나 컴퓨터 연산은 중위법보다 소위 후위법 또는 포스트픽스postfix 표기법이 더 편리할 때가 많다. 포스트픽스 표기법은 연산자가 연산하려는 숫자 사이가 아니라 뒤에 위치한다. 즉, 앞의 예를 포스트 픽스 방식으로 표기하면 32+, 24−, 43+2−가 된다. 그림 4−8과 함께 이 포스트 픽스 연산을 직접 해보자,

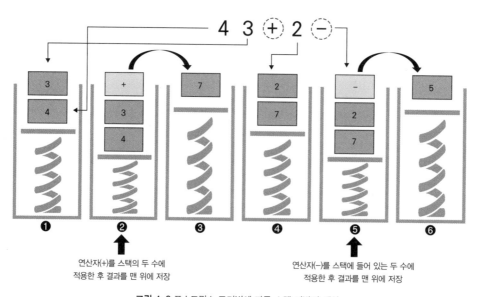

그림 4-8 포스트픽스 표기법에 따른 스택 기반의 계산

그림 4−8은 포스트픽스 표기법에 따른 스택 기반의 연산 방법을 보여준다. 원리는 간단한데, 일단 수를 만나면 계속 스택에 그냥 쌓는다. 그 후 연산자가 입력되면 제일 상단에 있는 숫자를 연산자의 정의에 따른 개수 만큼(+나 −의 경우에는 2개)에 꺼낸 후 연산자를 적용하고 그 결과를 최상단에 다시 쌓는다.

❶을 보자. 4와 3은 숫자이므로 일단 계속 쌓아간다. ❷에서 드디어 + 연산자를 만나게 되고 + 연산자는 두 수를 더하는 것으로 정의돼 있으므로 규칙에 의해 스택의 최상단에 있는 두 수인 3과 4에 + 연산자를 적용해 계산된 결과인 7을 ❸에서 다시 최상단 스택에 쌓는다. ❹에서 2는 숫자이므로 다시 쌓다가 ❺에서 연산자 −를 만나면, 또 다시 규칙에 의해 최상단에 있는 두 숫자 2와 7에 − 연산자를 적용하고 그 결과인 5를 최상단에 쌓는다.

인픽스와 마찬가지로 포스트픽스 역시 연산자와 숫자의 순서가 상당히 중요하다. 만약 43+2−를 432+−로 표기하면 완전히 다른 결과가 나온다.

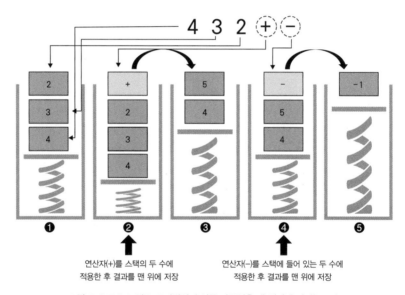

연산자(+)를 스택의 두 수에 적용한 후 결과를 맨 위에 저장

연산자(−)를 스택에 들어 있는 두 수에 적용한 후 결과를 맨 위에 저장

그림 4-9 포스트 픽스 표기법의 순서를 바꾸었을 때 결과가 바뀌는 모습

그림 4-9는 연산 표기 순서가 달라질 경우 계산 결과가 달라지는 과정을 보여준다. 연산자를 만나면 항상 최상위 수에 대해 연산을 수행하고 다시 최상단에 그 결과를 쌓는 규칙에 의해 바뀐 표기법에 따르면 그 결과가 5가 아니라 −1이 된다. 한 가지 주의할 점은 예에서 사용한 덧셈과 뺄셈은 항상 숫자 2개에 대한 연산으로 정의되므로 스택에서 상단

수 2개를 취해 계산했지만 경우에 따라 숫자 하나만 취하거나 셋 이상을 취하는 연산도 정의할 수 있으므로 실제 연산자를 만났을 때 스택에서 취하는 개수는 연산자의 정의에 따라 달라진다는 점이다.

4 3 + 2 −를 실제 비트코인이 사용하는 스크립트를 이용해 기술하면 다음과 같다.

4 3 OP_ADD 2 OP_SUB

+ 대신 OP_ADD가 사용되고 − 대신 OP_SUB가 사용된 것을 제외하고는 기본적으로 포스트픽스 표기법과 완전히 동일하다. 이 연산은 실제 비트코인의 스크립트를 사용해 표기한 것이다. 따라서 만약 실제로 이 연산을 비트코인 트랜잭션에 적어둔다면 시스템에서는 계산을 통해 5라는 결괏값을 얻을 것이다.

자, 이제 스택과 스택 기반의 연산에 대해 알아봤으므로 다시 잠금 장치 스크립트와 열쇠 스크립트를 살펴보자.

❶ <Sig> <PubKey>

❷ <OP_DUP OP_HASH160 <PubkeyHash> OP_EQUALVERIFY OP_CHECKSIG

그림 4-10 열쇠와 잠금 장치 – 언락 스크립트와 락 스크립트

그림 4-10의 ❶은 입력 부분에 있던 스크립트로 UTXO의 잠금 장치를 풀 수 있는 정보를 담은 열쇠 스크립트이며, ❷는 UTXO에 아무나 접근하지 못하게 잠금 장치를 해둔 잠금 스크립트다. 이 때문에 통상 ❶을 언락^{Unlock} 스크립트(또는 스크립트시그^{ScripSigs})라 부르고 ❷를 락^{Lock}스크립트(또는 스크립트펍^{ScriptPub})라고 부른다. 이제 ❶을 ❷에 적용해 그 결과가 TRUE가 나오면 잠금 장치를 열 수 있다. 이 스크립트에 사용될 모든 연산에 대한 정의는 표 4-1과 같다.

표 4-1 연산자와 그 의미

연산자	연산 대상	설명
OP_DUP	x	x를 복사하라.
OP_HASH160	x	RIPEMD−160(SHA−256(x))
OP_EQUAL	x, y	x와 y가 동일하면 TRUE를 반환하고 다르면 FALSE를 반환한다.
OP_VERIFY	x	스택 최상단 값을 제거한다. 그 다음 최상단 값이 FALSE 였더라면 트랜잭션이 무효라고 표시하고 TRUE이면 아무런 일도 일어나지 않는다.
OP_EQUALVERIFY		OP_EQUAL과 OP_VERIFY를 순서대로 실행한다.
OP_CHECKSIG	<Sig> <PubKey>	<PubKey>가 <Sig>의 개인키에서 도출된 것이 맞는지 확인하고 맞으면 TRUE를 스택 상단에 쌓고 틀리면 FALSE를 스택 상단에 쌓는다.

TIP 비트코인이 사용하는 모든 연산자에 대한 보다 자세한 설명은 비트코인위키 (https://en.bitcoin.it/wiki/Script)를 참조하면 된다.

자, 이제 스택 기반 언어도 배웠고 연산자의 정의도 알았으므로 실제로 잠금 장치를 열어보자. 열쇠로 잠금 장치를 열기 위한 스크립트는 ❶과 ❷를 연결하면 되고 다음과 같이 쓸 수 있다.

〈Sig〉〈PubKey〉 OP_DUP OP_HASH160 〈PubkeyHash〉 OP_EQUALVERIFY OP_
CHECKSIG

그림 4-11은 위의 스크립트를 그림을 통해 설명해놓은 것이다. 이제 그림을 따라가며 하나씩 천천히 스크립트를 실행해보자. 여기서는 실제 소유주가 연산을 처리하고 있는 경우라고 가정한다.

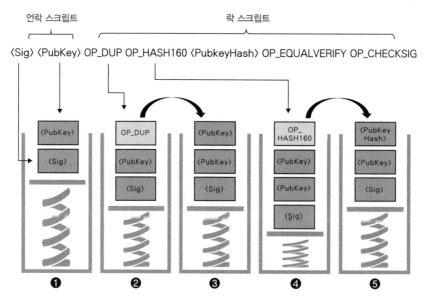

언락 스크립트 　　　　　　　　　　　　 락 스크립트

⟨Sig⟩ ⟨PubKey⟩ OP_DUP OP_HASH160 ⟨PubkeyHash⟩ OP_EQUALVERIFY OP_CHECKSIG

그림 4-11 잠금 장치를 풀기 위한 스크립트의 실행 −1/2

- **단계 ❶**: ⟨Sig⟩와 ⟨PubKey⟩는 연산이 아닌 값이므로 그냥 스택에 쌓는다.

- **단계 ❷**: OP_DUP는 연산 명령어다. 그 정의는 '스택의 제일 상단에 있는 값 하나를 그대로 복사하라'는 명령어다.

- **단계 ❸**: OP_DUP의 결과로 ⟨PubKey⟩가 복제돼 스택 제일 상단에 쌓여 있다.

- **단계 ❹**: OP_HASH160은 역시 명령어고, '스택 제일 상단의 값을 SHA−256으로 해시한 후 그 값을 다시 RIPEMD−160으로 해시하라'는 것이다. 이는 앞서 비트코인 주소를 설명할 때 공개키 해시를 생성하던 방법과 완전히 동일한 작업이다.

- **단계 ❺**: ❹의 연산 명령어를 수행한 결과로 ⟨PubKeyHash⟩가 생성됐고, 스택 제일 상단에 쌓여 있다.

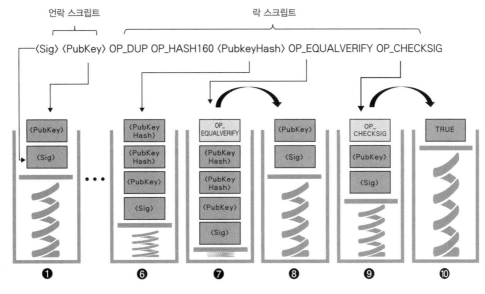

그림 4-12 잠금 장치를 풀기 위한 스크립트의 실행 −2/2

- **단계 ❻**: ❻은 연산 명령어가 아니라 ⟨PubKeyHash⟩라는 숫자이므로 스택 상단에 쌓는다.

- **단계 ❼**: OP_EQUALVERIFY는 복합 연산 명령어다. 이는 OP_EQUAL과 OP_VERIFY가 합쳐진 연산으로 먼저 OP_EUAL을 수행하고, 그런 다음 OP_VERIFY를 수행하라는 의미다. OP_EQUAL의 정의는 '제일 상단의 두 수가 동일한지 비교해 동일하면 TRUE 값을 상단에 쌓고, 다르면 FALSE 값을 상단에 쌓으라'는 것이다. 또 OP_VERIFY의 정의는 '스택 최상단의 값이 FALSE이면 트랜잭션이 무효라는 표시를 하고 최상단 값을 삭제하고 스택 최상단 값이 TRUE이면 최상단 값만 제거하고 아무런 일도 일어나지 않는다'는 명령어다. 이에 따라 먼저 스택의 최상단인 ⟨PubKeyHash⟩와 두 번째인 ⟨PubKeyHash⟩를 비교하고 이 두 값은 동일하므로 TRUE를 반환한다. 연이어 OP_VERIFY를 통해 이 값이 TRUE이므로 단순히 이 값을 제거하고 아무런 일이 일어나지 않는다.

- 단계 ❽: ❽은 ❼의 결과로서 최상단 값인 TURE를 제거하고 나면 그 아래에 있던 〈PubKey〉가 최상단이 된다.
- 단계 ❾: OP_CHECKSIG 연산 명령어가 들어온다. OP_CHECKSIG의 정의는 〈PubKey〉가 〈Sig〉의 개인키에서 도출된 것이 맞는지 확인하고 맞으면 TRUE을 스택 상단에 쌓고 틀리면 FALSE를 스택 상단에 쌓는다'라는 명령어다. 이 명령어 결과 〈PubKey〉는 〈Sig〉의 개인키로부터 도출된 것이 맞으므로 TRUE를 반환한다.
- 단계 ❿: ❾의 결과로 최종값이 TRUE가 됐고, 결과적으로 이 출력의 새로운 주인이 맞다는 것이 증명됐다.

단계 ❼은 공개키 해시 값을 먼저 확인하는 절차고, 단계 ❾는 개인키와 공개키가 맞는지 확인하는 절차다. 따라서 해당 개인키를 갖고 있지 않으면 단계 ❾를 넘지 못하고 잠금 장치 해제에 실패한다. 오직 적절한 개인키를 소지한 사람만이 모든 단계를 거쳐 잠금 장치를 완전히 해제할 수 있는 것이다.

트랜잭션을 스크립트로 구현하면 여러 가지 장점이 있다. 트랜잭션이 유효한지 확인하는 방법을 변경할 경우 또는 몇 가지 다른 규칙을 번갈아 사용하며 혼용할 경우, 심지어 새로운 규칙을 만들 경우에도 기존 프로그램을 수정할 필요가 전혀 없다. 규칙의 변경이 있을 경우에는 단지 스크립트만 새로 기술하면 되므로 트랜잭션의 유효성을 검증하는 규칙을 매우 유연하게 운영할 수 있다. 검증을 위해 스크립트로 기술돼 있는 부분을 트랜잭션 퍼즐transaction puzzle이라고 부르기도 한다. 이 트랜잭션 퍼즐을 해결해야만 자신이 소유주임을 증명할 수 있기 때문이다.

| 참고 문헌 |

A   [한전, 2016] 한국전력공사. 2016

B   [Adam Back, 2002] 'Hashcash – a denial of service counter–measure.' Hashcash.org.
     http://www.hashcash.org/papers/hashcash.pdf

C   [A. j. Menezes, 1996] 'Handbook of Applied Cryptography.' CRC Press.

D   [Bitcoin, 2018] 비트코인 재단 홈페이지
     https://bitcoinfoundation.org/

E   [BitCoinWiki, 2016] BitCoinWiki
     https://en.bitcoin.it/wiki/Block_timestamp

F   [B. Inside, 2017] Business Inside
     http://uk.businessinsider.com/bitcoin–mining–electricity–usage–2017–11

G   [C. Pfleegeral, 2015] 'Security in Computing 5th. ed.' Prentice hall.

H   [C. Chaum, 1983] Blind signatures for untraceable payments.
     'Advances in Cryptology proceedings. 82', pp. 199–203

I   [C. Chaum. 1982] Blind signature for untraceble payments.

J   [C. Chaum, 1985] SECURITY WITHOUT IDENTIFICATION: TRANSACTION SYSTEMS
     TO MAKE BIG BROTHER OBSOLETE. 'Communications of the ACM', pp. 1030–1044

K   [Clipper, 2018] Wikipedia.
     https://en.wikipedia.org/wiki/Clipper_chip

L   [Hal Finney] Wikipedia.
     https://en.wikipedia.org/wiki/Hal_Finney_(computer_scientist)

M   [I Threat, 2018] Wikipedia.
     https://en.wikipedia.org/wiki/Insider_threat

N   [Lamport, 1984] Using time instead of timeout for fault–tolerant distributed systems.
     Vol 6. ACM.

O   [Lamport, 1982] The Byzantine generals problems.
'ACM Transactions on Programming Languages and Systetems, Vol No. 3'

P   [Satoshi, 2008] Bitcoin
A Peer-to-Peer Electronics Cash System.

Q   [Sapirshtein, 2015] 'Optimal Selfish Mining Strategies in Bitcoin.'
https://arxiv.org/pdf/1507.06183.pdf

R   [Token, 2018] Wikipedia.
https://en.wikipedia.org/wiki/Token_economy

S   [Crypto, 2017] Wikipedia
https://en.wikipedia.org/wiki/Elliptic-curve_cryptography

T   [ICO, 2017] Wikipedia.
https://en.wikipedia.org/wiki/Initial_coin_offering

U   [Merkle, 2017] Wikipedia.
https://en.wikipedia.org/wiki/Merkle_tree

V   [POW, 2017] Wikipedia.
https://en.wikipedia.org/wiki/Proof-of-work_system#cite_note-DwoNao1992-1

W   [DCash, 2018] Wikipedia.
https://en.wikipedia.org/wiki/DigiCash

X   [W-crypto, 2017] Wikipedia.
https://en.wikipedia.org/wiki/Cryptography

Y   [Silk, 2017] Wikipedia.
https://en.wikipedia.org/wiki/Silk_Road_(marketplace)

Z   [금융 결제원, 2016] '금융 결제원 30년사.' 금융 결제원.

a   [금융 규제, 2009] '김종민 · 정순섭. 금융규제와 시장 원리에 관한 연구.' 한국 금융 연구원.

b   [Segwit, 2017] BitCoinWiki
https://en.wikipedia.org/wiki/SegWit

c   [pBFT] Practical Byzantine Fault Tolerance, Miguel Castro and Barbara Liskov,
Proceedings of the Third Symposium on Operating Systems Design and
Implementation, New Orleans, USA, February 1999

| 찾아보기 |

L ~ P

Q ~ Z

숫자

블록체인 해설서 비트코인, 이더리움 그리고 하이퍼레저

초판 인쇄 ㅣ 2019년 2월 28일
5쇄 발행 ㅣ 2022년 7월 22일

지은이 ㅣ 이 병 욱

펴낸이 ㅣ 권 성 준
편집장 ㅣ 황 영 주
편 집 ㅣ 조 유 나
디자인 ㅣ 윤 서 빈

에이콘출판주식회사
서울특별시 양천구 국회대로 287 (목동)
전화 02-2653-7600, 팩스 02-2653-0433
www.acornpub.co.kr / editor@acornpub.co.kr

Copyright ⓒ 에이콘출판주식회사, 2019, Printed in Korea.
ISBN 979-11-6175-270-9
ISBN 978-89-6077-449-0 (세트)
http://www.acornpub.co.kr/book/blockchain-guide

이 도서의 국립중앙도서관 출판시도서목록(CIP)은 서지정보유통지원시스템 홈페이지(http://seoji.nl.go.kr)와
국가자료공동목록시스템(http://www.nl.go.kr/kolisnet)에서 이용하실 수 있습니다.(CIP제어번호: CIP2019005854)

책값은 뒤표지에 있습니다.